SAHRA WAGENKNECHT

REICHTUM OHNE GIER

Wie wir uns vor dem Kapitalismus retten

Campus Verlag
Frankfurt/New York

ISBN 978-3-593-50875-7 Print
ISBN 978-3-593-43817-7 E-Book (PDF)
ISBN 978-3-593-43835-1 E-Book (EPUB)

Aktualisierte Neuausgabe 2018

Das Werk einschließlich aller seiner Teile ist urheberrechtlich geschützt.
Jede Verwertung ist ohne Zustimmung des Verlags unzulässig. Das gilt
insbesondere für Vervielfältigungen, Übersetzungen, Mikroverfilmungen
und die Einspeicherung und Verarbeitung in elektronischen Systemen.
Copyright © 2016 Campus Verlag GmbH, Frankfurt am Main
Umschlaggestaltung: Guido Klütsch, Köln
Umschlagmotiv: Paul Schirnhofer Fotografie, Berlin
Satz: Campus Verlag GmbH, Frankfurt am Main
Gesetzt aus: Scala und Scala Sans
Druck und Bindung: Beltz Grafische Betriebe GmbH, Bad Langensalza
Printed in Germany

www.campus.de

»Die reinste Form des Wahnsinns ist es, alles beim Alten zu belassen und gleichzeitig zu hoffen, dass sich etwas ändert.«

Albert Einstein

INHALT

Vorwort 9

LEISTUNG, EIGENVERANTWORTUNG, WETTBEWERB – DIE LEBENSLÜGEN DES KAPITALISMUS

Die Schurkenwirtschaft: Ist Gier eine Tugend? 45

Glanz und Verfall: Wie innovativ ist unsere Wirtschaft? 55

Tellerwäscher-Legenden, feudale Dynastien und die verlorene Mitte ... 71
    Leistungslose Spitzeneinkommen 71
    Über die Aussichtslosigkeit des Sparens als Weg zum Kapital 81
    Erbliche Vorrechte: Der Kapital-Feudalismus 87
    Aufstieg war gestern. Die »Neue Mitte« ist unten 96

Räuberbarone und Tycoons – Macht statt Wettbewerb 105
    Industrieoligarchen: Keine Chance für Newcomer 105
    Abgesteckte Claims: Marktmacht als Innovations- und Qualitätskiller .. 117
    Datenkraken: Monopole im Netz 122
    Die sichtbare Hand des Staates 140

Warum echte Unternehmer den Kapitalismus nicht brauchen 153

MARKTWIRTSCHAFT STATT WIRTSCHAFTSFEUDALISMUS – GRUNDZÜGE EINER MODERNEN WIRTSCHAFTSORDNUNG

Was macht uns reich? 165

Wie wollen wir leben? 187

Wir können anders: Gemeinwohlbanken 207
    Herrscher oder Diener: Welche Finanzbranche brauchen wir? 207
    Wie entsteht Geld? 218
    Geld ist ein öffentliches Gut 239

Wir können anders: Gemeinwohlbanken 265
    Eigentumstheorien von Aristoteles bis zum Grundgesetz 265
    Eigentum ohne Haftung: Der Clou des Kapitalismus 277
    Unabhängiges Wirtschaftseigentum: Innovativ, sozial, individuell ... 288

Anmerkungen 313

VORWORT

Die Zeit ist aus den Fugen: Schmach und Gram, / dass ich zur Welt, sie einzurichten, kam!, ächzt Hamlet in Shakespeares berühmter Tragödie angesichts der Zustände, die er in seinem Königreich vorfindet. Sein Einrichtungsversuch endet bekanntlich in sehr viel Blut und lädt nicht zur Nachahmung ein. Aber das sollte nicht als Mahnung gelesen werden, sich mit gesellschaftlichem Zerfall abzufinden, sondern eher, diesem auf richtige Weise zu begegnen. Hamlet will zurück in die *alte Zeit*. Aber die Zukunft liegt im Neuen, Noch-nicht-Dagewesenen. Ideen dafür sind an ihrer Plausibilität und Überzeugungskraft zu messen, nicht daran, ob sie in Gänze schon einmal umgesetzt wurden.

Denn ist nicht auch unsere Zeit *aus den Fugen*? Zeigen das nicht die Nachrichten, die wir Tag für Tag hören, die Zeitungen, die wir lesen, all die News, die uns online überfluten? Im Grunde spüren wir doch, dass es so wie bisher nicht weitergehen kann. Und wohl auch nicht wird. Die große Frage ist nur: Was kommt dann?

Zivilisation auf dem Rückzug

In vielen Regionen unseres Planeten ist die Zivilisation auf dem Rückzug. Kriege und Bürgerkriege haben den Nahen und Mittleren Osten und Teile Afrikas in einen lodernden Brandherd verwandelt. Staatliche Ordnungen zerfallen oder werden wie im Irak, in Libyen oder im Jemen durch militärische Interventionen zerstört. Das Machtvakuum füllen Warlords und islamistische Terrorbanden, die der Zivilbevölkerung noch mehr Armut, Willkür, religiöse Verfolgung, Morde und Grausamkeiten bringen. In nahezu jedem Krieg haben die USA, aber auch europäische Staaten ihre Hände im Spiel. Es geht um Rohstoffe und Absatzmärkte, um Profite und geostrategische Vorteile, um Pipeline-Routen und um das Kräftemessen mit dem alten Gegenspieler Russland, das sich nach seiner Wandlung vom Einparteienstaat zum Oligarchenkapitalismus zunächst von der Weltbühne verabschiedet hatte, inzwischen aber im Kampf um Einflusssphären wieder mitmischt, auch militärisch.

Selbst in den Industrieländern, den Wohlstandsinseln mit ihrem vergleichsweise hohen Lebensstandard, ist das Leben für die Mehrheit in den zurückliegenden Jahrzehnten härter statt besser geworden. Finanzblasen, Jobs, von denen man nicht leben kann, Arbeitslosigkeit, sterbende Industrieregionen, verfallende Wohngettos, unterfinanzierte Schulen und Krankenhäuser, Armut im Alter, Lebensunsicherheit, mangelnder Schutz vor Kriminalität ... – all das überschattet den Alltag vieler Menschen und macht ihnen Angst. Hassprediger, sei es von der äußersten Rechten oder eines radikalen politischen Islam, haben auch hier Zulauf.

Die politische Tektonik der westlichen Gesellschaften hat Risse bekommen. Die Wahl Donald Trumps zeugt von der abgrundtiefen Enttäuschung, der aufgestauten Wut und der Ablehnung, die beachtliche Teile der amerikanischen Bevölkerung heute dem politischen Establishment und den Institutionen ihres Landes gegenüber empfinden. Lieber ein pöbelnder unverschämter Rüpel, der politische Anstandsregeln demonstrativ mit Füßen tritt, als eine korrupte Liberale – das war die Botschaft insbesondere der Arbeiterschaft, deren existenzielle Bedürfnisse von Demokraten wie Republikanern über Jahrzehnte sträflich ignoriert worden waren. In Europa hat sich 2016 das erste Land in einem Referendum für den Austritt aus der Europäischen Union entschieden. Viele Brexit-Befürworter kamen aus den alten Labour-Hochburgen in den früheren Industriestädten Englands, deren Bewohner gute Gründe haben, sich von den wechselnden Regierungen des Königreichs im Stich gelassen zu fühlen.

In vielen europäischen Ländern reüssieren rechte Parteien und prägen den politischen Diskurs. In der ersten Runde der französischen Präsidentschaftswahl 2017 erzielte der Front National das beste Ergebnis seiner Geschichte. Ungarn und Polen werden von rechten Regierungen geführt, die Rechtsstaatlichkeit und Gewaltenteilung nicht allzu ernst nehmen, was ihrer Popularität bisher keinen Abbruch tut. In Österreich ist die FPÖ, deren Anhänger in stimmungsvollen Momenten gern mal den Arm zum Hitlergruß heben, erneut an der Regierung beteiligt. Zum unschönen Erbe der Kanzlerschaft Angela Merkels gehört, dass ihre Fehlentscheidungen erstmals in der bundesdeutschen Geschichte einer Partei rechts von der CDU/CSU den Weg in den Bundestag gebahnt haben.

Der neofeudale Konsens

Dafür, dass sich immer mehr Menschen von der liberalen parlamentarischen Demokratie abwenden, gibt es Gründe. Zu lange wurde das demokratische Versprechen der Wahlfreiheit zwischen unterschiedlichen Regierungsprogrammen von den traditionellen Parteien nicht mehr eingelöst. In manchen Ländern unterschieden sich die einstigen Arbeiterparteien von ihren konservativen Konkurrenten nur noch dadurch, dass sie beim Schleifen des Sozialstaates, bei der Privatisierung öffentlicher Leistungen und der Deregulierung des Finanzsektors besonders rabiat vorgingen. Das Wahlvolk erlebte wieder und wieder, dass Regierungen wechselten, die Politik aber im Kern die gleiche blieb. Es erlebte, dass Renten gekürzt, Löhne gesenkt und öffentliche Einrichtungen kaputtgespart wurden, während sich Wirtschaftslobbyisten mit teuren Steuersenkungs- und Subventionsanliegen Gehör verschaffen konnten. Es erlebte Wahllügen, Arroganz und Korruption. Es erlebte die eigene Ohnmacht, eine Politik, die seine Chance auf ein gutes Leben beharrlich verringerte, abzuwählen.

Diese Politik wird gemeinhin als *neoliberal* bezeichnet, obwohl sie genau besehen weder *neu* noch im tieferen Sinne *liberal* ist. Ihr

Mantra lautet: mehr Markt, mehr Wettbewerb, mehr Freiheit, mehr Leistung und Eigeninitiative, mehr Wachstum. Ihre realen Ergebnisse sind: mehr Macht für globale Mammutkonzerne, weniger Wettbewerb, mehr Einkommen aus Vermögen und weniger Lohn für Arbeitsleistung, mehr Spekulation, Betrug und Gaunerei und weniger Wachstum. Wir sollten dieses politische Programm daher besser als *neofeudal* bezeichnen. Es hat die Welt Wenigen zu Füßen gelegt und sie für Viele zu einem unkomfortablen Ort gemacht.

Heute besitzen die reichsten 1 Prozent der Weltbevölkerung mehr als alle anderen auf der Erde lebenden Menschen zusammen. Allein 42 Multimilliardäre haben mehr Vermögen als die Hälfte der Menschheit.[1] In den Industrieländern explodiert der Reichtum der oberen Zehntausend, aber er zieht die Mittelschichten und erst recht die Ärmeren nicht mehr nach. Deren Lebensstandard folgt dem gesamtwirtschaftlichen Wachstum nicht etwa nur langsamer, er folgt ihm überhaupt nicht mehr.

Die Flut trägt nur noch die Luxusjachten

Die Flut, die einst alle Boote heben sollte, trägt nur noch die Luxusjachten. Seit den achtziger Jahren sind die mittleren Löhne in den Vereinigten Staaten nicht mehr gestiegen und die unteren in den freien Fall übergegangen. Auf dem europäischen Kontinent, vor allem innerhalb des Euroraums, sieht es heute ähnlich aus. Auch hier gibt es mehr und reichere Milliardäre als vor zwanzig Jahren, sogar in den Krisenstaaten Griechenland, Spanien oder Italien, und zugleich weit mehr Menschen als früher, die in ihre Einkaufswagen nur noch Billigwaren legen, im Winter aus Geldmangel in unterkühlten Wohnungen sitzen und von Restaurantbesuchen oder Urlaubsreisen nur noch träumen können.

Die Oberschicht wohnt im Penthouse, hat die Fahrstühle außer Betrieb gesetzt und die Leitern hochgezogen. Der Rest kann froh sein, wenn er wenigstens auf seiner Etage bleiben darf. Viele schaffen nicht einmal das. Nicht nur im krisengeschüttelten Südeuropa, auch im reichen Deutschland mit seiner boomenden Exportwirtschaft. Nach einer Untersuchung des Deutschen Instituts für Wirtschaftsforschung besaßen 40 Prozent, also fast die Hälfte der deutschen Bevölkerung 2016 spürbar weniger Kaufkraft als Ende der neunziger Jahre. Die mittleren Einkommen sind trotz Wirtschaftswachstum und Dividendenregen seit knapp zwei Jahrzehnten nicht mehr gestiegen.

Weder Fleiß und Qualifikation noch Zweit- und Drittjobs sind heute ein Garant dafür, sich und seiner Familie ein einigermaßen sorgenfreies Leben sichern zu können. Der Wohlstand in der von politischen Heuchlern so gern umworbenen »Mitte der Gesellschaft« ist fragil geworden. War früher individueller Aufstieg – wenn auch nicht vom Tellerwäscher zum Millionär, so doch vom Arbeiterkind zum Oberstudienrat – eine breite gesellschaftliche Erfahrung, ist es inzwischen eher der Abstieg oder zumindest die Angst davor. Selten geht es den Kindern heute besser als ihren Eltern, oft ist es umgekehrt.

Sicher, es gibt sie noch, die Arbeitsplätze mit gutem Einkommen, die den klassischen Lebensstandard der Mittelschicht ermöglichen. Aber oft sind sie teuer erkauft: mit extremem Leistungsdruck und ständiger Verfügbarkeit, mit einem Leben für die Arbeit, in dem für Familie, Freunde und Freizeit wenig Raum bleibt. Und selbst für Facharbeiter und Akademiker sind auskömmliche Einkommen keine Selbstverständlichkeit mehr.

Das Aufstiegsversprechen, dem der Kapitalismus der zweiten Hälfte des 20. Jahrhunderts einen wesentlichen Teil seiner Popularität verdankt, ist hohl und unglaubwürdig geworden: Weit mehr als Talent und eigene Anstrengung entscheidet inzwischen wieder die Herkunft darüber, ob der Einzelne einen der begehrten Logenplätze an der Spitze der gesellschaftlichen Einkommens- und Vermögenspyramide einnehmen kann.

Wirtschaftsfeudalismus im 21. Jahrhundert

Die Vermögenskonzentration in den USA und in vielen europäischen Ländern ist inzwischen so hoch wie zu Beginn des 20. Jahrhunderts, in der Endzeit der Vanderbilts, Rockefellers und Carnegies, die man wegen ihrer riesigen Reichtümer und der Art, wie sie sie erobert hatten, *Räuberbarone* nannte. Überhaupt ähnelt unsere wirtschaftliche Ordnung der damaligen wieder stark, nachdem viele fortschrittliche Reformen, die nach dem Zweiten Weltkrieg zu einer sozialen und demokratischen Bändigung des Kapitalismus geführt hatten, in den letzten Jahrzehnten zurückgenommen wurden.

Die Verhältnisse in der Blütezeit des Kapitalismus der *Räuberbarone* wiederum waren den altfeudalen Zuständen nicht unähnlich. Auch im Mittelalter gehörte etwa 1 Prozent der Bevölkerung zur Oberschicht, sie besaßen die entscheidenden wirtschaftlichen Ressourcen, damals vor allem das fruchtbare Ackerland, die Weiden und Wälder. Sie waren mächtiger als die Könige, beherrschten das öffentliche Leben und bestimmten die Rechtsprechung und die Auslegung der Gesetze. Und selbstredend zahlten sie keine Steuern. Die übrigen 99 Prozent der Bevölkerung arbeiteten, direkt oder indirekt, für diese reichsten 1 Prozent. Die Vermögen und mit ihnen die gesellschaftliche Stellung wurden nach dem Prinzip von Erblichkeit und Blutsverwandtschaft von einer Generation zur nächsten weitergegeben. Der Sohn eines Bauern war wieder ein Bauer und der Sohn eines Barons wieder ein Baron, es sei denn, er entschied sich für eine Laufbahn als kirchlicher Würdenträger oder hoher Militär und blieb als solcher Teil der Oberschicht.

Da stehen wir heute wieder. Auch am Beginn des 21. Jahrhunderts konzentrieren sich in der Verfügung der reichsten 1 Prozent die wichtigsten wirtschaftlichen Ressourcen, nur dass diese neben Agrarland und Immobilien heute vor allem Industrieanlagen, technisches Know-how, digitale und andere Netze, Server, Software, Patente und vieles mehr umfassen. Die Konzernbarone herrschen über die gewählten Regierungen, statt von ihnen regiert zu werden. Das Eigentum an den wirtschaftlichen Schlüsselressourcen wird unverändert nach dem Prinzip der Erblichkeit und der Blutsverwandtschaft von einer Generation zur nächsten weitergegeben. Seine Erträge werden auch heute in vielen Fällen nahezu steuerfrei eingestrichen und sie ermöglichen einen Lebensstil, wie er aus Arbeitseinkommen niemals erschwinglich wäre. Und erneut arbeiten 99 Prozent der Bevölkerung einen großen Teil ihres Lebens, direkt oder indirekt, für den Reichtum dieses neuen Geldadels.

Man mag einwenden, der entscheidende Unterschied bestehe darin, dass die Wirtschaft in der feudalen Epoche kaum Fortschritte machte, weil es nur wenige Anreize gab, die Produktivität zu steigern und die Produktionsmethoden zu verbessern. Der Kapitalismus dagegen habe jenen enormen Reichtum geschaffen, der heute das Leben selbst des ärmsten Einwohners der Industriestaaten weit über das Niveau seiner Ahnen aus früheren Jahrhunderten hebt. Für die Vergangenheit trifft das zu. Aber gilt es auch für Gegenwart und Zukunft? Zwar wandelt sich die Produktion immer noch, die Digitalisierung verspricht hohe Produktivitätsgewinne, neue Verfahren finden Anwendung, neue Produkte kommen auf den Markt. Aber wem nützt eine dynamische Wirtschaft, wenn die Wohlstands-Dynamik für die Mehrheit abwärts zeigt? Und wie innovativ ist unsere Wirtschaft noch, seit ganze Branchen sich in der Hand weniger globaler Großunternehmen befinden und deren Patentpools innovative Geister in die Verzweiflung treiben? Ist nicht vieles, was wir heute dem Kapitalismus als Leistung zurechnen, Ergebnis einer sehr besonderen Epoche, deren Spezifik gerade darin bestand, dass es gelang, den Kapitalismus weniger kapitalistisch zu machen?

Der gebändigte Kapitalismus

Nach den Katastrophen des zwanzigsten Jahrhunderts – zwei Weltkriege, eine dramatische Weltwirtschaftskrise, faschistische Diktaturen und rassistisch motivierter Völkermord – war die Einsicht weit verbreitet, dass ein ungezügelter Kapitalismus einen Grad an Ausbeutung und Ungleichheit produziert, der letztlich jede Gesellschaft destabilisiert, und dass einem solchen System ein Hang zur Selbstzerstörung innewohnt. Das Bonmot eines englischen Gewerkschaftsführers, das Karl Marx in einer Fußnote seines *Kapital* berühmt gemacht hat – »*Mit entsprechendem Profit wird Kapital kühn. 10 Prozent sicher, und man kann es überall anwenden; 20 Prozent, es wird lebhaft; 50 Prozent, positiv waghalsig; für 100 Prozent stampft es alle menschlichen Gesetze unter seinen Fuß; 300 Prozent, und es existiert kein Verbrechen, das es nicht riskiert, selbst auf die Gefahr des Galgens*« –, hatte sich auf so grauenvolle Weise bewahrheitet, dass es kaum noch eine ökonomische Denkschule mit politischem Einfluss gab, die für ungehemmte Kapitalfreiheiten plädierte.

Der deutsche Ordoliberalismus wie der Keynesianismus waren sich in dem Punkt einig, dass der Beherrschung von Märkten und Staaten durch große Firmen die Basis entzogen werden muss, wenn Demokratie und soziale Marktwirtschaft eine Chance erhalten sollten. Deshalb setzten sie sich für eine De-Globalisierung der Wirtschaft und vor allem der Finanzmärkte ein, für lokale Wirtschaftskreisläufe, die Entflechtung großer Konzerne, scharfe Kartellgesetze und strikte staatliche Regeln zur Bändigung der Renditejagd. John Maynard Keynes war überzeugt: »Ideen, Kunst, Wissen, Gastfreundschaft und Reisen sollten international sein. Dagegen sollten Waren lokal erzeugt werden, wo immer dies vernünftig möglich ist; vor allem aber die Finanzen sollten weitgehend im nationalen Kontext verbleiben.«[2]

Damals wäre noch niemand auf die Idee gekommen, ein solches Anti-Globalisierungsprogramm als »nationalistisch« zu diffamieren, vielleicht auch, weil man im Jahr 1933, als Keynes das schrieb, mit den Nazis in Deutschland vor Augen hatte, was echter Nationalismus und Rassismus bedeuten: nicht die Konzentration auf die Verhältnisse im eigenen Land, sondern die aggressive Verfolgung globaler Ambitionen durch Unterwerfung und Vernichtung anderer Völker; nicht die Wahrung der eigenen Souveränität und Identität, sondern die Verachtung anderer Kulturen und das Zertrümmern der Souveränität anderer Länder.

De-Globalisierung und Wohlfahrtsstaat

Der Kopf der Freiburger Schule, Walter Eucken, ging nach Kriegsende so weit, zur Verhinderung des erneuten Entstehens wirtschaftlicher Machtkonzentration ein Niederlassungsverbot für multinationale Unternehmen auf dem europäischen oder mindestens dem deutschen Markt zu fordern. Er wollte, dass »das Eindringen internationaler Konzerne vom Osten und vom Westen zum Stehen kommt und rückgängig gemacht wird«.[3] Aber auch ohne formellen politischen Beschluss hatten Krise, Krieg und der Zusammenbruch der Kolonialreiche die globalen Wirtschaftsstrukturen weitgehend durchtrennt und den internationalen Kapitalmarkt zerstört. Diese De-Globalisierung der Wirtschaft führte zu einer Machtverschiebung zwischen Nationalstaat und Großunternehmen, die die Entstehung halbwegs funktionsfähiger Demokratien in den westlichen Industrieländern erst möglich machte.

Unter diesen Voraussetzungen entstanden die modernen Wohlfahrtsstaaten, die das Kapital auf jene 10 oder 20 Prozent Profit reduzierten, der sich als nutzbringender Anreiz wirtschaftlichen Wachstums kanalisieren ließ, und die durch eine Reihe neuer Institutionen dafür sorgten, dass die große Mehrheit der Bevölkerung an diesem Wachstum teilhaben konnte. Zu den neuen Institutionen gehörte ein engmaschiges soziales Netz, das Beschäftigte für Lebensrisiken wie Krankheit und Arbeitslosigkeit und für ihr Alter absicherte. Zu ihnen gehörten öffentliche Dienste, die lebenswichtige Bereiche gänzlich dem Kommerz entzogen und sie dem Nutzer preiswert oder kostenlos zur Verfügung stellten. Die wichtigsten unter ihnen waren die Gesundheitsversorgung, die Bildung, der Wohnungsmarkt, die Post und Kommunikation, der Nah- und Fernverkehr, die Energieversorgung, außerdem kulturelle Einrichtungen und in vielen Ländern auch wesentliche Teile des Finanzsektors.

Tragende Säule der Wohlfahrtsstaaten war ein gesetzlicher Rahmen für den Arbeitsmarkt, der die zum Ausspielen der Arbeiter gegeneinander bewährte Praxis des *hire and fire* unmöglich machte. Die neuen Arbeitsmarktregeln stabilisierten die Arbeitsverhältnisse und begünstigten dadurch Lohnkämpfe und einen hohen Organisationsgrad der Gewerkschaften, insbesondere in den klassischen Industrien und im öffentlichen Dienst. Im Ergebnis wurden die Marktgesetze für große Teile des Arbeitsmarktes außer Kraft gesetzt. Während auf einem offenen Markt das Ungleichgewicht von Angebot und Nachfrage den Preis bewegt und daher bei Arbeitslosigkeit (also fast immer) die Löhne bestenfalls stagnieren, aber nie relevant steigen, schaffen breit organisierte, durch Kündigungsschutz und gute Sozialgesetze unterstützte Gewerkschaften eine Art Preiskartell.

Ein Preiskartell bedeutet, dass die Anbieter eines Produkts sich verabreden, ihre Ware nicht unterhalb eines bestimmten Preises anzubieten, unabhängig davon, wie die Nachfrage sich entwickelt. Wenn Unternehmen solche Preisabsprachen treffen, dient das in der Regel dazu, Extragewinne für sich herauszuschlagen, weshalb diese Praxis mit Kartellstrafen geahndet wird, wenn die betreffenden Firmen sich erwischen lassen. Aber die Arbeit ist nicht irgendein Produkt. Auf dem Arbeitsmarkt sind längerfristig steigende Löhne und damit eine Teilhabe der Beschäftigten am Wirtschaftswachstum nur durchsetzbar, wenn es gelingt, die Marktgesetze durch ein solches Preiskartell auszuschalten. Dass der Arbeitsmarkt wiederum kein Markt sein muss, um Vollbeschäftigung zu erreichen, zeigte sich spätestens Ende der sechziger Jahre, als es in den meisten Industrieländern nur noch wenige Arbeitssuchende, aber viele freie Stellen gab.

Natürlich soll man die Nachkriegsjahrzehnte nicht idealisieren. Für Andersdenkende, Anderslebende oder auch nur Anderssaussehende waren es oft keine guten Zeiten. Das damals noch vorherrschende Ideal der Alleinverdienerehe mit klarer Zuständigkeit des weiblichen Teils der Bevölkerung für Heim und Herd ist sicher nicht das, wovon eine moderne Frau träumt. Trotzdem bleibt es eine Tatsache, dass die alten Wohlfahrtsstaaten der Mehrheit der Menschen ein besseres und vor allem sichereres Leben ermöglichten als der globalisierte Konzernkapitalismus unserer Tage, denn sie boten ihnen stabile Beschäftigung, reale Aufstiegschancen und soziale Sicherheit. Wenn Menschen, die diese Zeit noch erlebt haben, vor allem solche aus der Arbeiterschaft, sich nach ihr zurücksehnen, ist das kein rückwärtsgewandter Traditionalismus, sondern verständlich und berechtigt.

Die große Lüge des Neofeudalismus

Die Zerstörung dieses Modells und die erneute Entfesselung der grenzenlosen Jagd nach dem Höchstprofit begannen in den achtziger Jahren unter der britischen Premierministerin Maggie Thatcher und dem amerikanischen Präsidenten Ronald Reagan. Endgültig aufgekündigt wurde der *New Deal* eines sozial und demokratisch gebändigten Kapitalismus aber erst nach dem Ende des Kalten Krieges. Die Aufkündigung erfolgte unter dem Vorwand, sich einer neuen Entwicklung – der *Globalisierung* – anpassen und alle Bereiche der Gesellschaft den neuen Anforderungen gemäß *modernisieren* zu müssen. Die wie eine Naturgewalt über uns gekommene Auflösung *traditioneller Besitzstände* im *Zeitalter der Globalisierung* ist die Schlüsselerzählung des *Neofeudalismus*. Und obwohl diese Erzählung von Reagan bis Obama, von Thatcher bis Blair und von Schröder bis Merkel und Macron von höchst unterschiedlichen Politikern und Parteien verbreitet wurde und wird, beruht sie auf einer großen Lüge.

Denn erstens ist die Globalisierung nichts Neues. Der Kapitalismus ist seit seiner Entstehung eine globale Wirtschaftsordnung. Die Industrialisierung in England und später auf dem Kontinent wäre unmöglich gewesen ohne jene global tätigen Handelsgesellschaften, die den Rohstoffhunger der jungen Fabriken durch Ausplünderung der Kolonien befriedigten und den Erzeugnissen der Fabrikanten Absatzmärkte in aller Welt eröffneten. An der Schwelle zum zwanzigsten Jahrhundert gab es viele international tätige Unternehmen, deren Radius mindestens bis in die Kolonien des Mutterlandes und oft darüber hinaus reichte. Der Goldstandard begründete eine globale Währungsordnung, in deren Rahmen Finanzkapital relativ frei und unreguliert zirkulierte. Dass die Globalisierung in jüngerer Zeit wegen neuer Techniken für Transport und Kommunikation und infolge der Digitalisierung eine andere Dimension annehmen konnte, ist unbestritten. Aber das ändert nichts daran, dass die Globalisierung der Wirtschaft im Kapitalismus die Regel war, die De-Globalisierung in der Mitte des letzten Jahrhunderts dagegen die Ausnahme. Diese Ausnahme allerdings war die entscheidende Bedingung für die Gestaltbarkeit des Wirtschaftslebens im Rahmen demokratischer Wohlfahrtsstaaten.

Die Globalisierung ist aber nicht nur nichts Neues, ihr Durchbruch in jüngerer Zeit war auch alles andere als eine Naturgewalt. Sie war Schritt für Schritt das Ergebnis freiwilliger, durch nichts erzwungener, allerdings für gewisse Interessengruppen hocherwünschter politischer Entscheidungen. Kapitalverkehrskontrollen, Einschränkungen der Niederlassungsfreiheit, Finanzmarktregeln und vieles andere mehr verschwanden nicht von selbst, sie wurden abgebaut. Die Umgehung nationaler Regeln und Gesetze, Betriebsverlagerungen in Niedriglohnländer, globales Steuerdumping, Anwerbung billiger Arbeitskräfte aus dem Ausland, – all das konnte nur stattfinden, weil die Regierungen der Industriestaaten es ermöglicht haben. Schon der erste zarte Keim eines von den nationalen Regeln für Zinsen und Kreditvergabe befreiten globalen Finanzmarktes, der Euromarkt für Fremdwährungsanlagen in London, konnte sich nur etablieren, weil er von der britischen Regierung geduldet wurde, und er wuchs auch deshalb, weil die Zentralbanken der europäischen Länder, insbesondere die Bundesbank, ihre Währungsreserven dort angelegt haben.

Die Minderheit der Reichen gegen die Mehrheit schützen

Der Blick auf die mächtigen und äußerst repressiven Kolonialstaaten in der ersten Phase des Globalkapitalismus widerlegt übrigens auch die Mär vom *schwachen Staat* im Zeitalter der Globalisierung. Tatsächlich gab es im globalisierten Kapitalismus immer starke und schwache Staaten, und die Trennlinie zwischen beiden wird dadurch markiert, dass die starken Staaten die globalen Wirtschaftsbeziehungen im Interesse der eigenen Unternehmen gestalten können, während die schwachen dazu nicht in der Lage sind. Als die Vereinigten Staaten ihre Unabhängigkeit erlangten, belegten sie Textilien und später Stahl mit hohen Einfuhrzöllen, um die überlegenen britischen Waren fernzuhalten. Das ermöglichte den Aufbau einer heimischen Industrie. Indien, Ägypten und andere abhängige Länder mussten dagegen die Freihandelsdiktate ihrer Kolonialherren akzeptieren und blieben so arm, wie sie waren. Globalisierung und Abschottung sind kein Gegensatz, aber die Abschottung diente den wirtschaftlich Mächtigen und wurde den Machtlosen verwehrt. Donald Trumps »*America first*« als Leitlinie der US-Handelspolitik ist daher weder neu noch steht sie im Widerspruch zu einer globalisierungsfreundlichen Agenda. Schon Ronald Reagan hat die Globalisierung der Finanzmärkte und die internationale Expansion amerikanischer Unternehmen massiv gefördert und zugleich eine äußerst protektionistische Politik gegenüber Japan verfolgt, amerikanische Banken gerettet und Unternehmen aus dem militärisch-industriellen Komplex in Steuergeld gebadet.

Die Globalisierung der Wirtschaft schwächt nicht den Staat. Auch global aufgestellte Konzerne haben gern einen starken Staat im Rücken, der sich im Inneren und auf internationalem Parkett für ihre Interessen einsetzt. Was die kapitalistische Globalisierung schwächt und letztlich zerstört, ist die Demokratie. Denn durch die globalen wirtschaftlichen Verflechtungen verschiebt sich das Kräfteverhältnis zwischen gewählten Regierungen und großen Unternehmen zugunsten der Letzteren. In der ersten Phase des globalisierten Kapitalismus, im 19. und beginnenden 20. Jahrhundert, war die politische Herrschaft des Unternehmerlagers ohnehin der Normalzustand, denn es gab kein politisches System, das Parteien, die andere als die Kapitalinteressen vertraten, hätte an die Macht bringen können. In den Vereinigten Staaten, wo immerhin ein allgemeines Männerwahlrecht existierte, hatte der Präsident und einer der Väter der Verfassung, James Madison, bewusst darauf geachtet, durch die Gestaltung der rechtlichen Rahmenbedingungen, »die Minderheit der Reichen gegen die Mehrheit zu schützen«.[4]

Im 20. Jahrhundert veränderte sich die Situation. Zwar verfolgte die europäische Sozialdemokratie nach dem Zweiten Weltkrieg kaum noch antikapitalistische Ziele. Aber ihre Wähler kamen fast ausnahmslos aus jener Schicht, die sich weiter steigende Löhne, gute öffentliche Dienste, soziale Sicherheit und eine Steuerpolitik zulasten der Vermögenden wünschten. Dass diese mehrheitlichen Interessen sich nun in freien Wahlen geltend machen konnten, drückte auf die Gewinne. Spürbar wurde das vor allem seit Beginn der siebziger Jahre, als das wirtschaftliche Wachstum seinen Schwung verlor. Da die wirtschaftlichen Eliten sich inzwischen wieder fest im Sessel wähnten, waren sie immer weniger bereit, sich mit einer solchen Situation zu arrangieren. Man erinnere sich an die aggressive Kampagne der deutschen Wirtschaftsverbände gegen die Wahl Willy Brandts Anfang der siebziger Jahre: Das war keine Show wie die Wahlkämpfe jüngeren Datums, das war bitterer Ernst. Aber Brandt wurde dennoch gewählt, und auch in anderen europäischen Ländern konnte zuweilen nicht verhindert werden, dass die Demokratie Regierungen an die Macht brachte, deren Programm den Interessen des großen Geldes zuwiderlief.

Hayeks Plan: Einbindung in globale Märkte und internationale Verträge

Da demokratische Werte im Selbstverständnis der westlichen Gesellschaften mittlerweile fest verankert waren, war die Abschaffung der demokratischen Institutionen keine ernsthafte Option. Also suchte man nach Wegen, die Regierungen auf eine konzernfreundliche und renditefördernde Agenda zu verpflichten, ohne das allgemeine Wahlrecht und die parlamentarische Demokratie als solche infrage zu stellen. Genau darüber hatte der österreichische Ökonom Friedrich August von Hayek bereits viele Jahre zuvor nachgedacht. Hayek war ein beinharter Befürworter zügelloser Profitmacherei und er hatte frühzeitig erkannt, dass Kapitalismus, der auf der Bereicherung Weniger beruht, und Demokratie, in der die Mehrheit über die politische Agenda entscheiden sollte, im Grunde nicht zusammenpassen.

Hayeks richtungsweisender Vorschlag, wie diesem Dilemma zu entkommen sei, lautete: durch Re-Globalisierung der Wirtschaft und die Einbindung der Nationalstaaten in globale Märkte und ein Korsett internationaler Verträge. Dadurch sollten die Spielräume gewählter Regierungen so stark eingeschränkt werden, dass es am Ende keine Rolle mehr spielte, welches Parteibuch die Spitzenpolitiker in der Tasche trugen.

Hayek schreibt: »Der Wegfall von Zollmauern und die freie Beweglichkeit von Menschen und Kapital ... hat wichtige Folgen, die häufig übersehen werden. Sie beschränken den Spielraum der Wirtschaftspolitik der einzelnen Staaten in beträchtlichem Maß. Wenn Güter, Menschen und Geld frei über die Grenzen hinweg beweglich sind, so wird es unmöglich, durch eine einzelstaatliche Maßnahme auf die Preise der verschiedenen Erzeugnisse einzuwirken.«[5] Will heißen, die einzelnen Länder bringen sich um die Möglichkeit, die Löhne vor Dumpingkonkurrenz zu schützen, die Kapitalerträge zu besteuern oder auch die Zinsen im Interesse der eigenen Konjunktur zu beeinflussen.

Der Mechanismus war einfach und wirkungsvoll: Indem den Konzernen der Weg in die große weite Welt geöffnet und ihnen so die Chance gegeben wurde, Regeln und Gesetze ihres Landes, soweit sie ihren Interessen widersprachen, zu umgehen, wurden solche Regeln und Gesetze selbst hohl und im öffentlichen Ansehen diskreditiert. Irgendwann glaubten sogar die Verlierer der neofeudalen Politik, dass hohe Löhne und gute Sozialleistungen nur die Verlagerung von Arbeitsplätzen ins Ausland begünstigen, dass es sich bei Kündigungsschutz und Arbeitszeitgesetzen um *Verkrustungen* des Arbeitsmarktes handelt, die die *Wettbewerbsfähigkeit* des lokalen Standorts beschädigen, und dass hohe Gewinn- oder gar Vermögenssteuern das *scheue Reh* Kapital vertreiben. Und weil der demokratische Staat durch seine scheinbare Unfähigkeit, die Verhältnisse im eigenen Land im Interesse der Mehrheit zu gestalten, selbst mehr und mehr an Akzeptanz verlor, konnte die Vorstellung populär werden, private Anbieter seien grundsätzlich effektiver, billiger und besser als die ach so schwerfällige öffentliche Hand.

Im Ergebnis wurden in vielen Ländern die sozialen Netze zerrissen, der Arbeitsmarkt dereguliert und die einst öffentlichen Dienstleistungen zum Landgewinn und zur neuen Spielwiese privater Renditejäger. Die Löhne begannen zu sinken oder wurden mindestens vom Wirtschaftswachstum abgekoppelt, weil die Globalisierung des Arbeitsmarktes das Preiskartell für das Angebot an Arbeit zerstört hatte. Fortan stand ein Industriearbeiter im unmittelbaren Wettbewerb mit Niedriglohnstandorten in aller Welt, während die Löhne in den Dienstleistungsbranchen, wo sich die Jobs nicht so leicht verlagern ließen, wegen atypischer Beschäftigungsverhältnisse und geringer gewerkschaftlicher Organisation von vornherein niedriger waren und durch Zuwanderung zusätzlich unter Druck gerieten.

Im Ergebnis haben sich die Machtverhältnisse umgekehrt. Schrieben die alten demokratischen Wohlfahrtsstaaten nicht nur ihren Bürgern, sondern auch den in ihnen beheimateten Unternehmen ihre Regeln und Gesetze vor, regieren heute wieder die globalen Konzerne und zwingen den gewählten Regierungen ihre Interessen auf. Ohne diese Re-Globalisierung und innerhalb funktionsfähiger Demokratien hätte das neofeudale Programm wohl nie eine Aussicht auf Erfolg gehabt.

Die Vereinigten Staaten von Europa

Für Europa beschränkte sich Hayek nicht auf die Forderung nach Etablierung eines großen Binnenmarktes mit freiem Waren- und Kapitalverkehr und grenzenloser Arbeitnehmerfreizügigkeit. Hier plädiert er darüber hinaus für eine politische Integration mit dem Ziel eines europäischen Bundesstaats, da das seiner Meinung nach souveräne Politik im Interesse der eigenen Wähler noch wirksamer verhindern würde als die bloße Einbindung in transnationale Märkte.

»Wie die Erfahrung in bestehenden Bundesstaaten gezeigt hat«, schreibt Hayek mit Blick auf die USA, »ist es für einen Einzelstaat schwierig, selbst Gesetze wie das der Beschränkung der Kinderarbeit oder der Arbeitszeit allein durchzuführen.«[6] Die Europäische Union als Ganze wiederum würde, so Hayeks Prognose, eher dazu neigen, abweichende nationale Regelungen durch Regelabbau zu vereinheitlichen, weil es aufgrund der unterschiedlichen nationalen Traditionen unwahrscheinlich sei, dass man sich auf gemeinsame positive Regeln einigen könne. Deshalb werden Hayeks Meinung nach »... viele Eingriffe in das Wirtschaftsleben, an die wir gewöhnt sind, in einer föderativen Organisation völlig undurchführbar sein«.[7] Wohlgemerkt: unter »Eingriffen in das Wirtschaftsleben« versteht Hayek nicht in erster Linie bürokratische Auflagen, die kreativen Unternehmern das Leben schwer machen, sondern Sozialgesetze, Kündigungs- und Arbeitsschutz, also alles, was der Ausbeutung Grenzen setzen oder die unverfrorene Ausnutzung von Marktmacht verhindern könnte. Auch mit Blick auf die Steuern sah Hayek für Kapital und Vermögen rosige Zeiten heraufziehen, da in einem europäischen Verbund »auch im rein finanziellen Bereich ... die Methoden zur Erhöhung der Staatseinkünfte für den Einzelstaat einigermaßen beschränkt« sein würden.[8]

Bei Hayeks Europaprojekt geht es also nicht um Völkerfreundschaft, Frieden oder die Ideale der Aufklärung. Es geht auch nicht darum, demokratische Gestaltungsfähigkeit zurückzugewinnen, sondern, im Gegenteil, darum, politische Gestaltung und damit Demokratie *zu verhindern.* Im Speziellen sollen solche Politikkonzepte unmöglich gemacht werden, bei denen der Staat sich im Interesse seiner Bürger in die Geschäftspraktiken globaler Konzerne und Banken einmischen und ihnen womöglich wieder höhere Steuern oder soziale Rücksichten aufzwingen könnte.

All denen, die die Ideen des französischen Präsidenten Macron zur Vertiefung der Europäischen Union als visionär empfinden oder die Martin Schulz für mutig halten, weil er die alte Idee der Vereinigten Staaten von Europa neu aufgewärmt hat, sollte die Ähnlichkeit der genannten Vorstöße mit Hayeks Ideen mindestens zu denken geben. Gleiches gilt für jene Linken, die pro-europäisches Denken mit der reflexhaften Wiederholung der Leerformel verwechseln, ein »Zurück zum Nationalstaat« dürfe es nicht geben. »Die Abschaffung souveräner Nationalstaaten und die Schaffung einer wirksamen internationalen Rechtsordnung sind die notwendige Ergänzung und logische Vollziehung des liberalen Programms«[9], fasst Hayek seine Ausführungen zusammen. Man muss in diesem Satz nur »liberal« durch »neofeudal« ersetzen, dann stimmt er.

Friedrich August von Hayek war nicht irgendwer. Er ist der Begründer der 1947 ins Leben gerufenen Mont Pèlerin Gesellschaft, dem weltweit bedeutendsten Netzwerk von Ökonomen und wirtschaftlichen wie politischen Entscheidungsträgern, deren erklärtes Ziel darin besteht, die Epoche der sozialen und demokratischen Einhegung des Kapitalismus zu beenden. Mitglieder der Mont Pèlerin Gesellschaft arbeiteten und arbeiten in wichtigen Thinktanks und Verbänden, in offiziellen Beratergremien der Politik wie dem deutschen Sachverständigenrat, in Stiftungen, Parteien und Regierungen. Wer das berücksichtigt, wird sich weniger darüber wundern, in welchem Grad diese Denkschule und ihre Ideen die Politik der letzten Jahrzehnte bestimmt haben und es bis heute tun.

Kein Friedensprojekt

Um nicht missverstanden zu werden: Der Gedanke eines in seiner kulturellen Vielfalt und Unterschiedlichkeit einigen Europa, eines Europa souveräner Demokratien, in dem Völkerhass, Zwietracht und Nationalismus niemals wieder eine Chance haben, war eine großartige Idee, die nichts an Aktualität verloren hat. Aber wer die Europäische Union zur Realisierung dieser Idee verklärt oder sie als Friedensprojekt romantisiert, hat wenig verstanden. Die heutige EU wird durch Verträge konstituiert, die die Zerstörung der europäischen Wohlfahrtsstaaten und den Umbau der Gesellschaft im Interesse globaler Banken und Konzerne vorangetrieben haben.

Der in diesen Verträgen verankerte Vorrang der Kapitalfreiheiten vor sozialen Grundrechten hatte wesentlichen Anteil daran, die Mitgliedsländer auf das neofeudale Programm von Deregulierung, Privatisierung und Sozialabbau festzulegen. Der Zwang zur europaweiten Ausschreibung schädigt die lokale Wirtschaft. Die EU-Entsendelinie gibt den Unternehmen ein wirkungsvolles Instrument in die Hand, örtliche Tarifstandards zu unterlaufen. Und während die Staaten sich unverändert bei Unternehmens- und Vermögenssteuern einen Dumping-Wettbewerb liefern, wird ihnen von Brüssel vorgeschrieben, dass sie ihre Schulden zu reduzieren und ihre kommunalen Dienste für internationale Konzerne zu öffnen haben. Immer ungenierter und in immer mehr Bereichen mischt sich die EU-Kommission in die Politik der Mitgliedsstaaten ein, etwa um schlechteren Kündigungsschutz oder ein höheres Rentenalter zu erreichen. Auch die Europäische Zentralbank ist zu einer undemokratischen Macht geworden, die jeder gewählten Regierung, deren Agenda ihr nicht passt, die Luft zum Atmen nehmen kann. Besonders drastisch hat das Griechenland erfahren.

Natürlich wäre es sinnvoll, wenn sich die europäischen Länder in wichtigen Fragen gute gemeinsame Regeln geben würden. Man denke an den Umwelt- und Verbraucherschutz oder eben an die Unternehmenssteuern. Aber fällt wirklich niemandem auf, wie die

Regeln beschaffen sind, die bisher auf europäischer Ebene zustande kamen? Meist gehen sie hinter nationale Gesetze zurück und senken die Standards ab, statt sie zu erhöhen.

Auch die wirtschaftlichen Versprechen der europäischen Einigung haben sich für die Mehrheit der Europäer als heiße Luft erwiesen. In vielen Ländern ist das Wachstum heute niedriger und die Arbeitslosigkeit höher als vor dem Start des Binnenmarktes. Italien hat seit Einführung des Euro 25 Prozent seiner Industrie verloren, in Frankreich sieht es nur unwesentlich besser aus. Die griechische Bevölkerung wurde seit Krisenbeginn nahezu um ihren gesamten Wohlstand gebracht. Es gibt kaum ein EU-Land, in dem Ungleichheit und Lebensunsicherheit in den letzten Jahren nicht zugenommen haben. Wen wundert es, dass ein europäisches Projekt mit solchen Folgewirkungen die Menschen nicht mehr begeistern kann? Und solange der *pro-europäische Konsens der Anständigen* kein Hinterfragen erlaubt, werden sich viele der Verlierer nur noch von reaktionären Nationalisten verstanden fühlen.

Thomas Manns Vision eines europäischen Deutschland, de Gaulles Versöhnungsgeste in der Kathedrale von Reims, Willy Brandts Kniefall von Warschau hätten einem progressiven Europa den Weg bereiten können. Aber ein progressives Europa geht mit der Wahrung kultureller Eigenständigkeit, mit der Pflege von Tradition und Identität einher. Es kann sich nicht darauf gründen, dass die einzelnen Länder ihre demokratische Souveränität verlieren und selbstherrliche Brüsseler Kommissare oder gar Politiker aus Berlin ihnen vorschreiben, wie sie ihr Arbeitsrecht, ihre Rentensysteme oder ihre Steuern zu gestalten haben.

Fehlende Voraussetzungen für Demokratie

Wir sehen also: Das Projekt, die europäischen Staaten zugunsten einer übergeordneten Einheit zu entmachten, war kein fortschrittliches. Es zielte nicht auf Frieden und Völkerverständigung, sondern auf die Zerstörung von Demokratie. Denn demokratische Institutionen gibt es heute nur innerhalb der Nationalstaaten. Das Europa-Parlament wird zwar alle fünf Jahre gewählt, es wird trotzdem auf absehbare Zeit nicht wie ein normales Parlament funktionieren. Demokratie gedeiht nicht in jedem Biotop, sie hat Voraussetzungen. Diese Voraussetzungen sind innerhalb der europäischen Staaten im Ergebnis einer langen Geschichte vorhanden, auf europäischer Ebene sind sie es nicht. Die Verständigungsformen und politischen Erzählungen in den einzelnen Ländern sind bis heute viel zu unterschiedlich, um sie auf einen gemeinsamen demokratischen Nenner zu bringen. Das hat nichts mit Abstammung und Genen zu tun, wie die Rechte uns weismachen will, sondern mit historisch gewachsenen Kulturen und Traditionen.

Ein Sinnbild dieser Heterogenität sind die europäischen Parteien, die genau besehen gar keine Parteien sind, sondern ein loser Verbund nationaler Formationen, die sich auf ein gemeinsames Label, nicht aber auf eine gemeinsame Politik geeinigt haben. Im Bewusstsein der Menschen existieren sie nicht. Wer bei der letzten Europawahl in Deutschland konservativ gewählt hat, hat CDU gewählt, nicht Europäische Volkspartei. Von den Plakaten lächelte Angela Merkel, nicht etwa Jean-Claude Juncker, obwohl Juncker EVP-Spitzenkandidat war und Merkel gar nicht zur Wahl stand. Die Sozialdemokraten in Frankreich oder Italien wären aus dem gleichen Grund nie darauf verfallen, ihre Wähler mit dem Deutschen Martin Schulz zu locken, obwohl er sich damals Spitzenkandidat der Sozialdemokratischen Partei Europas nannte. Es gibt bis heute keinen Politiker und keine Politikerin, mit dem oder der man ernsthaft europaweit Wahlen gewinnen könnte.

Wie bedeutungslos das EU-Parlament für die meisten Menschen ist, zeigt sich auch daran, dass sich an seiner Wahl in der Regel nicht einmal die Hälfte aller Bürger beteiligt, weit weniger als an Wahlen zu nationalen Parlamenten. Der Hauptgrund dürfte sein, dass dieses Parlament viel zu fern und der Lebensrealität in den einzelnen Ländern viel zu stark entfremdet ist, als dass die Wähler irgendeine seiner in sich zersplitterten Fraktionen als ihre Stimme und persönliche Interessenvertretung empfinden könnten. Bundestagsabgeordnete haben zumindest noch einen Wahlkreis, aber niemand kennt »seinen« Abgeordneten im EU-Parlament, denn es gibt ihn nicht.

Je überschaubarer die Räume sind, auf die sich demokratische Entscheidungen beziehen, desto größer ist die Chance für die Bevölkerung, die Verantwortlichen in ihrem Tun und Unterlassen zu beaufsichtigen und zu kontrollieren. Je größer, unübersichtlicher und heterogener eine politische Einheit wird, desto weniger funktioniert das. In Europa funktioniert es nicht. Das hat auch mit einem weiteren Manko zu tun: Trotz Internet und digitaler Vernetzung gibt es nach wie vor keine echte europäische Öffentlichkeit. Was in *Spiegel* oder *FAZ* steht, bewegt die politische Debatte in Deutschland – und ist für die in Frankreich ziemlich irrelevant. Selbst die Echoräume der sozialen Medien hallen überwiegend im nationalen Rahmen. Das ist auch – aber nicht nur – die Folge von Sprachbarrieren. Die Iren sprechen Englisch und lesen trotzdem kaum englische Zeitungen. Natürlich gibt es unter den gebildeten Europäern manche, die ausländische Presse oder Nachrichten auf BBC verfolgen. Aber der öffentliche politische Diskurs findet innerhalb von Landesgrenzen statt, daran haben Jahrzehnte EG- und EU-Geschichte nichts geändert, und es sieht nicht danach aus, dass das in näherer Zukunft anders sein wird.

Falsche Europäer und schlagkräftige Lobbys

Demokratische Kompromisssuche ist auf europäischer Ebene auch aus einem weiteren Grund schwierig: Es gibt nur wenige Interessengruppen, die auf Brüsseler Ebene über eine schlagkräftige Lobby verfügen. Die Betonung liegt auf *schlagkräftig*, also auf der Fähigkeit, den eigenen Interessen politisch Einfluss zu verschaffen. Irgendwie vertreten ist im Umfeld der europäischen Institutionen nahezu alles, was es auf nationaler Ebene auch gibt:

Gewerkschaften und Sozialverbände, öffentliche Unternehmen und Arbeitgeberorganisationen.

Aber während DGB und Einzelgewerkschaften in Deutschland mit der SPD oder dem Arbeitnehmerflügel der CDU personell verflochten sind und über dieses Netzwerk Einfluss auf Regierungen nehmen können, besitzt der europäische Dachverband der Gewerkschaften keine vergleichbaren Fäden in die EU-Kommission und kann auf europäischer Ebene noch nicht einmal mit Arbeitskämpfen drohen. Es gibt viele soziale Organisationen, die in einigen Ländern Gewicht, in anderen aber kein Pendant und daher auch in Brüssel keinen Einfluss haben. Ein Beispiel sind die österreichischen Arbeiterkammern, die in Wien eine Instanz sind, aber eben nur da. Der Sparkassenverband ist in Deutschland politisch bestens vernetzt und einflussreich – in Brüssel hat er nichts zu melden. Einzig den großen Wirtschaftsunternehmen und Banken, die bereits als solche europaweit oder global aufgestellt sind, ist es von Beginn an leichtgefallen, in Brüssel eine schlagkräftige Lobby zu formieren. Es ist ihr Heer von Interessenvertretern, das in den grauen Betongebäuden im Brüsseler EU-Viertel so lange ein und aus geht, bis jede Richtlinie seine Handschrift trägt.

Insofern ist es kein Zufall, dass die Brüsseler Institutionen zu jenem unrühmlichen, undurchsichtigen und mehr als jede Staatsregierung von Konzernen und Großbanken gesteuerten Technokratensumpf verkommen sind, dem viele Menschen kein Vertrauen mehr entgegenbringen. Die Pläne der *falschen Europäer* von Hayek bis Macron, die am Ende darauf hinauslaufen, die EU-Kommission mit den Machtvollkommenheiten einer europäischen Regierung auszustatten, sind kein Gegenprogramm gegen den Nationalismus, sondern der letzte Schritt hin zu einer *marktkonformen Demokratie*, in der die Wirtschaft alles und der *Demos* nichts mehr entscheidet. Dass der entmachtete Demos sich dann aus Wut rechten Nationalisten zuwenden könnte, ist nicht die Alternative, sondern die Kehrseite dieses Programms.

Die kosmopolitische Illusion

Die bekannte linke Publizistin Chantal Mouffe hat bereits vor zehn Jahren darauf hingewiesen, dass die internationale »Zivilgesellschaft« ein demokratiefreier Raum ist, in dem transnationale Unternehmen und deren Lobbygruppen den Ton angeben. Sie warnt: »Wenn wir ... Demokratie als ein System der Kontrolle der Regierten über die Programme und Entscheidungen der Regierung akzeptieren, dann müssen wir zu dem Schluss kommen, dass internationale Entscheidungsfindung nicht demokratisch sein kann.«[10] Ihr Buch, aus dem diese Zitate stammen, trägt den Titel *Wider die kosmopolitische Illusion*.

Es gibt kein erfolgreiches politisches Programm ohne ein zu ihm passendes Denkgebäude. Der Kosmopolitismus ist die Ideologie der Gewinner des globalen Konzernkapitalismus. Diese Ideologie, die viele irrtümlich für links halten, verachtet nationalstaatliche Regelungen und Institutionen ebenso wie nationale Kulturen und Traditionen. Für sie gibt es keine Staatsbürger mehr, sondern nur noch Weltbürger. Nationale Identitäten sind in ihren Augen ein muffiges Relikt früherer Jahrhunderte, dem allenfalls die ungebildete Unterschicht und rechte Reaktionäre noch etwas abgewinnen können.

Diese Denkweise entspricht genau den Interessen der globalen Wirtschaftselite. Ein Weltkonzern kennt keine sozialen Verpflichtungen gegenüber irgendeiner Gemeinde oder irgendeinem Land und möchte auch nicht daran erinnert werden, dass das einmal anders war. Er sucht sich weltweit die billigsten Arbeitskräfte, die niedrigsten Umweltstandards, und er würde am liebsten nirgendwo mehr Steuern zahlen. Auch die vermögende Oberschicht kann sich eine solche Weltsicht leisten. Ihre Lebensqualität hängt nicht davon ab, ob es in ihrem Heimatland gute Schulen, ordentliche Krankenhäuser, öffentliche Sicherheit und anständige Löhne gibt. Sie hat meist Wohneigentum in verschiedenen Staaten, das von privaten Sicherheitsdiensten bewacht wird, ihre Kinder studieren auf den renommiertesten internationalen Universitäten, sie braucht keine Rentenversicherung, und im Krankheitsfall kann sie sich die besten Privatkliniken aussuchen.

Für die obere Mittelschicht gilt das in dieser extremen Form schon nicht mehr, aber auch sie ist auf die Sozialgesetze und öffentlichen Einrichtungen ihres Landes weit weniger angewiesen als die normale Bevölkerung. Für gut ausgebildete Wohlstandsbürger ist es ein Gewinn, nach lukrativen Arbeitsplätzen auch im Ausland suchen zu können, sie profitieren von privaten Angeboten für Kinderbetreuung, Schule und Ausbildung, zwischen den Bioläden und gepflegten Spielplätzen ihrer Viertel tummeln sich in der Regel keine Rauschgiftdealer, und Zuwanderung in den Niedriglohnsektor ist für sie keine Konkurrenz, sondern eine Garantie dafür, dass die Preise in der Sushi-Bar oder für den Coffee-to-go niedrig und Haushaltsdienste billig bleiben. In dieser begünstigten Position fällt es leicht, sich auf der ganzen Welt zu Hause zu fühlen und mit einer Mischung aus Mitleid und Argwohn auf all diejenigen herabzublicken, die beschränkt genug sind, sich vor allem für das eigene Land zu interessieren.

Für die weniger Begüterten freilich sind die Verhältnisse in ihrer Heimat schon deshalb von zentraler Bedeutung, weil es die sozialen Netze und die öffentlichen Einrichtungen *ihres* Landes sind, die über ihre Chance auf ein gutes Leben entscheiden. Sie sind darauf angewiesen, dass es in ihrer Heimat gute Schulen, gute Krankenhäuser, auskömmliche Löhne, effektiven Schutz vor Kriminalität und eine gut ausgebaute Infrastruktur gibt. Sie haben deshalb gar keine andere Chance, als auf Politiker zu hoffen, die sich genau darum kümmern. Diese Erwartung ist nicht nationalistisch, sondern ihr demokratisches Recht. Der Handlungsauftrag gewählter Regierungen bezieht sich nicht in erster Linie auf die Gestaltung der Welt, sondern auf die Gestaltung der Verhältnisse im eigenen Land, denn da leben ihre Wähler. Diese Verhältnisse können im Interesse der Konzerne und Vermögenden oder im Interesse der Mehrheit der Bevölkerung gestaltet werden. Die Anmaßung globaler Verantwortung ist meist nur die schlecht kaschierte Ausrede für das Versagen, die Verhältnisse zum Vorteil der Mehrheit statt zum Vorteil der Konzerne zu gestalten.

Keine demokratische Weltpolitik

Das soll nicht heißen, dass die Regierungen der Industriestaaten Armut oder Katastrophen in anderen Teilen der Welt mit Gleichgültigkeit und Ignoranz begegnen sollten. Aber wenn europäische Regierungen und erst recht die amerikanische ihre Politik dahingehend korrigieren würden, dass sie nicht länger zur Verschlimmerung von Armut und Elend in aller Welt beiträgt, und wenn dort, wo akute Hilfe gebraucht wird, auch tatsächlich geholfen würde, wäre schon viel gewonnen.

Selbstverständlich sollten Regierungen sich darüber hinaus bemühen, gutnachbarschaftlich mit den Regierungen anderer Länder zusammenzuarbeiten, um große Probleme gemeinsam anzugehen. Aber der demokratische Handlungsspielraum beschränkt sich dabei auf die Suche nach einvernehmlichen Lösungen. Ein deutscher Politiker hat keine Möglichkeit, die Löhne in China oder die Unternehmenssteuern in Panama zu erhöhen. Er hat noch nicht einmal Einfluss auf die Unternehmenssteuern in Irland oder den polnischen Mindestlohn. Aber er kann sein Land vor Steuerdumping schützen, indem er Finanzflüsse aus deutschen Konzernstandorten an ausländische Konzerntöchter mit einer Quellsteuer belastet, sofern sie im Empfängerland niedriger versteuert werden als in Deutschland. Er kann Betriebsverlagerungen in Niedriglohngebiete verhindern, indem er ein Gesetz macht, das der Belegschaft in solchen Fragen ein Vetorecht einräumt. Er kann gemeinsam mit anderen europäischen Regierungen Waren, die aufgrund niedriger Löhne und schlechter Umweltstandards europäische Produkte verdrängen, durch ausreichend hohe Zölle fernhalten. Er kann Großvermögen von mehreren Millionen oder gar Milliarden Euro mit einer Vermögenssteuer belasten und deren Verlagerung ins Ausland durch eine *exit tax*, wie es sie in den USA bis heute gibt, verhindern. Und er kann, wenn er den Problemen an die Wurzel gehen will, in seinem Land niedergelassene Konzerne entflechten und das wirtschaftliche Eigentumsrecht so verändern, dass die Politik nicht länger durch das große Geld gekauft oder unter Druck gesetzt werden kann.

Mit solchen Maßnahmen könnte jeder Staat seine Bürger vor dem globalisierten Konzernkapitalismus schützen, statt sie ihm auszuliefern. Die Möglichkeit dazu hängt nicht einmal von der Größe des Landes ab. Aktuell schützt etwa das kleine Dänemark seine Bevölkerung immer noch besser als das große Deutschland.

Die große Tragödie unserer Zeit

Dass sich die Verlierer des ungezügelten Globalkapitalismus mit ihrem Protest eher nach rechts als nach links orientieren, ist die große politische Tragödie unserer Zeit. Aber verantwortlich dafür sind nicht zuletzt jene vormals linken Parteien, die irgendwann keine Interessen mehr kannten, sondern nur noch *Sachzwänge* und *Modernisierungserfordernisse im Zeitalter der Globalisierung*. Dass ihre Politik von der Politik der bürgerlichen Parteien nicht mehr unterscheidbar war, hat die Menschen vergessen lassen, was den Unterschied zwischen links und rechts einst ausgemacht hat. Aber es kam noch schlimmer. Um ihren Seitenwechsel zu begründen, haben die gewendeten Linken die neofeudale Politik mit den Werten und Begriffen der traditionellen Linken wie Internationalismus, Solidarität, Gleichberechtigung und Emanzipation in Verbindung gebracht. Im Ergebnis haben sie erreicht, dass die Leidtragenden mit dem Begriff *links* heute oft genau jene Politik verbinden, die ihnen ökonomisch den Boden unter den Füßen weggezogen hat und die ihren Wunsch nach Schutz durch ihren Staat darüber hinaus moralisch verächtlich macht, indem sie ihn als *rückwärtsgewandt* und *nationalistisch* abqualifiziert. Dass viele dann ihre Zuflucht auf der entgegengesetzten Seite des politischen Spektrums suchen, sollte niemanden überraschen.

Auch da werden sie letztlich enttäuscht, wie die Erfahrungen mit bereits bestehenden Rechtsregierungen zeigen. Donald Trumps Steuergesetze begünstigen nicht die einstigen Industriearbeiter des Rust Belt, sondern Konzerne wie Apple und die Reichsten der Reichen in der amerikanischen Oberschicht. Der mit der rechtsradikalen FPÖ regierende österreichische Bundeskanzler Sebastian Kurz plant ähnlichen Sozialabbau und eine ähnliche Verschlechterung der Arbeitsgesetze wie der »Pro-Europäer« Macron. Die Rechten geben denen, die in den letzten Jahren viel verloren haben, also keineswegs den erhofften Schutz vor einem gnadenlosen globalen Dumpingwettbewerb. Was sie ihnen allerdings geben, ist das Gefühl der Anerkennung ihrer Sehnsüchte und der Aufwertung und Verteidigung ihrer nationalen Identität, die durch Uminterpretation als biologische Abstammungsgemeinschaft und die Abwertung und Verachtung des »Fremden« allerdings ins Rassistische gewendet wird.

Diese Wirtschaft tötet

Die Vereinnahmung der alten Begriffe der politischen Linken, des Internationalismus, der Solidarität oder auch der Gleichberechtigung für das neofeudale Programm zeigt, wie wirksam politische Lügen sein können, wenn sie mit hinreichender Medienmacht in die Welt gesetzt werden. Es gehört schon einiges dazu, ausgerechnet die Förderung des globalen Konzernkapitalismus, der das Elend armer Länder durch Ausplünderung und aggressive Exportpolitik erheblich verschlimmert, als *internationalistisch* zu adeln. Bezeichnenderweise gehören im ärmeren Teil der Welt ausschließlich solche Staaten zu den Gewinnern der Globalisierung, deren Politik nach den heute üblichen Denkschemata *nationalistisch* genannt werden müsste, weil sie sich der Freihandelsideologie der Globalisierung eben nicht unterworfen, sondern – wie China, Südkorea, seit den Neunzigern auch Vietnam – ihre Wirtschaft geschützt, den

Kapitalverkehr reguliert und ihre Entwicklung in die eigenen Hände genommen haben.

In vielen Entwicklungsländern dagegen ist die Lage heute hoffnungsloser als noch vor drei oder vier Jahrzehnten. Denn einem ärmeren Land nach dem anderen wurden von selbst ernannten *Internationalisten* »Freihandelsabkommen« aufgezwungen, die ihre heimische Produktion vernichtet und ihre Märkte zur Beute westlicher Agrarmultis und Industriekonzerne gemacht haben. Millionen Kleinbauern und Gewerbetreibende wurden auf diese Weise um ihre Existenz gebracht. Wenn sie sich dann auf den Weg in wohlhabendere Länder machen, spricht man verächtlich von Wirtschaftsflüchtlingen. Aber es ist unsere Wirtschaft, es sind unsere Konzerne, die ihre Lebensgrundlagen zerstört und sie in die Flucht getrieben haben. Auch sind es allein die noch nicht ganz Verarmten, die das Geld für eine Flucht aufbringen können, während diese Abwanderung der gebildeteren Mittelschicht das Schicksal der Daheimgebliebenen noch hoffnungsloser macht.

Zwei Milliarden Menschen leiden auf unserem reichen Planeten, der dank der heutigen technologischen Möglichkeiten eine Weltbevölkerung von 12 Milliarden Menschen mit allen notwendigen Nahrungsmitteln versorgen könnte, an Mangelernährung, die Hälfte von ihnen hungert. Die UNO warnt, dass in den kommenden 15 Jahren weitere 70 Millionen Kinder noch vor ihrem fünften Geburtstag an Armutskrankheiten, die vermeidbar oder heilbar wären, sterben werden. 70 Millionen Menschen, deren Leben ausgelöscht wird, bevor es richtig begonnen hat, weil ihr Schicksal die *großen Kosmopoliten* der »westlichen Wertegemeinschaft« und ihre Hintermänner in der Wirtschaft nicht interessiert. Dieselben übrigens, die ihre Rohstoffkriege gern mit dem Verweis auf Menschenrechte begründen und damit, dass man bei Tod und Sterben doch nicht zuschauen dürfe. Dabei bräuchte es nach Aussage von Jacques Diouf, Generaldirektor der UN-Organisation für Ernährung und Landwirtschaft, gerade mal 20 Milliarden Euro pro Jahr, um Hunger und

Unterernährung weltweit zu überwinden, ein Bruchteil des Geldes, das für Aufrüstung und Kriege ausgegeben wird.

»Diese Wirtschaft tötet«, hat Papst Franziskus der Kirche und der Weltöffentlichkeit in Bezug auf den heutigen Kapitalismus ins Stammbuch geschrieben. Wer Belege für diese Aussage sucht, in den abgehängten Ländern der sogenannten Dritten Welt kann er sie tagtäglich finden.

Emanzipatorische Fassade

So wenig der globalisierte Konzernkapitalismus *internationalistisch*, ist, so wenig ist die neofeudale Politik liberal oder gar emanzipativ. Sie hat allerdings großen Anteil daran, liberale und emanzipative Werte in den Augen vieler Menschen zu diskreditieren. Wo beispielsweise sinkende Löhne und nicht die selbstbewusste Entscheidung von Frauen und eine gute soziale Infrastruktur die Zwei-Verdiener-Ehe zur Regel machen, wird man kaum Begeisterung über diese »Errungenschaft« erwarten können. Unter Bill Clinton, schreibt die amerikanische Feministin Nancy Fraser, »... wurde der Angriff auf die sozialen Sicherungssysteme mit einer von den sozialen Bewegungen geborgten emanzipatorischen Fassade verbrämt. ... In den Jahren, in denen die alte Industrie auf den Hund kam, debattierte man in der Öffentlichkeit der USA vor allem über ›Diversität‹, ›Gleichberechtigung‹ und den ›Kampf gegen Diskriminierungen‹.«[11] Ähnliches haben wir in Großbritannien unter New Labour erlebt und in Deutschland, beginnend mit der rot-grünen Bundesregierung und fortgesetzt unter der Kanzlerschaft Merkels, der absurderweise deshalb das Prädikat anhaftet, die Union *nach links* verschoben zu haben.

In Wahrheit fördern Sozialabbau und Arbeitsmarktliberalisierung nicht die *Gleichberechtigung*, sondern vergrößern herkunftsabhängige Ungleichheit und ökonomisch bedingte Diskriminierung. Genau das aber wurde in der Debatte der gewendeten Linken konsequent ausgeblendet. Während der rot-grüne Feminismus in Deutschland über den »Sturm auf die Führungsetagen« und eine Frauenquote für Aufsichtsräte debattierte, wurden als Folge rot-grüner Arbeitsmarktreformen Millionen Frauen in schlecht bezahlte, unsichere Jobs abgedrängt. Und die politisch korrekten linksliberalen Meinungsführer, die in jeder Erwähnung kulturell bedingter nationaler Unterschiede einen Fall rassistischer Diskriminierung wittern, hatten auffallend wenig einzuwenden gegen die Einführung von Hartz IV, die immerhin dazu führte, dass die Armutsquote von Kindern aus Einwandererfamilien sprunghaft auf 49 Prozent anwuchs, noch weit schneller als die Kinderarmut insgesamt.

Wer die Aggressivität, mit der liberale Werte heute in Teilen der Gesellschaft infrage gestellt werden, verstehen will, muss bedenken, dass diese Werte als Teil eines politischen Programms empfunden werden, das sich als moralisch überlegen inszeniert, als edel, solidarisch, hilfreich und gut, obwohl die ärmeren Schichten seit Jahren seine völlige Gleichgültigkeit gegenüber ihrem Wunsch nach einem Leben in bescheidenem, aber halbwegs gesichertem Wohlstand erfahren haben. Und es sind gerade die durch die neofeudale Politik verursachten Abstiegsängste und das Gefühl, sozial bedroht zu sein, die Intoleranz und Abwehr wie ein Brandbeschleuniger schüren. So wird eine Stimmungslage geschaffen, die irgendwann tatsächlich einer zutiefst illiberalen Gesellschaft den Weg bereiten kann.

Umso dringender brauchen wir einen progressiven Gegenentwurf zum neofeudalen Programm und zum globalisierten Konzernkapitalismus des 21. Jahrhunderts. Einen ganzheitlichen und großen Entwurf, der die Menschen ansprechen und begeistern, und dessen Verwirklichung dennoch in jedem einzelnen Land beginnen kann. Ein Gegengift gegen die rechte Verrohung, die neofeudale Heuchelei und die Lethargie. Einen Gegenentwurf, der fundamental, aber zugleich realistisch ist, der umstürzt, was umgestürzt werden muss, aber zugleich bewahrt, was den meisten zu recht lieb und teuer ist.

Wie wollen wir leben?

Wollen wir wirklich so leben, wie wir leben? Wollen wir eine Gesellschaft, in der immer rücksichtsloser der Ellenbogen zum Einsatz kommt, weil jedem jederzeit die Angst im Nacken sitzt, schlimmstenfalls selbst abzustürzen und sich ins graue Heer der Verlierer einreihen zu müssen? Ein Heer, aus dem es allzu oft keine Rückkehr gibt. Wollen wir, dass Unsicherheit und Zukunftssorgen unseren Alltag bestimmen und uns das auch noch als neue Freiheit verkauft wird? Und wenn wir es nicht wollen, warum wehren wir uns nicht? Warum nehmen wir so vieles hin – so viele Zumutungen, so viele Demütigungen, all die Heuchelei, die wir durchschauen, die vielen Lügen, von denen wir wissen, dass es Lügen sind? Warum akzeptieren wir ein Leben, das deutlich schlechter ist, als es mit den heutigen technologischen Möglichkeiten bei einigermaßen gerechter Verteilung des gesellschaftlichen Reichtums sein könnte? Wir haben doch nur dieses eine.

Finden wir es wirklich normal, dass die Mehrheit unter wachsendem Druck darum kämpfen muss, ihren Lebensstandard auch nur zu halten, während wenige auf immer mondäneren Jachten durch die Weltmeere schippern? Warum finden wir uns damit ab, dass sich trotz allgemeinen Wahlrechts immer wieder eine Politik durchsetzt, die im besten Fall die Interessen der oberen 10 Prozent, oft sogar nur die der reichsten 1 Prozent bedient?

Immer drängender stellt sich die Frage: Ist es nicht Zeit für eine andere Logik des Wirtschaftens, auch um zu verhindern, dass unsere Produktion weiterhin unseren Planeten und damit unsere Lebensgrundlagen zerstört? Wie kann eine Alternative zum Kapitalismus aussehen? Welcher wirtschaftlichen Strukturen bedarf es, damit aus guten Ideen möglichst schnell gute Produkte werden? Wo kommt der Anreiz für neue Produktionsverfahren her, und zwar für solche, die uns wirklich voranbringen, weil sie uns ohne fortschreitenden Verschleiß unserer natürlichen Umwelt wirtschaften lassen? Wie nutzen wir den produktivitätssteigernden Effekt der

Digitalisierung so, dass keine zusätzliche Arbeitslosigkeit entsteht? Wie erreichen wir eine neue Innovationsdynamik, die nicht nur die betreffenden Unternehmen und deren Eigentümer, sondern alle reicher macht?

Eine Wirtschaft, die Talent und Leistung belohnt

Es ist eigentlich gar nicht so schwer. Wir müssen nur den Wirtschaftsfeudalismus des 21. Jahrhunderts überwinden. Märkte darf man nicht abschaffen, im Gegenteil, man muss sie vor dem Kapitalismus retten. Wir brauchen, was die Vertreter der neofeudalen Politik sich so gern auf die Fahne schreiben, aber in Wirklichkeit zerstören: Freiheit, Eigeninitiative, Wettbewerb, leistungsgerechte Bezahlung, Schutz des selbst erarbeiteten Eigentums. Wer all das will und es ernst meint, muss eine Situation beenden und nicht befördern, in der die entscheidenden wirtschaftlichen Ressourcen und Reichtümer einer schmalen Oberschicht gehören, die automatisch auch von jedem Zugewinn profitiert. Einer Oberschicht, die sich mit ihrer Macht, über Investitionen und Arbeitsplätze zu entscheiden, mit ihrem Medieneinfluss, ihren Think Tanks und Lobbyisten, mit ihrer Kampagnenfähigkeit und schlicht mit ihrem unermesslich vielen Geld jede gewählte Regierung unterwerfen oder kaufen kann. Wir brauchen eine Wirtschaft, in der tatsächlich Talent und Leistung belohnt und Menschen mit Ideen, Power und Geschäftssinn in die Lage versetzt werden, Unternehmen zu gründen, auch dann, wenn ihnen nicht der Zufall der Geburt ein reiches Erbe in die Wiege gelegt hat. Kreative Ideen und neue Technologien mit Potenzial verdienen eine verlässliche Finanzierung, die das erste Risiko trägt und so auch Zugang zu Krediten eröffnet.

Der Kern der Macht der oberen Zehntausend und der Ursprung ihrer leistungslosen Bezüge ist die heutige Verfassung des Wirtschaftseigentums. In einer veränderten Gestaltung des wirtschaftlichen Eigentums liegt folgerichtig der Schlüssel zu einer neuen Perspektive. Reformvorschläge, die diese Ebene ausklammern, können zwar Verbesserungen in Einzelbereichen erreichen. Aber sie enden in den meisten Fällen doch wie die diversen Anläufe zur Bankenregulierung: weichgespült, zahnlos gemacht und dann trickreich umgangen. Wenn wir wirklich besser leben wollen, geht es daher nicht bescheidener oder kleiner: Dann müssen wir unsere Demokratie und die Marktwirtschaft vor dem Kapitalismus retten und die Gestaltung einer neuen wirtschaftlichen Ordnung in Angriff nehmen.

LEISTUNG, EIGENVERANTWORTUNG, WETTBEWERB

DIE LEBENSLÜGEN DES KAPITALISMUS

»Wenn wir die Staaten betrachten, wie wir sie heute überall finden, dann zeigt sich uns, weiß Gott, nichts anderes als eine Verschwörung von reichen Leuten, die sich mit nichts anderem als ihren eigenen Interessen beschäftigen. ... Glaubt nicht, dass die Gerechtigkeit dort herrscht, wo die wichtigen Angelegenheiten in der Hand von üblen Spitzbuben sind, oder dass ein Staat blüht, in dem alles Vermögen auf eine kleine Zahl von Bürgern verteilt ist.«

Thomas Morus, *Utopia* (1516)

DIE SCHURKENWIRTSCHAFT: IST GIER EINE TUGEND?

Was, uns vor dem Kapitalismus retten? Um Gottes willen, rettet uns lieber vor diesen Tagträumern, Gleichheitsdödeln und weltfremden Gutmenschen, die die menschliche Natur, ihre wirklichen Motive und Beweggründe nicht verstanden haben oder sie nicht wahrhaben wollen. Mit all ihrem Edelmut und ihren hehren Absichten würden sie schließlich großes Unheil anrichten, wenn sie jemals die Macht erhielten, ihre Vorstellungen umzusetzen! – Diese These hat jeder von uns im Laufe seines Lebens schon so oft und in so mannigfachen Variationen gehört, dass der Reflex bei vielen funktioniert. Kapitalismus, so die eingängige Formel, bedeutet wirtschaftliche Dynamik, Wachstum und Wohlstand, weil er Leistung und Anstrengung belohnt, weil er dem, der sich durchkämpft, der Entbehrungen auf sich nimmt, hart arbeitet und zielstrebig seinen Weg geht, Aufstieg und Erfolg verspricht.

Was ist schlecht an einer Wirtschaft, die Initiative und Eigenverantwortung fördert, aber zugleich an Ehrgeiz, Habgier und Egoismus appelliert, um den unerschöpflichen Quell menschlicher Kreativität freizusetzen? Zugestanden, der Kapitalismus bringt große Ungleichheit hervor. Aber liegt nicht gerade in der Chance auf unvorstellbaren Reichtum bei gleichzeitigem Druck durch die stets drohende Gefahr des sozialen Abstiegs jenes Geheimrezept, das Menschen zu Höchstleistungen motiviert?

Der Mensch ist nun einmal nicht edel, hilfreich und gut. Also muss eine erfolgreiche Wirtschaft eben an den Eigenschaften ansetzen, die den Menschen tatsächlich eigen sind, statt sich auf solche zu verlassen, die ihnen – zumindest in ihrer Mehrheit – abgehen. Das klingt plausibel. Aber ist der Mensch in seinem Wesen tatsächlich so, wie diese Argumentation unterstellt? Ist er jener habsüchtige, berechnende, auf das eigene Ego fixierte *homo oeconomicus*, dessen Universum sich ausschließlich um sich selbst dreht? Dagegen spricht schon auf den ersten Blick, dass einem Menschen kaum etwas so schwer zu schaffen macht wie Einsamkeit und soziale Isolierung. Selbst große materielle Reichtümer können das in der Regel nicht aufwiegen. Der Zusammenhang zwischen Reichtum und Glück ist eher, dass Reiche viel seltener als Arme soziale Ausgrenzung erfahren, dass sie gesellschaftlich anerkannter sind, und zwar meist unabhängig davon, aus welchen Quellen ihr Reichtum stammt.

Freiheit ohne Freunde?

Es ist interessant, dass das Wort *Freiheit* im Indogermanischen auf die gleiche Wurzel *fri* zurückgeht wie die Wörter *Freund* und *Frieden*. *fri* bedeutet »lieben«, und frei sein hieß ursprünglich, »zu den Freunden gehören« oder auch »in Frieden mit anderen sein«.[12] Nicht Bindungslosigkeit, sondern Bindung macht frei, weil nur sie Halt gewährt. Menschen sind soziale Wesen, die sehr viel zufriedener leben, wenn sie sich mit anderen verbinden, als wenn sie sich allein gelassen fühlen. Noch nicht einmal der Kapitalismus würde funktionieren, wenn er mehrheitlich von jenen selbstsüchtigen *homines oeconomici* bevölkert würde, die immer nur berechnen, in welcher Konstellation ihr persönlicher Nutzen maximiert werden kann. Entspräche dieses Menschenbild der Realität, gäbe es nicht nur keinerlei ehrenamtliches Engagement, keine Bürgerinitiativen, keine freiwillige Feuerwehr und keine Vereine, ausgenommen solche, die ihren Mitgliedern materielle Vorteile bringen. Letztlich würde auch keine Schule, kein Krankenhaus und noch nicht einmal ein kommerzielles Unternehmen funktionieren, wenn jeder nur exakt die Mindestleistung abliefert, die er kontrollierbar erbringen muss, um die Verpflichtungen aus seinem Arbeitsvertrag zu erfüllen. »Dienst nach Vorschrift« zu leisten ist kein Normalzustand, sondern eine verdeckte Rebellion, die jede Behörde und auch jede andere Organisation schnell funktionsunfähig macht.

Dem widerspricht nicht, dass Menschen sich oft egoistisch verhalten und dass ihnen die Belange der eigenen Familie näher und wichtiger sind als die fremder Menschen. Die Evolution, die biologische wie die kulturelle, hat uns beides mitgegeben: den Selbsterhaltungstrieb, der in erster Linie das eigene Wohl und das der Seinen im Auge hat, und die Empathie für das Schicksal anderer, die Rücksichtslosigkeit und die Nächstenliebe, die Missgunst und die Hilfsbereitschaft, die Gier und die Freude am Teilen, den Neid und die Empörung über Ungerechtigkeit, auch wenn sie anderen widerfährt. Individuell mag jeder seine eigene Mischung an charakterlichen Anlagen haben. Aber welche Eigenschaften gesellschaftlich die Oberhand gewinnen, welche Verhaltensmuster prägend für eine Gesellschaft sind, das hängt davon ab, welches Verhalten eine Gesellschaft fördert und belohnt und welches sie mit Entzug von Anerkennung und Versagen von Erfolg bestraft.

Ungleichheit zerstört Vertrauen

Ergebnisse der experimentellen Ökonomie legen nahe, dass Menschen zunächst zu kooperativem Verhalten neigen, die Kooperationsbereitschaft aber verloren geht, wenn sie mehrfach durch nicht-kooperatives Verhalten anderer beantwortet wird und so zu eigenen Nachteilen führt. Ein Kind, das früh erlebt, dass Zutraulichkeit und Offenheit von anderen ausgenutzt und missbraucht werden, wird misstrauisch und verschlossen. Die britischen Sozialwissenschaftler Richard Wilkinson und Kate Pickett haben im Zeitverlauf und im Ländervergleich untersucht, inwieweit das Vertrauen, das Menschen einander entgegenbringen, eine gesellschaftsabhängige Größe ist. Ihr Ergebnis ist eindeutig: Je größer die gesellschaftliche Ungleichheit, desto weniger vertrauen die Menschen einander. Hatten etwa in den 1960er Jahren immerhin noch 60 Prozent der

US-Bürger ein Grundvertrauen in ihre Mitmenschen, sind es heute weniger als 40 Prozent.[13]

Wenn der gesellschaftliche Zusammenhalt zerfällt, zahlt sich Vertrauen nicht mehr aus, es erhöht nur das Risiko, übers Ohr gehauen zu werden. Wilkinsons und Picketts Studien belegen auch, dass sich Menschen messbar weniger für andere interessieren und um andere sorgen, wenn die Einkommensschere weiter auseinanderklafft.[14] Auch Empathie und Solidarität können also durch gesellschaftliche Erfahrungen bestärkt oder entmutigt werden.

Nicht Besitz, sondern Rang

Eigentlich ist es leicht nachvollziehbar: Wo der Ehrliche der Dumme ist, wird Lügen zum Erfolgsrezept. Aber folgt daraus, dass Menschen geborene Lügner sind? Wo der Uneigennützige vor allem ausgenutzt wird, gedeihen Egoismus und soziale Kälte. Aber fühlen wir uns nicht dennoch in einem gesellschaftlichen Umfeld wohler, das anders ist?

Schon der große Wirtschaftshistoriker Karl Polanyi wusste, dass die Ziele eines Menschen stets in seine sozialen Beziehungen eingebettet sind. »Sein Tun«, schreibt Polanyi, »gilt nicht der Sicherung seines individuellen Interesses an materiellem Besitz, sondern der Sicherung seines gesellschaftlichen Rangs, seiner gesellschaftlichen Ansprüche und seiner gesellschaftlichen Wertvorstellungen.«[15] Dafür spricht, dass Menschen ihre materielle Lage in der Regel in Relation zu der anderer Menschen beurteilen. Wenn in Verhaltensexperimenten gefragt wird, ob die Betreffenden es vorziehen würden, ein monatliches Einkommen von 4 000 Euro in einer Gesellschaft zu haben, in der das Durchschnittseinkommen bei 2 000 Euro liegt, oder ein Monatseinkommen von 5 000 Euro in einer reichen Gesellschaft, wo der Durchschnittsverdiener 10 000 Euro nach Hause trägt, entscheidet sich die Mehrheit regelmäßig für das niedrigere, aber relativ zu den Mitmenschen höhere Einkommen von 4 000 Euro.

Gottgewollte Gier

Weil der Mensch ein soziales Wesen ist, ist es ihm aber auch ganz und gar nicht egal, was andere Menschen von ihm denken. Gesellschaftlich geächtetes Verhalten wird deshalb gemieden, zumindest, soweit man die Möglichkeit dazu hat. Natürlich wird die gesellschaftliche Ächtung des Bettelns und Stehlens einen mittellosen Menschen, der keine Chance auf Arbeit und keinerlei sonstige Unterstützung hat, nicht davon abhalten, zu betteln oder zu stehlen. Aber die religiöse Ächtung kommerzieller Tätigkeit hat es dem katholischen Adel in Frankreich oder Spanien durchaus erschwert, seinen Reichtum mit ähnlicher Hemmungslosigkeit unter Ausnutzung frühkapitalistischer Methoden zu mehren, wie dies seine calvinistischen und puritanischen Standesgenossen in den Niederlanden oder in England getan haben.

Die religiöse und auch gesellschaftliche Legitimierung von zuvor als Laster angesehenen Eigenschaften wie Geldgier, Egoismus und sozialer Ignoranz war für den gesellschaftlichen Durchbruch des Kapitalismus mindestens so wichtig wie die Erfindung der Dampfmaschine. Der Calvinismus etwa verklärte die hemmungslose Bereicherung geradezu als gottgewollte Tugend. Nicht wem es an Rücksichtnahme auf seine Mitmenschen mangelt, sondern wer eine Gewinnmöglichkeit ungenutzt verstreichen lässt, versagt nach dem calvinistischen Wertekanon vor seinen religiösen Pflichten. Ein Gemeinwesen, in dem sich die Mehrheit von einer solchen Ethik leiten lässt, ist zwangsläufig einer kalter, brutaler und wenig menschenfreundlicher Ort.

Mandevilles Bienenfabel

Auch auf weltlicher Ebene wurde an der Legitimierung von Skrupellosigkeit und Schurkerei hart gearbeitet. Noch vor Adam Smith – und viel radikaler und zynischer als von diesem – wurde das Loblied auf den gesellschaftlichen Nutzwert von Habgier und Egoismus von dem niederländisch-englischen Arzt und Schriftsteller Bernard Mandeville gesungen. Sein Bestseller heißt *Bienenfabel*, stammt aus dem Jahr 1714 und trägt den Untertitel »Private Laster – öffentliche Vorteile«. Die Story handelt von einem Bienenvolk, das reich, mächtig, angesehen und erfolgreich ist, obwohl – oder, das ist eben der Clou, gerade weil – in ihm Betrug, Lüge und Verbrechen gedeihen. Alles läuft prima, die reichen Bienen schwelgen im Luxus und leben ihre Gier nach immer größerem Besitz hemmungslos aus, die armen Bienen schuften, um die Luxusgüter für die reichen Bienen herzustellen, haben so allerdings zumindest Arbeit und ein Auskommen. Moralisch oder gar gerecht geht es dabei natürlich nicht zu. *Manch Reicher, der sich wenig mühte, / Bracht' sein Geschäft zu hoher Blüte, / Indes mit Sense und mit Schaufel / Gar mancher fleißige arme Teufel / Bei seiner Arbeit schwitzend stand, / Damit er was zu knabbern fand.*

Gestört wird das prosperierende Gemeinwesen allerdings durch Gott Jupiter, der ungefragt auftaucht, dem sündhaften Bienenvolk die Leviten liest und es zur Tugend bekehrt. Bereicherung ist jetzt geächtet, auch die reichen Bienen leben fortan in Bescheidenheit und begnügen sich mit dem Lebensnotwendigen. In der Folge verfallen Handwerk und Handel, das ganze Bienenvolk verarmt und den armen Bienen geht es noch sehr viel schlechter als zuvor, weil sie keine Arbeit mehr finden. Die Conclusio ist ebenjene Ethik, die uns nur allzu bekannt vorkommt: *So klagt denn nicht: für Tugend hat's / In großen Staaten nicht viel Platz. / Mit möglichstem Komfort zu leben, / Im Krieg zu glänzen und doch zu streben, / Von Lastern frei zu sein wird nie / Was andres sein als Utopie. / Stolz, Luxus und Betrügerei / Muss sein, damit ein Volk gedeih.* Für den Zyniker Mandeville sollten die Reichen stolz auf ihren ausschweifenden Lebenswandel sein, sorge dieser doch dafür, dass die Armen ihr Brot verdienen könnten. Ganz so würden es heute die wenigsten ausdrücken, aber in einer etwas subtileren Version begegnet uns dieses Argument bis in die Gegenwart.

Falsche Philanthropen und respektierte Betrüger

So zitiert die kanadische Publizistin Chrystia Freeland in ihrem Buch über die »Plutokraten« einen Milliardär, der die Sicht der Superreichen auf sich selbst mit folgenden Worten beschreibt: »Es ist dieses oberste Prozent, das wahrscheinlich mehr zur Verbesserung der Welt beiträgt als die 99 Prozent. Ich habe nie irgendwelche armen Leute tun sehen, was Bill Gates getan hat. Ich habe nie arme Leute viele andere einstellen sehen. Ich meine also, wir sollten das eine Prozent ehren und hochhalten, die Leute, die Werte geschaffen haben.«[16] Die Frage, mit welchen Mitteln, durch wessen Arbeit und auf wessen Kosten ein Bill Gates seine Milliarden überhaupt erst erworben hat, wird bei solchen Betrachtungen wohlweislich ausgeklammert. Ebenso wie die, mit welcher Skrupellosigkeit Microsoft und andere globale Unternehmen jede denkbare Lücke ausnutzen, um sich ihren sozialen Pflichten in Form von Steuerzahlungen zu entziehen. Wenn dann ein Bruchteil des so aufgehäuften Geldes mit großer humanitärer Geste in philanthropische Projekte fließt, ist das wohl eher geschickte Imagewerbung in eigener Sache als ein Beleg sozialer Verantwortung.

In gewisser Hinsicht ist das Gerüst sozialer Werte, auf das sich die Gesellschaft stützen kann, heute noch brüchiger als in den rüden Zeiten des Frühkapitalismus. Denn die protestantische Ethik legitimiert zwar Gewinnstreben, Egoismus und Bereicherung, keineswegs aber Betrug, Schwindel und Gaunerei, Praktiken, wie sie heute in vielen großen Konzernen an der Tagesordnung sind. Man denke an die endlose Liste krimineller Vergehen, für die sich die Deutsche Bank vor diversen Gerichten verantworten muss und die von der Beihilfe zu Geldwäsche und Steuerhinterziehung über die Manipulation von Goldpreisen, Zinsen und Währungen bis zum Umsatzsteuerbetrug reichen. Andere europäische oder auch US-Banken verfolgen ein ähnliches Geschäftsmodell und allen ist gemeinsam, dass trotz des Milliardenschadens für die Allgemeinheit bisher kein einziger der an führender Stelle beteiligten Manager zur Verantwortung gezogen wurde. Der Abgasbetrug der Autobauer oder auch die im Rahmen der Paradise Papers aufgedeckten Praktiken der Rohstoffkonzerne zeigen allerdings, dass organisierte Kriminalität kein auf den Finanzsektor beschränktes Phänomen ist.

Ende des ehrbaren Kaufmanns

Auch wenn es um ihr privates Vermögen geht, scheint von der Moral des ehrbaren Kaufmanns in den Kreisen der oberen 1 Prozent nicht mehr allzu viel übrig zu sein. Darauf deutet etwa die Studie »Tax Evasion and Inequality« der norwegischen Steuerexpertin Annette Alstadsæter und der Ökonomen Niels Johannesen und Gabriel Zucman hin.[17] Die genannten Wissenschaftler konnten dank eines Datenleaks bei der britischen Großbank HSBC tief ins Innere eines der zentralen Akteure in der Offshore-Vermögensverwaltungsbranche für Superreiche schauen. Auf Basis der eingesehenen Daten kommen sie zu dem Schluss, dass Personen mit mehr als 45 Millionen Dollar Vermögen, also die Crème des globalen Geldadels, durchschnittlich 30 Prozent ihrer Steuerschuld hinterziehen. Das ist das Zehnfache des Bevölkerungsdurchschnitts!

Natürlich hat das nicht in erster Linie damit zu tun, dass die Moral schwindet, wenn der Kontostand wächst, sondern vor allem damit, dass die Möglichkeiten zur (unentdeckten) Steuerhinterziehung größer werden, je reicher jemand ist. Und selbstverständlich wäre es unzulässig, mit Verweis auf die Durchschnittswerte jeden Multimillionär als notorischen Steuerpreller zu verdächtigen. Was die 30 Prozent hinterzogener Steuern allerdings belegen, ist zum einen, wie leicht es heute für sehr Vermögende ist, ihr Geld unentdeckt am Fiskus vorbeizuschleusen, zum anderen aber auch, wie verbreitet moralische Verkommenheit in den wohlhabendsten Kreisen unserer Gesellschaft ist. Immerhin sprechen wir hier über Leute, die so reich sind, dass die Steuergaunereien keinen Einfluss auf ihren Lebensstandard haben. Wer dennoch und im Wissen um schlecht ausgestattete Schulen und überforderte öffentliche

Krankenhäuser die Allgemeinheit um Millionen betrügt, tut das aus bewusster sozialer Ignoranz.

Helden des Thatcherismus

All das kommt nicht aus dem Nichts. Es lässt sich sogar relativ genau datieren, in welcher Zeit die gesellschaftliche Legitimierung aggressiver Amoral einsetzte. Es waren die Jahre des Thatcherismus und der Reagonomics, als die Spieler in den Handelsabteilungen der Investmentbanken zum Idealtypus eines in jeder Hinsicht bindungslosen, nur auf den eigenen Vorteil bedachten und dafür zu allem fähigen Wirtschaftsteilnehmers aufstiegen, dessen Verhaltensmuster dem breiten Volk ausdrücklich als Vorbild empfohlen wurden. Der britische Publizist Paul Mason beschreibt die Folgen des Thatcherismus in den Arbeiterbezirken Englands folgendermaßen: »Die Solidarität löste sich auf. Die archetypischen Außenseiter in unseren Gemeinden – der Dieb, der Gauner, der Mieteintreiber, der Streikbrecher – wurden zu volkstümlichen Helden des Thatcherismus.«[18] Wenn es, wie die britische Premierministerin Margret Thatcher in ihrem berühmten Bonmot verfügte, gar keine Gesellschaft gibt, sondern nur Individuen, von denen jedes allein für sich selbst und seine engsten Angehörigen verantwortlich ist, dann gibt es natürlich auch keinen Platz für gesellschaftliche Rücksichten und soziale Verantwortung.

Wenn in den reichsten und einflussreichsten Kreisen einer Gesellschaft soziale Werte abgeschrieben sind, ist das schlimm genug. Wenn allerdings auch diejenigen, die unter dem Zerfall des gesellschaftlichen Zusammenhalts leiden, einen Wertekanon akzeptieren, der Gier und Egomanentum zur Basis unseres Wohlstands erklärt, wenn auch sie die hemmungslose Bereicherung von bereits Reichen nicht als verächtlich ansehen, sondern eher als raffiniert bewundern, wiegen sie alle Habgierigen und Egoisten in dem angenehmen Gefühl gesellschaftlicher Akzeptanz. Unter solchen Bedingungen muss sich niemand wundern, dass es in hoch profitablen

Konzernen kaum noch eine Hemmschwelle gibt, immer gewieftere Modelle zu entwickeln, wie man um eines halben Prozentpunkts zusätzlicher Rendite willen die Löhne trickreich absenken, Umweltschutzregeln umgehen oder die Gesellschaft noch um den letzten Cent Steuern prellen kann. Oder dass Investmentbanker, die mit ihren Derivatewetten mal eben den Maispreis verdoppeln oder ganze Staaten ins Taumeln bringen, dies ohne die geringsten Gewissensnöte und mit großer Selbstzufriedenheit tun.

»Widerwärtige Menschen mit widerwärtigen Motiven«

Der Mensch ist nicht von Natur aus rücksichtslos, gierig und egoistisch. Eine Gesellschaft allerdings, die den Egoistischsten, Gierigsten und Rücksichtslosesten die größten Chancen auf Erfolg einräumt und in der Egoismus, Gier und Rücksichtslosigkeit als clever, vermeintliche »Gutmenschen« dagegen als dümmlich und naiv gelten, sollte nicht erwarten, dass sich ihre Mitglieder mehrheitlich fair und solidarisch verhalten. Es ist eher erstaunlich, wie viele das trotzdem immer noch tun.

Keynes meinte einmal, der Kapitalismus basiere »auf der merkwürdigen Überzeugung, dass widerwärtige Menschen aus widerwärtigen Motiven irgendwie für das allgemeine Wohl sorgen werden«. Man kann sagen, dass das über eine gewisse Zeitspanne mehr oder minder funktioniert hat. Spätestens seit der letzten großen Finanzkrise dürfte es allerdings schwerfallen, in den Handlungen »widerwärtiger Menschen« und ihren »widerwärtigen Motiven« noch einen positiven Effekt auf unser aller Wohl zu erkennen. Was also spricht dagegen, es in Zukunft mit einer Wirtschaftsordnung zu versuchen, in der anständige Menschen aus respektablen Motiven das allgemeine Wohl befördern?

GLANZ UND VERFALL:
WIE INNOVATIV IST UNSERE WIRTSCHAFT?

Ach, ihr Kapitalismuskritiker, schaut euch doch die beispiellose wirtschaftliche Dynamik der zurückliegenden zwei Jahrhunderte an! Hat sie nicht zweifelsfrei bewiesen, dass Adam Smith' »unsichtbare Hand« – durch geschützte Eigentumsrechte, Konkurrenz und freies Unternehmertum den Eigennutz der Menschen in eine der gesamten Gesellschaft dienliche Richtung umzubiegen – trotz aller Schattenseiten funktioniert, zumindest auf lange Sicht? Es mag Gründe geben, die Marktverteilung staatlich zu korrigieren, Armut zu lindern, Reichtum zu besteuern. Aber den Kapitalismus überwinden? Schüttet, wer das vorhat, nicht das hochbegabte Kind mit dem Bade aus?

Märchen aus 1001 Nacht

Auf den ersten Blick ist die Bilanz tatsächlich eindrucksvoll. Für unsere an wirtschaftliche Stagnation und bestenfalls kleine Neuerungen gewohnten Vorväter klänge es wie ein Märchen aus 1001 Nacht. Zwischen 1700 und 2012 ist das globale Pro-Kopf-Einkommen um den Faktor zehn gestiegen, und das, obwohl sich die Weltbevölkerung, die über Jahrhunderte unterhalb eines Wertes von 1 Milliarde Menschen verharrte, im gleichen Zeitraum mehr als versechsfacht hat. In den Industrieländern liegt das Realeinkommen pro Einwohner bei dem mehr als Zwanzigfachen des frühen 18. Jahrhunderts. Niemand kann bestreiten, dass sich hinter diesen Zahlen ein deutlicher Zugewinn an Lebensqualität verbirgt, selbst für den ärmeren Teil der Bevölkerung. Wir leben sehr viel länger und müssen sehr viel seltener unsere Kinder sterben sehen als unsere Vorfahren in früheren Jahrhunderten. Wir arbeiten im Schnitt weniger, ernähren uns abwechslungsreicher, sind mobiler, können auch über weite Entfernungen problemlos miteinander kommunizieren und vermögen Krankheiten zu heilen, die über Jahrtausende ein Todesurteil waren.

Es gibt keine andere Phase in der menschlichen Geschichte, in der unsere Fähigkeit zur Herstellung materiellen Reichtums so rasant gewachsen ist. Noch nie wurden die Technologien, mittels deren wir produzieren, so schnell, so grundlegend und so anhaltend revolutioniert, noch nie hat sich die Produktivität der menschlichen Arbeit in vergleichbarer Weise erhöht. »Die Umwelten Goethes und Platons waren einander ähnlicher als die Umwelten Goethes und eines heute lebenden Menschen«, notierte der Vater der ordoliberalen Freiburger Schule, Walter Eucken, am Anfang seiner Abhandlung über die *Grundsätze der Wirtschaftspolitik*. Dass diese Umwälzung eine Folge der wirtschaftlichen Ordnung war, die sich mit der Industriellen Revolution durchgesetzt hat – man könnte auch sagen: dank der es eine Industrielle Revolution überhaupt geben konnte –, liegt auf der Hand.

Stinkende Kloaken

Beim näheren Hinsehen wird das Bild allerdings nuancenreicher. Die kapitalistische Ära war keineswegs eine Ära stetig wachsenden Massenwohlstands, weltweit ohnehin nicht, aber noch nicht einmal in den reichen Ländern. Phasen des Aufschwungs stehen immer wieder solchen gegenüber, in denen bereits erreichter Lebensstandard verloren ging. Dass die Wirtschaft brummen und die Armut trotzdem wachsen kann, ist keine neue Erfahrung. Genau besehen kennzeichnet dieser Cocktail fast das gesamte erste Jahrhundert, in dem der Kapitalismus seinen Siegeszug antrat. Die Fabrikhöllen von Manchester und Liverpool mit ihrem grausamen Arbeitsregiment, ihren stinkenden Ausdünstungen und giftverseuchten Abwässern und ihrer fehlenden hygienischen Infrastruktur zwangen den damaligen Arbeitern ein weit leidvolleres und deutlich kürzeres Leben auf, als es deren bäuerliche Vorfahren kannten. Nicht nur Marx und Engels haben dieses Elend plastisch beschrieben. Auch der liberale Alexis de Tocqueville spricht nach einem Besuch in Manchester 1835 von einer »stinkenden Kloake«, einem »schmutzigen Pfuhl«, in dem »der zivilisierte Mensch fast wieder zum Wilden« werde.[19]

Obwohl die kapitalistische Industrialisierung im neunzehnten Jahrhundert zu einem beispiellosen Anstieg von Produktivität und Reichtum führte, stagnierten die Löhne bis in die achtziger Jahre auf einem derart armseligen Niveau, dass es zu körperlichen Rückbildungen kam. Aufgefallen ist das etwa bei der Armee. So sank zwischen 1830 und 1860 die durchschnittliche Größe englischer Soldaten um zwei Zentimeter, und auch ihr Gesundheitszustand wurde messbar schlechter, wie die britische Heeresverwaltung besorgt notierte. Die Kindersterblichkeit nahm in allen größeren Industriestädten Europas beängstigende Ausmaße an. Erst ab 1880 begann das Lohnniveau in England und auch auf dem Kontinent spürbar zu steigen. Diese Phase, in der sich der Lebensstandard der Arbeitenden allmählich verbesserte, endete allerdings mit dem Ausbruch des Ersten Weltkriegs.

CDU für Gemeinwirtschaft

In den folgenden drei Jahrzehnten wurde die wirtschaftliche Dynamik durch zwei Weltkriege und eine Weltwirtschaftskrise immerhin so sehr gestört, dass die Überzeugung, der Kapitalismus habe sich überlebt, in der Jahrhundertmitte auch in Kreisen verbreitet war, denen keine Sympathie für die Ideen der Linken nachgesagt werden kann. Die CDU etwa wirbt in ihrem *Ahlener Programm* von 1947 für eine »gemeinwirtschaftliche Ordnung« anstelle der kapitalistischen, weil »das kapitalistische Wirtschaftssystem den staatlichen und sozialen Lebensinteressen des deutschen Volkes nicht gerecht geworden« sei.

Erst mit dem New Deal in den USA und dem neuen Sozialstaatsmodell im Europa der Nachkriegszeit begann jene Epoche schnellen wirtschaftlichen Aufschwungs und wachsenden Massenkonsums, die wir gern für den kapitalistischen Normalzustand halten. Erstmals zeigte in den Industrieländern die persönliche Wohlstandskurve für alle Schichten nach oben. Die Ungleichheit wurde geringer, die Armut ebenso, eine breite Mittelschicht entstand und über mehrere Jahrzehnte schien das Wachstum von Produktion und Konsum keine Grenze mehr zu kennen. Aber auch diese Phase ist inzwischen Geschichte.

»Ich vermisse die Zukunft«

Wo stehen wir heute? Ist der Kapitalismus noch so dynamisch und innovativ, wie uns seine Verteidiger glauben machen möchten?

Welche Probleme dringend gelöst werden müssen, dürfte kaum strittig sein. Ein Minimalziel ist die weltweite Überwindung des Hungers. Es geht um die Lösung des Energieproblems bei drastischer Verringerung des CO_2-Ausstoßes und unter Vermeidung sonstiger gefährlicher Nebenprodukte und Umweltschäden. Es geht um Mobilität ohne Feinstaub- und Lärmbelastung, um Kreislaufproduktion statt Wegwerfwirtschaft, um Früherkennung und Heilung oder gar vorbeugende Verhinderung von Krebs und anderen schlimmen Krankheiten. Noch wichtiger wäre die Überwindung der wirtschaftlichen Triebkräfte für Kriege und Bürgerkriege, die nicht nur den Wohlstand, sondern auch das Leben von Millionen Menschen zerstören. In all diesen wirklich existentiellen Fragen sind wir heute kaum weiter als vor 30 Jahren, in einigen sogar hinter bereits Erreichtes zurückgefallen.

»Ich vermisse die Zukunft. Heutzutage stellen wir so niedrige Erwartungen an sie«,[20] sagt der Internetpionier und Computerwissenschaftler Jaron Lanier. Der Gründer des digitalen Finanzdienstleisters PayPal und Internet-Milliardär Peter Thiel sieht das ähnlich: »Die Smartphones, die uns daran hindern, unsere Umgebung wahrzunehmen, lenken uns auch von der Tatsache ab, dass diese Umgebung sonderbar alt ist. Seit Mitte des 20. Jahrhunderts haben nur Computer und Kommunikation nennenswerte Fortschritte gemacht.«[21]

Sackgasse statt Innovation

In vielen Bereichen stecken wir in Sackgassen fest. Unsere Mobilität beruht großenteils immer noch auf jenem Verbrennungsmotor, der im neunzehnten Jahrhundert erfunden wurde, obwohl dessen schädigende Wirkungen auf Gesundheit, Klima und Umwelt lange bekannt sind. Statt zu forschen, wie der giftige Ausstoß minimiert werden kann, investieren VW und Co. lieber in eine ausgeklügelte Software, um die Tester in die Irre zu führen. Elektroautos werden zwar produziert, scheitern aber an mäßiger Nachfrage, die mit Blick auf hohe Preise und fehlende Infrastruktur kaum erstaunlich ist. Und auch der Elektromotor wäre kein großer Fortschritt, solange wir vor allem fossile Brennstoffe nutzen, um unsere Energie zu gewinnen.

Ganz abgesehen davon, dass für die Batterien gegenwärtig Rohstoffe benötigt werden, die global gar nicht in ausreichender Menge zur Verfügung stehen, und dass bei der Batterieherstellung pro speicherbarer Kilowattstunde bis zu 200 Kilogramm des Treibhausgases CO^2 entstehen. Bei den derzeit verfügbaren Kapazitäten sind das zwischen 3,7 und 20 Tonnen für einen Elektromotor. Ein moderner Diesel ist immerhin schon 150 000 Kilometer unterwegs, bis er diesen Wert erreicht.

Aber warum sind Alternativen dazu noch immer derart unausgereift? In nur 88 Minuten bestrahlt die Sonne unsere Erde mit 470 Exajoule – das entspricht der Energie, die die gesamte Menschheit in einem Jahr verbraucht. Könnten wir nur ein Zehntelprozent der Sonnenenergie einfangen, die die Erde erreicht, brächte uns das sechsmal so viel Energie, wie sie unsere heutige Weltwirtschaft benötigt. Aber wir treten auf der Stelle. Die Solarzelle ist heute besser als vor 20 Jahren, aber nicht gut genug, um das Energieproblem in unseren Breiten zu lösen. Und die Solarhersteller stehen unter Druck, viele sind pleite gegangen, für große Forschungsbudgets ist kein Raum.

Öko-Glücksritter reich gemacht

Auch Wind gibt es eigentlich genug. Nach einer Studie der Stanford University müssten wir nur 20 Prozent des verfügbaren Winds nutzbar machen, um siebenmal so viel Elektrizität zu erhalten, wie die Weltwirtschaft aktuell verbraucht. Dennoch verbrennen wir unverändert vor allem Kohle und Öl. Zwar bestimmen – und zerstören! – die Stahlkolosse der Windräder in Deutschland inzwischen vielerorts das Landschaftsbild. Aber das Zusammenspiel funktioniert nicht. Weht der Wind, verschenken wir den überschüssigen Strom an unsere europäischen Nachbarn, ist es windstill, werden aus Kostengründen die ältesten Kohlekraftwerke hochgefahren, denn moderne Gaskraftwerke rechnen sich in dieser Kombination nicht mehr.

Wir schicken Raumsonden auf den Mars, aber nötige Speicher für grünen Strom fehlen oder sind extrem teuer. Wenn das kein Symptom unzureichender Forschung und fehlenden Innovationsdrucks ist, was ist es dann? Im Ergebnis schleudert der deutsche Energiemix heute mehr Kohlendioxid in die Atmosphäre als vor der »grünen« Energiewende. Und diesen Unfug haben wir seit dem Jahr 2000 über steigende Strompreise mit weit über 100 Milliarden Euro subventioniert. Statt die Entwicklung grüner Technologien voranzutreiben, haben wir mit staatlichen Subventionen Öko-Glücksritter und Großgrundbesitzer, die ihren Boden an die Windmühlenbetreiber verpachten, reich beziehungsweise noch reicher gemacht.

Keynes denkt an das Jahr 2028

Man erinnere sich, wie schnell im 19. Jahrhundert die Dampfkraft durch die Elektrizität abgelöst wurde, wie rasch sich im 20. erst die Fließbandproduktion, dann die Automatisierung durchsetzte und schließlich die Digitalisierung ihren Vormarsch begann. Wer John Maynard Keynes' wunderbaren kleinen Aufsatz über die »Wirtschaftlichen Möglichkeiten für unsere Enkelkinder« aus dem Jahr 1928 liest, dem wird klar, welche Zukunftshoffnungen selbst ein nüchterner Analytiker wie Keynes unter dem Eindruck der damaligen technologischen Dynamik hegte.

Keynes geht fest davon aus, dass die Menschheit innerhalb von 100 Jahren »ihr wirtschaftliches Problem« gelöst haben wird. Er erwartet, dass bis zum Jahr 2028 für alle wesentlichen Bedürfnisse gesorgt sein wird und jeder dafür höchstens noch drei Stunden am Tag arbeiten muss. »Zum ersten Mal«, schreibt er zuversichtlich, »wird der Mensch damit vor seine wirkliche, seine beständige Aufgabe gestellt sein – wie seine Freiheit von drückenden wirtschaftlichen Sorgen zu verwenden, wie seine Freizeit auszufüllen ist ...« Dann werde auch »die Liebe zum Geld als ein Wert an sich ... als das erkannt werden, was sie ist, ein ziemlich widerliches krankhaftes Leiden, eine jener halb-kriminellen, halb-pathologischen Neigungen, die man mit Schaudern den Spezialisten für Geisteskrankheiten überlässt.«

Wie unendlich weit sind wir davon entfernt! Das Silicon Valley gilt als innovativste Ideenschmiede der Welt, aber wo bleiben die Ideen, die uns bei der Lösung unserer wirklich wichtigen Probleme voranbringen? Oder, was besser wäre, wo in Europa werden sie entwickelt? Ja, Computer und Internet haben die Lebenswelt revolutioniert, aber auch diese beiden Erfindungen stammen aus der Mitte des letzten Jahrhunderts und haben sich in den neunziger Jahren durchgesetzt.

Uber und Ryanair

Wo sind die umwälzenden Erfindungen und Neuerungen des beginnenden 21. Jahrhunderts? Das Smartphone, das aus Marketinggründen jedes Jahr in einer neuen Version erscheint, ohne wesentlich Neues zu bieten? Die Suchmaschine Google, die mittlerweile zu einer unersättlichen Datenkrake geworden ist und alles über uns speichert, dessen sie habhaft werden kann? Die diversen sozialen Netzwerke, die unsere privatesten Lebensäußerungen aufsaugen, analysieren und damit Geschäfte machen? War es das, worauf die Welt gewartet hat? Oder auf die ultimative App von Uber, die das Potential hat, das etablierte Taxigewerbe zu zerstören und uns in Zukunft eventuell billiger ans Ziel bringt, nur dass unser Fahrer dann keine Alterssicherung, keine ordentliche Krankenversicherung und ein noch schlechteres Einkommen als die heutigen Taxifahrer haben wird?

Unsere Flugzeuge fliegen nicht schneller und ihre Abgase sind nicht weniger umweltschädlich als vor 20 Jahren. Die einzige größere »Innovation« in diesem Sektor war die Einführung der Billigflieger mit schlecht bezahlten Crews, miesem Service und engen Sitzen. Für Geringverdiener mögen manche Flüge seither erschwinglicher sein – wenn sie lange vor der Reise buchen, auf jede Flexibilität verzichten und möglichst nur mit Handgepäck reisen. Im Gegenzug muss bei vielen Airlines inzwischen nicht nur die Stewardess, sondern auch der Pilot Angst vor der nächsten Mieterhöhung haben. Ist es wirklich das, was wir unter Fortschritt verstehen?

Fett und salzig

Unsere industriell hergestellten Nahrungsmittel sind zum großen Teil ungesund: fett, salzig, überzuckert. Und das, obwohl wir heute ungleich mehr über richtige Ernährung wissen als vor zwei oder drei Jahrzehnten. Manches ist in den letzten Jahren preiswerter geworden, vieles aber vor allem qualitativ schlechter. Immer wieder gibt es Skandale, weil sich Stoffe in Lebensmitteln finden, die krank machen und in ihnen nichts zu suchen haben. Fast immer sind die Gründe Kostensenkungswahn und Dumpingkonkurrenz. Internationale Verträge wie TTIP und CETA drohen, mühsam erkämpfte Standards von Umwelt- und Verbraucherschutz weiter abzusenken.

Zwar mögen innovative Ideen in vielen Forschungslaboren schlummern. Auf den Markt hingegen kamen Fracking-Gas, das bei seiner Förderung den Boden vergiftet; Genfood, dessen längerfristige Folgen für Umwelt und Gesundheit niemand genau kennt; Gensaatgut, das Hunger und Abhängigkeit weltweit vergrößert; Schlankheitspillen, die keine Krankheiten heilen, sondern welche hervorrufen; und Internetspiele mit erheblichem Suchtpotential. Als gäbe es kein Morgen, werden noch heute selbst mitten in Europa Atomkraftwerke gebaut. Der Hauptanwendungsbereich der rasant wachsenden Kapazität digitaler Speicher besteht in der Ausspähung und Aufzeichnung unseres privaten Lebens, sei es, um mit den erstellten Profilen Geschäfte zu machen – nicht nur Werbekunden, auch Versicherungen, Kreditanbieter oder potentielle Arbeitgeber interessieren sich außerordentlich dafür –, sei es, um sie für geheimdienstliche Zwecke und staatliche Machtpolitik auszuwerten.

Gekauft, gebraucht, kaputt

Jeder von uns kennt sie: die Handys, Wasserkocher, Drucker, Kühlschränke oder Waschmaschinen, die nicht mehr richtig funktionieren, sobald die gesetzliche Garantiefrist abgelaufen ist. Der Trend ist nicht zu leugnen: Geräte, die wir heute kaufen, sind zwar technologisch raffinierter, zugleich aber viel schneller defekt oder gänzlich unbrauchbar als ihre Vorgängermodelle vor zwanzig oder dreißig Jahren.

Ganz im Gegensatz zum Anspruch von Kreislaufproduktion und langer Haltbarkeit werden viele Produkte von den Herstellern absichtlich so konstruiert, dass sie schnell verschleißen und dass sie sich schlecht oder überhaupt nicht reparieren lassen. Ersatzteile sind entweder teuer oder werden gar nicht erst hergestellt. Ganz neu ist diese Praxis nicht. Das älteste bekannte Beispiel gezielter Qualitätsverschlechterung durch die Hersteller ist das PHOEBUS-Glühbirnen-Kartell aus dem Jahr 1924. Damals waren die großen internationalen Hersteller übereingekommen, die Brenndauer von Glühbirnen von technisch möglichen 2 500 auf 1 000 Stunden zu verkürzen, um ihre Verkaufszahlen zu erhöhen. Heute sind Tricks wie der bewusste Einbau minderwertiger, abnutzungsanfälliger Bauteile oder die Verwendung von Billigmaterialien mit geringer Haltbarkeit noch viel verbreiteter als im letzten Jahrhundert, vor allem dort, wo wenige Anbieter den Markt bestimmen. In einer lesenswerten Studie über »geplante Obsoleszenz« aus dem Jahr 2014 werden unzählige konkrete Beispiele für solche Praktiken aufgelistet.[22]

Manchmal fliegen die Manipulierer auf. Apple produzierte Anfang der 2000er Jahre iPods, die einen eingebauten nicht austauschbaren Akku mit offenbar vorsätzlich begrenzter Lebensdauer von 18 Monaten hatten. Damals kam es zu einer Sammelklage und dem Zugeständnis des Konzerns, die Geräte kostenfrei zurückzunehmen. In den meisten Fällen aber ist der Nachweis schwer und es gibt keine Prozesse.

Quick and dirty

Der frühere Vizepräsident der Technischen Universität Berlin und Vertrauensdozent der Heinrich-Böckler-Stiftung, Wolfgang Neef, schildert die Wende von der Qualitätsproduktion zum Dumping-Kapitalismus plastisch. Er macht »zwei Denkweisen und Methoden« aus, die sich im Kapitalismus von Beginn an gegenüberstanden: Die eine ist »die der Ingenieure, die es mit den Naturgesetzen der Chemie und Physik zu tun haben«, die andere die der »Ökonomen, die nach den von Menschen gemachten ›Gesetzen‹ des Marktes, der Konkurrenz und der Rendite als einzigem Erfolgskriterium eines Unternehmens arbeiten«. Solange beide Denkweisen ihren Platz in den Betrieben haben, wird zunächst nach technischen Notwendigkeiten entwickelt und dann über mögliche Kostensenkungen diskutiert. Heraus kommen Produkte, die nach professionellen Grundsätzen konstruiert und zugleich einigermaßen preisgünstig sind.

»Mit dem Beginn der neoliberalen Radikalisierung des Kapitalismus« allerdings, stellt Neef fest, also etwa seit 1985, habe sich dieses Gleichgewicht »immer mehr zu Gunsten der Betriebswirtschaft verschoben. Meine Studenten berichten mir, dass in der Firma Siemens professionelle Ingenieurarbeit, die ihre Zeit braucht und nicht mit billigsten Mitteln arbeitet, als ›Over-Engineering‹ geschmäht wird. Es soll stattdessen um ›Value-Engineering‹ gehen, also Ingenieurarbeit, die primär den Unternehmenswert an der Börse – den *shareholder value* – im Blick hat, möglichst geringe Kosten aufweist und deshalb nach dem Prinzip ›Quick and dirty‹ vorgeht.« Und er führt das Zitat eines Siemens-Vorstandes an: »Bleiben Sie mir mit der Technik vom Leib, ich hab Besseres zu tun.«[23]

Die Entwicklung innovativer Technologien wird in solchen Unternehmen ausschließlich dann weiterverfolgt, wenn sie extrem hohe Renditeerwartungen erfüllen. »Ein Angestellter von Siemens erzählte, dass im Konzern eine Rendite von 16 Prozent Mindeststandard für neue Produktentwicklungen sei. Er selbst habe eine Innovation im Bereich erneuerbarer Energien entwickelt, die eine Finanzrendite von 15 Prozent gebracht hätte – sie wurde nicht genehmigt, weil die Finanzrendite zu gering war.«[24]

Angelsächsische Vorbilder

Die Vorbilder dieser Art von Unternehmensführung kommen aus dem angelsächsischen Raum. Bei IBM wirft die Belegschaft dem Management seit Jahren vor, die Gewinne nur noch durch Käufe und Verkäufe und geschickte Finanzmanipulation nach oben zu treiben, während die Investitionen zurückgehen und kaum noch Innovationen entwickelt würden. Das *Handelsblatt* sieht darin ein allgemeines Modell: »Statt Produkte zu erfinden, üben sich US-Firmen im Zahlenjonglieren ... Statt Wissenschaftler einzustellen, Forschungslabore einzuweihen oder neue Geschäftsfelder zu gründen, bauen US-Konzerne ihre Finanzabteilung aus.« In dieser würden vor allem immer neue Tricks zur internationalen Steuerarbitrage ausgebrütet, um die Nettogewinne zu steigern.[25]

Bestätigt wird dieser Trend durch eine interdisziplinäre Studie des MIT, die vor einiger Zeit die Stärken und Schwächen des amerikanischen Innovationssystems und die Gründe für den Rückgang der Industrieproduktion untersuchte. Hier ging es um die Frage, warum vielversprechende Innovationen oft ins Stocken geraten oder ins Ausland abwandern, bevor die Marktfähigkeit erreicht wird. Einer der Gründe dafür sei, so die Studie, dass große unternehmensinterne Zentren für Forschung und Entwicklung der Vergangenheit angehörten. Die meisten Konzerne würden heute keine langfristige Grundlagen- und angewandte Forschung mehr betreiben, sondern die Entwicklungsausgaben auf kurzfristige Ziele fokussieren. Entsprechend hätten sich »im industriellen Ökosystem ... große Lücken aufgetan«.[26] Es sind natürlich längst nicht nur die US-Konzerne, die so wirtschaften, viele europäische und deutsche Großunternehmen haben in den letzten Jahrzehnten dieses Modell übernommen.

Erfindungen contra Patente

Auch die modernen Patentgesetze, deren internationale Durchsetzung ganz oben auf der Liste der Lobbyziele großer Konzerne steht, tragen das Ihre dazu bei, Innovation zu hemmen. Eine Studie des Fraunhofer Instituts aus dem Jahr 2003, die die Autoren bezeichnenderweise unter den Titel »Erfindungen contra Patente«[27] gestellt haben, untersucht die seit Beginn der neunziger Jahre messbare Diskrepanz zwischen der bescheidenen Zunahme der Forschungs- und Entwicklungsausgaben (FuE) der Unternehmen und dem steilen Anstieg ihrer Patentanmeldungen, die sich allein zwischen 1990 und 2000 verdoppelt hatten. Diese Kluft ist in den Folgejahren noch größer geworden.

Die Studie kommt zu dem Schluss, dass ein immer größerer Teil der Patentanmeldungen nicht mehr dadurch motiviert ist, eigene Innovation vor Imitation zu schützen. Stattdessen dominiere das Ziel, die Anwendung bestimmter Technologien durch Konkurrenten zu blockieren. Zu diesem Zweck werde beispielsweise erheblich breiter patentiert, als es zum Schutz einer technischen Neuerung notwendig sei, oder es werden Verfahren patentiert, denen überhaupt keine Innovation zugrunde liege. Immer öfter würden Patente nicht angemeldet, um sie zu nutzen, sondern um die Nutzung einer den eigenen Produkten gefährlichen Innovation *zu verhindern*.

Blockade statt Schutz

Bei Großunternehmen, so die Fraunhofer-Studie, diene mittlerweile der Löwenanteil der Patentanmeldungen Blockadezielen. Darin liege die entscheidende Ursache für die rapide Zunahme der Zahl angemeldeter Patente. Bei kleinen und mittleren Unternehmen dagegen klaffen Forschung und Patentanmeldung oft in gegenteiliger Richtung auseinander: Nach Untersuchungen des Europäischen Patentamtes schützen zwei Drittel der kleinen und mittleren Firmen, die aktive Forschungsarbeit betreiben, ihre Innovationen nicht durch Patente, weil sie vor der Bürokratie, den Kosten und dem Zeitaufwand zurückschrecken.[28]

Zumal ein Patent nichts nützt, wenn man die mit ihm verbundenen Ansprüche nicht auch international durchsetzen kann. Die Kosten solcher Patentprozesse können für kleinere Firmen schnell ruinös werden. Entsprechend hat dieser Sektor auch einen immer geringeren Anteil an den angemeldeten Patenten und ist von den Klagen der Großen mit ihrem riesigen Patentpool besonders betroffen. Es existiert leider keine Statistik, die uns Auskunft darüber gibt, wie viele innovative Kleinunternehmen durch derartige Auseinandersetzungen bisher in den Ruin getrieben wurden – mit allen negativen Folgen für die Innovationskraft der Wirtschaft.

Gerade auf Märkten mit wenigen Wettbewerbern werden nach den Ergebnissen des Fraunhofer Instituts Patente heute als wirkungsvolles Blockadeinstrument genutzt, um den Markt gegen Newcomer abzuschotten. Neugründungen haben auf patentintensiven Märkten in der Regel keine Chance. Auch Wolfgang Neef bestätigt die innovationshemmende und qualitätsverschlechternde Wirkung der aktuellen Patentierungspraxis: »›Wir entwickeln an den Patenten der Konkurrenz vorbei – und damit meistens suboptimal‹, berichtet mir ein Ingenieur aus der Automatisierungs-Technik. ›Deshalb müssen wir uns immer mehr mit juristischen Kniffen auseinandersetzen, anstatt gute Technik zu machen.‹«[29]

Wer die wirtschaftliche Entwicklung der letzten Jahrzehnte ohne Scheuklappen betrachtet, stellt fest: Selbst in den reicheren Ländern ist der Kapitalismus längst nicht mehr so innovativ, wie er sich gibt, und dort, wo er es ist, dient die Innovation immer seltener dazu, das allgemeine Wohl zu fördern.

Tristesse statt Dynamik

In den Weltregionen außerhalb der Wohlstandszentren ist die Tristesse augenscheinlich. Nach Berechnungen der Weltbank ist das durchschnittliche Einkommen je Einwohner in Afrika heute geringer als zur Zeit der Auflösung des Kolonialsystems. In vielen ehemals planwirtschaftlich organisierten Ländern hat die Einführung des Kapitalismus zu einem regelrechten Absturz der (schon zuvor nicht gerade eindrucksvollen) Wirtschaftsleistung geführt. Die Mongolei etwa hat in diesem Prozess nahezu ihre gesamte Industrie verloren. In den Ländern des Westbalkan liegt die Produktion heute um 10 Prozent unter dem Niveau des Jahres 1989. Fünfundzwanzig Jahre Kapitalismus haben also nicht nur kein Wachstum, sondern eine spürbare Absenkung des Lebensstandards gebracht. Ähnliches gilt auch für viele Regionen im heutigen Russland.

Natürlich gibt es auch die Gegenbeispiele rasant wachsender Wirtschaftsmächte, China etwa oder Südkorea, die in den zurückliegenden Jahrzehnten deutlich an Wohlstand gewonnen haben. Aber ist es der Kapitalismus, der sie reich gemacht hat? Was machen sie anders und besser als die Verlierer? Und worauf beruhte die langjährige wirtschaftliche Dynamik in den Industrieländern? Besteht eine Chance, zu ihr zurückzukehren? Weshalb hat die »unsichtbare Hand« heute in vielen Ländern ihre Dienste eingestellt? Und was ist eigentlich das Originäre an jenem Prinzip, das wir *kapitalistisch* nennen? Mit diesen Fragen werden wir uns in den folgenden Kapiteln beschäftigen.

TELLERWÄSCHER-LEGENDEN, FEUDALE DYNASTIEN UND DIE VERLORENE MITTE

Leistungslose Spitzeneinkommen

Die menschliche Wahrnehmung ist keine leere Projektionsfläche, in der sich die Außenwelt abbildet. Wir formen, was wir sehen, und wir sehen in der Regel auch nur, was den bereits vorhandenen Mustern in unserem Kopf entspricht. Zu diesen Mustern gehört, den Kapitalismus als eine Wirtschaftsordnung zu betrachten, in der die Regeln des Marktes und des Leistungswettbewerbs gelten und in der jeder, der sich müht, es auch zu etwas bringen kann. Selbst Kritiker haben diese Logik oft so sehr verinnerlicht, dass sie ihre Ablehnung großer Ungleichheit im Gestus der Bitte um Mildtätigkeit vorbringen: Starke Schultern, heißt es etwa zur Begründung höherer Reichensteuern, könnten mehr tragen als schwache. *Starke* Schultern? Gern wird auch von Leistungsträgern gesprochen, wenn die oberen Ränge der Einkommenspyramide gemeint sind. Oder es wird die Solidarität der Starken mit den Schwachen eingefordert. Also: reich gleich stark? Und die Schwachen und Ärmeren, das sind dann wohl die von Natur aus weniger Begabten oder auch die, die einfach keine Lust haben, sich anzustrengen?

Faulbär oder Powermann

Eigentum entsteht durch Arbeit, hat uns bereits in der Morgendämmerung des kapitalistischen Zeitalters der liberale Philosoph John Locke gelehrt. Großes Eigentum entsteht nach dieser Erzählung durch besonders fleißige oder besonders kreative Arbeit. Indem der

Kapitalismus die Powermänner und Powerfrauen, die diese Arbeit leisten und so die Wirtschaft voranbringen, überreich belohnt, sorgt er auf diese Weise etwa nicht dafür, dass es uns am Ende allen besser geht?

Wer die Welt so sieht, der hat wenig Grund, die aktuelle Einkommens- und Vermögensverteilung als ungerecht zu empfinden. Was lässt sich schon dagegen sagen, dass derjenige, der mehr leistet, auch besser lebt als der notorische Faulbär, der sonnigen Gemüts in den Tag hinein döst? Soziale Politik sollte nach dieser Lesart allenfalls dafür sorgen, dass die Unterschiede nicht zu groß werden und den gesellschaftlichen Zusammenhalt gefährden. Immerhin hat nach den Geboten des Humanismus jeder Mensch, auch der, der wenig oder nichts schafft, das Recht auf eine Grundversorgung. Allerdings sind damit auch die Grenzen staatlicher Umverteilung festgelegt: Sie darf die Marktverteilung nicht so stark korrigieren, dass sie Eigeninitiative und Leistungswillen demotiviert und so den entscheidenden Motor der wirtschaftlichen Entwicklung ins Stottern bringt.

Geheimes Leistungsdoping?

Wir alle kennen diese Bilder, viele von uns denken in ihren Konturen, oft sogar unbewusst. Sie sind eingängig, weil sie für die Alltagswelt, die uns umgibt, jene Welt der gesellschaftlichen Mitte, in der die meisten Menschen leben, durchaus plausibel erscheinen. Da begegnet man intelligenteren und schlichteren Gemütern, Hochqualifizierten und weniger Gebildeten, Arbeitstieren und Partylöwen, Strebern und Spielern, und wer will leugnen, dass diese Unterschiedlichkeit der Menschen auch unterschiedliche Chancen auf Arbeit, Einkommen und Wohlstand nach sich zieht. Aber erklärt sie auch nur ansatzweise die riesige Kluft, die sich zwischen dem gesellschaftlichen Oben und dem großen Rest der Gesellschaft auftut?

Die Vermögensverteilung: ein Ergebnis des Leistungswettbewerbs auf freien Märkten? Es wäre interessant, zu erfahren, dank welcher geheimen Dopingmittel die oberen Zehntausend dieser Welt in den letzten Jahren ihre persönliche Leistungsfähigkeit derart aufgeputscht haben, dass ihr privates Vermögen mittlerweile das gemeinsame Eigentum von 99 Prozent der Menschheit in den Schatten stellt. Wenn es konkret wird, dürfte kaum einer die These vertreten, die wachsende Ungleichheit der Einkommen und Vermögen beruhe darauf, dass in jüngster Zeit wenige immer leistungsstärker und viele immer unfähiger geworden sind. Aber worauf beruht sie dann?

Vom Garagenbastler zum Milliardär?

Schauen wir uns zunächst die Kluft zwischen denen *ganz oben* und dem Rest der Gesellschaft an. Galt je das Prinzip, dass jeder, der talentiert ist und sich anstrengt, es bis ganz nach oben schaffen kann, vom Tellerwäscher zum Milliardär, vom Garagenbastler zum Chef eines globalen IT-Konzerns? Wenn ja, warum gibt es dann so verblüffend wenige Beispiele solcher Karrieren, und warum verlieren selbst sie bei näherem Hinsehen oft viel von ihrem Glanz? Die allerwenigsten späteren Milliardäre sind nämlich wirklich als Habenichtse gestartet, die meisten hatten Gönner und Förderer – private oder auch staatliche.

Noch im 19. Jahrhundert lag es auf der Hand, dass sozialer Erfolg nicht durch Studien, Talent und Anstrengung zu erreichen war. Selbst wer zur bürgerlichen Mitte gehörte, wusste, dass er das Niveau, auf dem sich das Leben reicher Familien abspielte, niemals erreichen würde. Für einen Arbeiter war selbst ein bürgerlicher Lebensstandard ein in der Regel unerfüllbarer Traum, vom Luxus der Reichen ganz zu schweigen. Der französische Ökonom Thomas Piketty verweist in seinem Weltbestseller *Das Kapital im 21. Jahrhundert* darauf, dass die reichsten 1 Prozent der Pariser Bürger während der Belle Époque im Schnitt Kapitaleinkommen in Höhe des 80- bis 100-Fachen des damaligen Durchschnittslohns eingestrichen haben. Für das, was sie im Jahr fürs Nichtstun bekamen, hätte ein Arbeiter also ganze 100 Jahre schuften müssen.

Faulbären an der Spitze

Grundsätzlich hat sich daran auch im zwanzigsten und einundzwanzigsten Jahrhundert nichts geändert. »In sämtlichen Ländern und in allen Epochen« schreibt Piketty über die Struktur der Spitzeneinkommen und belegt es durch seine aus Steuererhebungen und anderen Statistiken gewonnenen Daten, gilt Folgendes: »Je weiter man innerhalb des obersten Dezils aufsteigt, desto deutlicher nimmt der Anteil der Arbeitseinkommen ab, während systematisch der Anteil der Kapitaleinkommen stark zunimmt.«[30]

Der Unterschied zu früher besteht darin, dass im 19. Jahrhundert die wohlhabendsten 1 Prozent nahezu ausschließlich von leistungslosen Kapitaleinkommen lebten, während sich heute nur noch die Reichsten unter ihnen das Recht auf komplette Faulheit gönnen. Aber die generelle Regel bleibt: Absolute Spitzeneinkommen bezieht in unserer Wirtschaftsordnung nicht der Fleißige, sondern der Vermögende. Gegen die Hunderte Millionen Euro Dividenden, die die Quandt-Erbin Susanne Klatten jährlich einstreicht, ist nicht nur jeder BMW-Arbeiter, sondern sogar jeder Vorstandsvorsitzende eines DAX-Konzerns ein armer Hund. Die echten Faulbären sitzen im Kapitalismus schon immer ganz oben.

Das soll nicht heißen, dass die Superreichen ihr Leben auf einer Sonnenliege am Pool verbringen und den lieben langen Tag Cocktails nippen, die ihnen ihre Bediensteten reichen. Es heißt lediglich, dass sie das tun könnten, wenn sie es wollten. In der Realität gibt es unter den Superreichen selbstverständlich auch fleißige, unternehmerisch und anderweitig engagierte und in Einzelfällen sogar persönlich bescheidene Leute – nicht nur den Jetset, dessen Lebenswandel dem Klischee dekadenter Faulpelze schon recht nahe kommt. Aber solche Unterschiede sind an dieser Stelle nicht das Entscheidende. Hier geht es darum – und das gilt für die Faulen wie die Fleißigen gleichermaßen –, dass die millionenschweren Einkommen an der Spitze der gesellschaftlichen Reichtumspyramide völlig unabhängig von Arbeit und Anstrengung fließen.

Max Webers Irrtum

Es war daher ein großer Irrtum Max Webers, der bis heute fortwirkt, die protestantische Arbeitsethik für den *Geist* des Kapitalismus zu halten. Es ist wahr, der Kapitalismus braucht die braven Fleißigen, am besten solche, die nie nach einem guten Leben fragen, sondern für wenig Einkommen, genügsam und unermüdlich, ihr Tagewerk verrichten. Ohne sie hätte er seine enormen Wachstumserfolge niemals erzielt. Aber er braucht sie unten und in der gesellschaftlichen Mitte, nicht an seiner Spitze. Hier hat der Kapitalismus mit dem Ethos von Arbeit, Fleiß und Mühe in etwa so viel zu tun wie der französische Spätabsolutismus mit seinen wilde Feste feiernden Adligen am Hofe Ludwigs XV. und des XVI.

Insofern ist es auch nicht überraschend, sondern typisch, dass die Entfesselung des Kapitalismus in den letzten drei Jahrzehnten den Anteil des Volkseinkommens, der ohne eigene Leistung in Form von Vermögenseinkommen eingestrichen wird, erheblich erhöht und den Anteil der Einkommen aus selbstständiger wie unselbstständiger Arbeit entsprechend verringert hat. Im Jahr 1950 waren in Deutschland etwa 83 Prozent des verteilbaren Kuchens zur Bezahlung von Arbeitsleistungen an Arbeitnehmer und Selbstständige geflossen und nur 17 Prozent wurden als Vermögenseinkommen ausgeschüttet. Diese Verteilung existierte mit gewissen Schwankungen bis Anfang der achtziger Jahre. Danach begann der Anteil der leistungslosen Vermögenseinkommen kräftig zu wachsen, heute liegt er bei fast einem Drittel des gesellschaftlichen Gesamteinkommens, also knapp doppelt so hoch wie vor 1980.

Und mit den Vermögenseinkommen wuchs die Zahl der Menschen, die nicht mehr arbeiten müssen, weil sie von den Erträgen ihres Vermögens bestens leben können. Insbesondere seit zur

»Modernisierung« der deutschen Wirtschaft Gerhard Schröder und Angela Merkel Löhne und soziale Leistungen ebenso absenkten wie die Steuern auf Gewinneinkommen, ist die Zahl der deutschen Rentiers stark gewachsen. Zur Jahrtausendwende gab es laut Statistischem Bundesamt in Deutschland etwa 345 000 Menschen, die ihren Lebensunterhalt aus Kapitaleinkünften bestreiten konnten. 2010 waren es schon 426 000, und bis Anfang 2016 hatte sich die Zahl der vermögenden Faulbären auf 624 000 fast verdoppelt. Wer glaubt, dass es sich dabei überwiegend um ältere Menschen handelt, die ihren wohlverdienten Ruhestand genießen, irrt. Es handelt sich um Menschen aller Altersgruppen, darunter 7 000 Minderjährige, die sich aus den Erträgen des eigenen (wohl kaum selbsterarbeiteten) Kapitalstocks bedienen.

Unternehmen als Anlageobjekte

Der Begriff *capitaliste* tauchte übrigens erstmals 1753 in Frankreich auf und bedeutete hier schlicht eine Person, die Güter besitzt und von den Erträgen dieser Güter lebt. Ganz in diesem Sinne hat der bedeutende österreichische Ökonom Joseph Schumpeter großen Wert auf die Unterscheidung zwischen einem Unternehmer und einem Kapitalisten gelegt. Ein Unternehmer ist nach Schumpeter jemand, der in seinem Unternehmen arbeitet und dieses in der Regel auch selbst gegründet hat. Er ist mit seinen Ideen, seiner Inspiration und seiner Power das Zentrum dieses Unternehmens, er steht für dessen Erfolg oder auch Misserfolg, und er lebt von dem Einkommen für diese unternehmerische Arbeit. Ganz anders der Kapitalist, den das Unternehmen nur als Anlageobjekt interessiert.

Solange ein Unternehmer noch einen persönlichen Bezug zur Firma und zur Produktion hat, ist er noch kein wirklicher Kapitalist. Was den Letzteren umtreibt, ist nicht Qualität, sondern Quantität, er will sein Geld optimal vermehren. Ein Kapitalist ist somit auch nicht einfach ein vermögender Mensch, sondern jemand, der seinen Lebensunterhalt zumindest zu beträchtlichen Teilen aus den

Erträgen seiner Investitionen bestreitet. Wie der alte Adel von den Frondiensten seiner Hintersassen lebt er von Einkünften, die sein Kapital abwirft.

Kleine Kapitalisten?

Aber ist nicht jeder von uns, wenn er auch nur ein Tagesgeldkonto hat oder für einen jener sinnlosen (weil nur die Finanzkonzerne reich machenden) Riester-Verträge spart, Bezieher leistungsloser Vermögenseinkommen? Haben wir nicht alle mit Ausnahme der Ärmsten ein bisschen Kapital und beschweren uns, wenn es dafür kaum noch Zinsen gibt? So wird gern argumentiert, um in jedem Kleinsparer das stolze Gefühl zu entfachen, er säße mit den Eigentümern von Milliardenvermögen wie den Mitgliedern der Haniel- oder der Oetker-Dynastie in einem Boot.

Mit der Realität hat das wenig zu tun. Dass die Verzinsung normaler Sparbücher nur einen minimalen Anteil am gesamten Vermögenseinkommen hat, zeigt sich schon daran, dass die aktuelle Niedrigzinsphase das Wachstum dieser Einkommensart nicht gedämpft hat: Obwohl der Normalbürger faktisch keinen Zins mehr auf sein Geld bekommt, steigt der volkswirtschaftliche Anteil der Vermögenseinkommen munter weiter.

Eine von Pikettys zentralen Thesen ist, dass der Ertrag eines Vermögens in direktem Zusammenhang zur Größe dieses Vermögen steht. Also kurz gesagt: Je mehr einer anlegt, desto höher ist die Rendite, die er einfährt. Es ist kein Geheimnis, dass sich mit der Größe des Vermögens auch die Art der Anlagen verändert: Der Geldadel investiert in Private-Equity-Fonds, Hedgefonds, nicht börsennotierte Aktien, Derivate, Immobilienfonds und Rohstoffe, die kleinen Sparern gar nicht offenstehen. Man könnte daher denken, dass bei Großvermögen die Rendite deshalb kurzfristig steigt, weil sie risikofreudiger angelegt werden. Aber das ist nicht der Fall. Die Renditeunterschiede treten vielmehr langfristig und dauerhaft auf, während sie nach der gängigen Theorie durch die höheren Verluste risikoreicher Anlagen ausgeglichen werden müssten. Intuitiv entspricht das unserer Alltagserfahrung. Jeder Immobilienberater wird Ihnen erklären, dass der Ertrag einer Eigentumswohnung relativ zur investierten Summe deutlich niedriger ist, als wenn Sie es sich leisten können, das ganze Mietshaus zu kaufen.

Matthäus modern ...

Es ist nicht einfach, das als allgemeine Regel nachzuweisen, weil es kaum Statistiken über die Rendite individueller Vermögen gibt. Piketty löst das Problem, indem er auf öffentlich zugängliche Daten zur längerfristigen Durchschnittsrendite der Kapitalanlagen amerikanischer Universitäten zurückgreift. Er zeigt, dass diese exakt mit der Größe der angelegten Vermögen variieren. Die höchste Rendite von durchschnittlich 10,2 Prozent nach Abzug von Inflation und Gebühren erzielten im Zeitraum von 1980 bis 2010 Harvard, Yale und Princeton, die jeweils mehrere Milliarden Dollar auf den Kapitalmarkt gebracht haben. Universitäten mit gut 1 Milliarde Dollar Anlagevermögen erreichen eine Rendite von 8,8 Prozent, während Unis mit Vermögen unter 100 Millionen Dollar sich mit Renditen von 6,2 Prozent »bescheiden« mussten. Auch davon kann der normale Sparer natürlich nur träumen, der schon froh ist, wenn die reale »Rendite« auf sein Spargeld – also der Zins nach Abzug von Inflation und Gebühren – nicht negativ ausfällt.

Piketty fasst sein Ergebnis so zusammen: »Die von den großen Stiftungsvermögen erzielten höheren Renditen verdanken sich ... nicht prinzipiell einer höheren Risikobereitschaft, sondern eher einer differenzierteren Anlagestrategie, die strukturell und dauerhaft bessere Ergebnisse erzielt.«[31] Im Ergebnis dauerhaft hoher Erträge sind die Vermögen der Milliardäre über Jahre im Schnitt um 6 bis 7, in jüngster Zeit sogar um 8 bis 10 Prozent pro Jahr gewachsen, ganz im Gegensatz zu den Vermögen der Mittelschicht. Letztere werden aktuell durch Negativzinsen abgeschmolzen, um die Schuldenkrise zu entschärfen. Selbstverständlich müssen Vermögen sich verringern, wenn Schulden sinken sollen, aber es sind eben definitiv die falschen Vermögen, die es heute trifft.

Unterschiedliche Welten

Zinsen nahe null auf normale Sparanlagen stehen also keineswegs im Widerspruch zu der These, dass leistungslose Kapitaleinkommen zum Kapitalismus gehören wie die leistungslosen Feudalrenten von Grafen und Fürsten zum Feudalzeitalter.

Es ist das obere Zehntel der Bevölkerung, bei dem Vermögenseinkommen zum persönlichen Wohlstand relevant beitragen. Je höher wir von da an in der Einkommenshierarchie kommen, desto größer wird ihre Bedeutung. Allerdings haben wir es innerhalb der wohlhabendsten 10 Prozent immer noch mit zwei unterschiedlichen Welten zu tun. Diese Einkommensregion ist zum einen die der gut verdienenden Selbstständigen – der Ärzte, Unternehmensberater und Anwälte –, der geschäftsführenden Inhaber mittelgroßer Unternehmen und der Manager und fachlichen Spitzenkräfte in Konzernen und Banken. Diese Schicht ist wohlhabend, aber sie muss für ihren Wohlstand hart arbeiten und sie kann zwar ihre Vermögen, nicht aber ihre gesellschaftliche Stellung und ihre Einkommen an ihre Kinder weitergeben.

Sie bewegt sich insofern in einer ganz anderen Welt als die eigentliche Oberschicht, »die Stratosphäre der ›1 %‹«,[32] wie Piketty sie nennt, in die sie trotz 16-Stunden-Tag, Dauerjetlag und Hyperstress kaum jemals aufzusteigen vermag. Und selbst »innerhalb des obersten Prozents ist das Bewusstsein der Rangabstufungen des Reichtums so scharf ausgeprägt wie das Kastengespür eines indischen Heiratsvermittlers«, schreibt Chrystia Freeland nach ihren persönlichen Erfahrungen mit den *Plutocrats*, den Superreichen.[33] Diese Rangabstufungen haben nichts mit persönlichen Lebensleistungen zu tun. Wo die wirklich großen Einkommen nicht auf Arbeit, sondern auf Vermögen beruhen, führt der Weg zu ihnen auch nicht über Fleiß, Intelligenz und Anstrengung, sondern in erster Linie über Erbschaft oder Heirat.

Gates und Bettencourt

Natürlich gibt es auch den Fall, dass aus früheren Unternehmern, die zunächst selbst gearbeitet und ihr Unternehmen aufgebaut haben, irgendwann kapitalistische Rentiers werden, die nur noch von der Arbeit anderer leben. In diesen – nicht allzu häufigen – Fällen ist die Zugehörigkeit zur Oberschicht zwar weder ererbt noch angeheiratet, sondern geht auf die eigene Unternehmensgründung zurück. Aber mit dem Wachstum des Unternehmens werden die Erträge auch in diesem Fall von der eigenen Arbeitsleistung immer unabhängiger, bis diese irgendwann überhaupt nicht mehr nötig ist.

Piketty führt das Beispiel von Bill Gates an, dessen Vermögen zwischen 1990 und 2010 von 4 Milliarden auf 50 Milliarden Dollar angeschwollen ist. Dass dieses Wachstum mit seiner persönlichen Arbeitsleistung nicht mehr viel zu tun hatte, lässt sich schon daran erkennen, dass Gates' Milliardenvermögen sich mit der gleichen Geschwindigkeit vermehrte wie das Vermögen der kürzlich verstorbenen Französin Liliane Bettencourt – der Erbin von L'Oreal –, das im selben Zeitraum von 2 Milliarden auf 25 Milliarden Dollar zugelegt hat. Obwohl Bettencourt keinen Tag ihres Lebens gearbeitet hat, erfreute sie sich also des gleichen Vermögenswachstums von gut 13 Prozent pro Jahr. Auch Gates' Vermögen wuchs im gleichen Tempo weiter, nachdem er 2008 sein Unternehmen verlassen hatte und sich die Mühen der Erwerbsarbeit fortan nicht mehr zumutete. Piketty schließt daraus: »Ist ein Vermögen einmal da, folgt die Vermögensdynamik ihrer eigenen Logik und das Kapital kann über Jahrzehnte aufgrund des schieren Faktums seiner Größe substantiell zunehmen.«[34]

Über die Aussichtslosigkeit des Sparens als Weg zum Kapital

Im Grunde verrät der Kapitalismus schon in seinem Namen, worauf es in ihm ankommt, wenn man ganz nach oben will: auf Kapital, nicht auf Arbeit. Wie kommt man an Kapital? Nun, wer den Mythos einer Fleiß und Anstrengung belohnenden Wirtschaftsordnung immer noch verteidigen will, muss die Theorie vertreten, Kapital sei nichts anderes als das Ergebnis fleißiger Arbeit und eines enthaltsamen Lebens: Wer viel schafft und viel spart, so die Erzählung, hat irgendwann auch so viel Vermögen wie die inzwischen verstorbenen Aldi-Brüder oder Bill Gates. Das Ganze ist natürlich so realistisch, dass es in Grimms Märchenbuch einen Ehrenplatz gleich neben dem Aschenputtel verdient hätte.

Die Vermögen der Mittelschicht

Sicher, wer hart arbeitet, gut verdient und davon regelmäßig einen gewissen Teil zurücklegt, kann sich heutzutage ein schönes Vermögen zusammensparen. Kauft er dafür ein Eigenheim oder eine Eigentumswohnung, hat er Eigentum, das auf eigener Arbeit beruht. Das Gleiche gilt natürlich auch für die Lebensversicherungen, Sparbücher und sonstigen Finanzanlagen, für die der Mittel- bis Besserverdienende im Laufe seines Lebens immer wieder Teile seines Arbeitseinkommens abzweigt.

In relevantem Umfang gibt es solche Vermögen allerdings erst seit der Entstehung einer breiten Mittelschicht in der zweiten Hälfte des letzten Jahrhunderts. Im neunzehnten und beginnenden zwanzigsten Jahrhundert wäre die Idee, Kapital sei das Ergebnis von Fleiß und Enthaltsamkeit, jedem abwegig erschienen. Damals, wie in früheren Jahrhunderten, war die Existenz persönlichen Vermögens ein Privileg der wohlhabendsten 10 Prozent der Bevölkerung, wobei sich nahezu 90 Prozent aller Vermögen bei der eigentlichen Oberschicht, den reichsten 1 Prozent, konzentrierten. Alle anderen hatten nichts, weil sie mit ihren niedrigen Einkommen gar nicht anders konnten, als von der Hand in den Mund zu leben.

Das ist in den Industrieländern unverändert die Situation der ärmeren Hälfte der Bevölkerung. Sparen muss man sich also erst einmal leisten können, und das können nur die, die mehr verdienen, als zur Finanzierung ihrer elementaren Lebensbedürfnisse nötig ist. Auf der Weigerung, diese schlichte Tatsache zur Kenntnis zu nehmen, basieren alle Konzepte privater Altersvorsorge, die als Absicherung für Geringverdiener genau deshalb auch regelmäßig scheitern.

Geld oder Kapital

Entscheidend aber ist: Die gesellschaftliche Mitte hat Geld – Sparbücher, Tagesgeld, Versicherungen – und sie hat Wohnimmobilien. Was sie nicht – oder zumindest nicht in relevantem Umfang – hat, ist Kapital. Und die Verwechslung von Geld und Kapital ist einer der großen Irrtümer, die es erschweren, die gegenwärtige Wirtschaftsordnung zu verstehen.

Was ist Kapital? In der schlichtesten Version wird der Begriff »Kapital« oft einfach mit Maschinenparks, Know-how und Firmengebäuden gleichgesetzt, also mit dem, was eine Firma als ihr Sachkapital bezeichnen würde. Nach dieser Herangehensweise wäre jede Herstellung von Gütern, die sich maschineller Produktionsapparate bedient, eine *kapitalistische* Produktion. Wenn wir nicht zu Holzhacke und Pferdepflug zurückkehren wollen, wäre damit der Kapitalismus unüberwindbar. Eine solche Definition ist also Unsinn.

Selbst innerhalb der einzelnen Firma werden im Übrigen nicht die physischen Kapitalgüter als Sachkapital bilanziert, sondern ihr Geldwert. Damit kommen wir der Sache schon näher. Im Deutschen stammt der Begriff »Kapital« aus der Kaufmannssprache. Er stand für investiertes oder verliehenes Geld und später für das aus Geldwerten, Papieren, Waren und Produktionsanlagen bestehende Vermögen »in Rücksicht auf den Gewinn, den es erbringen sollte«, wie es bereits in einem Vermerk aus dem Jahre 1776 heißt.[35] Was Kapital auszeichnet, ist also nicht, dass es Wert hat, sondern dass es die Fähigkeit hat, sich zu verwerten und Erträge abzuwerfen.

Betriebsvermögen wie im 19. Jahrhundert

Tatsächlich sind große Vermögen ganz anders zusammengesetzt als kleine. Sie bringen deshalb, wie wir im vorangegangenen Abschnitt gesehen haben, auch dauerhaft sehr viel höhere Renditen. Kleine Vermögen bestehen zum überwiegenden Teil aus Geld, das auf einem Sparbuch oder einem Tages- oder Festgeldkonto bei einer Bank liegt. Bei mittleren Vermögen machen die eigenen vier Wände in der Regel mehr als die Hälfte des Gesamtwertes aus. Das verändert sich, wenn der Vermögensbesitzer die Millionärsschwelle hinter sich gelassen hat. Bei Vermögen um die 5 Millionen Euro fällt der Immobilienanteil, einschließlich Vermietungen, auf etwa 20 Prozent. Vermögen über 10 Millionen Euro bestehen zu weniger als 10 Prozent aus Wohnimmobilien. Wer wirklich reich ist, der hat vor allem Aktien und Gesellschafteranteile an Unternehmen, im angelsächsischen Raum gern auch Derivate und andere Finanzmarktprodukte.

Der Zugriff auf Betriebsvermögen ist interessanterweise heute ganz ähnlich verteilt wie im 19. Jahrhundert: In Deutschland befinden sich über 90 Prozent des Betriebsvermögens im Eigentum der vermögendsten 10 Prozent aller Familien, den Löwenanteil besitzt die Oberschicht der reichsten 1 Prozent. Letztere verfügt auch über fast 80 Prozent aller privat gehaltenen Aktien, während 90 Prozent der Bevölkerung gar kein Aktienvermögen hat. In den angelsächsischen Ländern ist Aktienbesitz zwar aus Gründen der privatisierten Altersvorsorge etwas verbreiteter, aber auch da konzentrieren sich die wirklich großen Aktiendepots bei den Superreichen.

Verbrauch oder Ertrag

Nun ist es zwar üblich geworden, eine Lebensversicherung oder ein Einfamilienhaus unter den gleichen Oberbegriff »Vermögen« zu fassen wie einen Betrieb mit 10 000 Beschäftigten. Aber zwischen beidem gibt es deutliche Unterschiede. Der wohl wichtigste ist: Die Lebensversicherung wird abgeschlossen, um sie irgendwann, spätestens im Alter, aufzubrauchen. Ein Eigenheim wird genutzt, um darin zu leben. Vermögen, das zum Gebrauch oder späteren Verbrauch bestimmt ist, ist kein Kapital. Kapital wird investiert, um Ertrag zu erbringen. Kapital gibt es daher auch nicht unterhalb einer gewissen Minimalgröße, die normalerweise weit jenseits der Millionenschwelle liegt. Denn erst dann, das haben wir gesehen, sind relevante Renditen überhaupt erreichbar.

Selbst wenn auch mancher Haushalt der oberen Mittelschicht mangels gesetzlicher Alterssicherung inzwischen Eigentumswohnungen besitzt, die vermietet werden, oder die eine oder andere Aktie im Depot hat, wird hier in der Regel nicht um der Erträge willen gespart (die ohnehin nicht groß genug wären, um davon zu leben), sondern um – möglichst inflationssichere – Polster zu haben, die man in Zeiten, in denen es schlecht läuft, wieder auflösen kann. Und deshalb lassen aus gutem Grund etwa 90 Prozent der Deutschen die Finger von Aktien. Denn Aktiendepots sind lukrativ für die, die es auf die Erträge abgesehen haben, aber hochgefährlich, wenn man irgendwann die Aktie wieder verkaufen *muss*: Es kann dann nämlich schnell von den einstigen Ersparnissen nur noch die Hälfte oder sogar weniger übrig sein.

Arbeitsumfeld statt Anlage

Ähnlich ist die Situation im Falle der Inhaber und Geschäftsführer kleiner und mittelgroßer Unternehmen, die mit ihrer Firma natürlich auch über Betriebsvermögen verfügen. Aber dieses Vermögen ist schlicht Grundlage ihrer Arbeit, wie das Eigenheim ihr Wohnumfeld ist; es ist keine Anlagesumme, die um der Rendite willen investiert wurde. Nur selten werden in mittleren Unternehmen überhaupt in größerem Umfang Kapitaleinkünfte ausgeschüttet.

Es gibt weitere Unterschiede zwischen Vermögen und Kapital. Wer sein Geld in einem Unternehmen mit Tausenden Beschäftigten angelegt hat, der besitzt Macht über das Schicksal dieser Menschen und ihrer Familien, oft sogar über die Perspektive einer ganzen Region. Wird das Unternehmen durch falsche Entscheidungen heruntergewirtschaftet, hat das weit reichende Folgen. Hat jemand stattdessen ein altes Schloss im gleichen Wert und lässt es aus Unfähigkeit oder Desinteresse verfallen, kümmert das allenfalls die Denkmalpflege. Kapital verbürgt also Macht, bloßes Vermögen nicht.

Sparen schafft kein Kapital

Und es gibt noch eine dritte wichtige Differenz: Vermögen bilden wir in erster Linie, indem wir aus unseren Arbeitseinkommen sparen. Auf diesem Wege *Kapital* bilden zu wollen ist ein aussichtsloses Unterfangen. Eine durchschnittliche Familie spart in Deutschland gerade mal 1 300 Euro pro Jahr. Für die erste Million bräuchte sie bei den aktuellen Nullzinsen also fast ein Jahrtausend. Selbst Besserverdiener verdienen bei weitem nicht genug, um Kapital in relevantem Umfang zu erwerben. Kapital entsteht nicht aus angespartem Arbeitseinkommen, sondern durch Wiederanlage der Erträge aus bereits vorhandenem Kapital. Es entsteht also nicht aus eigener Arbeit, sondern aus der Arbeit anderer. Schon Joseph Schumpeter hat darauf hingewiesen, dass der Stand eines Kapitaleigentümers nicht dadurch zu erreichen ist, dass man enthaltsam lebt und große Teile seines Arbeitslohns spart: »Die Masse der Akkumulation stammt aus Profiten und setzt darum Profite voraus, – dies ist in Wirklichkeit der *vernünftige* Grund für die Unterscheidung von Sparen und Akkumulieren.«[36]

Dass die großen Kapitalvermögen nicht aus ersparten Arbeitseinkommen stammen, zeigt sich übrigens auch daran, dass Erstere überall auf der Welt sehr viel ungleicher verteilt sind als Letztere. Während bei den Arbeitseinkommen die bestverdienenden 10 Prozent der Bevölkerung selten mehr als 25 bis 30 Prozent des gesamten Einkommens auf sich vereinen, liegt der Anteil der reichsten 10 Prozent an den Gesamtvermögen mehr als doppelt so hoch.

20 000 Jahre Schufterei

Glasklar werden die Verhältnisse, wenn wir sie oben an der Spitze betrachten. Die 500 reichsten Deutschen besitzen zusammen ein Kapitalvermögen von 625 Milliarden Euro. Selbst 500 Martin Winterkorns mit dem Jahresgehalt des früheren VW-Chefs in Höhe von 20 Millionen Euro hätten dafür ein ganzes Leben lang bis ins hohe Greisenalter brav und fleißig arbeiten und ihre gesamten Bezüge sparen müssen. Ganz zu schweigen von 500 Durchschnittsverdienern, die ihre Schufterei in der frühen Steinzeit vor über 20 000 Jahren, als Mitteleuropa noch weitgehend menschenleer war, hätten beginnen und seither von nichts als Luft und den Beeren des Waldes hätten leben müssen.

Die zehn reichsten deutschen Familien kassierten übrigens 2013 zusammen 2,4 Milliarden Euro an Dividenden. Tendenz stetig weiter steigend. 2016 brachte es allein das Geschwisterpaar Quandt/Klatten mit seinen BMW-Anteilen auf ein Dividendeneinkommen von über 900 Millionen Euro.

Es bedarf keiner besonders bescheidenen Lebensführung, um diese Ausschüttungen nicht vollständig zu verbrauchen, sondern erneut renditeträchtig anzulegen. In großen Firmen, die mehrheitlich einer Familiendynastie gehören, wird ein bedeutender Teil der Gewinne in Ermangelung persönlichen Bedarfs meist gar nicht erst ausgeschüttet, sondern direkt im Unternehmen akkumuliert.

Ein weiterer Beleg für die Unabhängigkeit der Kapitalbildung von Ersparnissen ist der Umstand, dass die Aktienmärkte der Industriestaaten etwa seit den achtziger Jahren einen negativen Finanzierungssaldo aufweisen. Das bedeutet: Die Unternehmen schütten über Dividenden und Aktienrückkäufe mehr Geld an ihre Anleger aus, als sie insgesamt bei ihnen durch neue Aktien oder Kapitalerhöhungen einsammeln. Die Eigenkapitalbildung in den Aktiengesellschaften läuft also seit langem völlig unabhängig von externer Finanzierung. Sie beruht stattdessen darauf, dass ein Teil der Gewinne wiederangelegt wird. Das ist genau der Vorgang, den Schumpeter beschreibt.

Spargelder haben also mit Kapital und Sparzinsen mit Kapitaleinkommen nichts zu tun. Das Privileg, andere für sich arbeiten zu lassen und davon komfortabel zu leben, hat der normale Sparer nicht.

Erbliche Vorrechte: Der Kapital-Feudalismus

Der Kapitalismus der zweiten Hälfte des zwanzigsten Jahrhunderts unterschied sich von seinen Vorgängermodellen (und von dem, was wir heute haben) vor allem dadurch, dass der Aufstieg zur Mittelschicht, selbst zur oberen Mittelschicht, auch für die Kinder armer Eltern möglich geworden war. Die Demokratisierung der Bildung, gebührenfreies Studium, gewerkschaftlich erkämpfte Arbeitnehmerrechte, die finanzielle Aufwertung der Industriearbeiterschaft, der Ausbau des öffentlichen Dienstes, all das führte zu einer deutlichen Verbreiterung der gesellschaftlichen Mitte und zur persönlichen Aufstiegserfahrung als dem Lebensgefühl vieler.

In der Mitte der Gesellschaft galt damals tatsächlich: Wer talentiert war, sich anstrengte und dabei nicht durch besondere Schicksalsschläge zurückgeworfen wurde, der konnte sich hocharbeiten und deutlich besser leben als seine Eltern und Großeltern. Vermögen und Erbschaft waren nicht länger der einzige Weg zum Wohlstand. Gute Bildung, Talent und Fleiß öffneten auch dem Nachwuchs aus kaum begüterten Familien eine reale Chance auf Wohlstand und Aufstieg.

Dünne Luft

Aber selbst in den freundlichen Tagen des »rheinischen Kapitalismus« galt: Je höher das Einkommensniveau, desto dünner wurde die Luft und desto seltener treffen wir jene Aufsteiger aus weniger »gutem Hause«. Der Elitenforscher Michael Hartmann fasst es so zusammen: »Die Bildungsexpansion hat dem Nachwuchs aus der breiten Bevölkerung zwar den Erwerb des Doktortitels erleichtert, nicht jedoch den Zugang zu den Chefetagen der deutschen Wirtschaft.«[37]

Hier blieb es immer dabei: Herkunft zählt mehr als Talent, belohnt wird nicht Fleiß, sondern das richtige Elternhaus. Die Zahlen sind über viele Jahrzehnte erstaunlich konstant: Von den Vorstandsvorsitzenden der 100 größten deutschen Unternehmen stammt ungefähr die Hälfte aus dem Großbürgertum. Ein weiteres Drittel ist in bürgerlichen Verhältnissen groß geworden, und nur etwa 15 Prozent stammen aus den Mittelschichten oder der Arbeiterschaft. Der Aufsichtsratsvorsitz ist mit 92 Prozent sogar nahezu ausschließlich eine Domäne der Kinder aus dem Bürger- und Großbürgertum, die in Hartmanns Abgrenzung für die reichsten 3,5 Prozent der Bevölkerung stehen.[38]

Familienclans

In den anderen europäischen Ländern sind die Verhältnisse ähnlich. Hartmann macht dafür vor allem die »nicht zu übersehende Bedeutung von Familienclans in der Wirtschaft«[39] verantwortlich. Das gilt natürlich vor allem für Großunternehmen im Eigentum von Familiendynastien, die in Deutschland, Italien oder den Niederlanden das Bild der Wirtschaft prägen. In solchen Unternehmen werden Spitzenpositionen unmittelbar vererbt. Aber auch in Konzernen, die sich nicht im Eigentum einer einzigen Familie befinden, sind Rekrutierungsmechanismen nach altfeudalem Muster üblich.

Wie das funktioniert, konnte man im letzten Jahr sogar bei VW beobachten, immerhin ein Unternehmen mit starker Mitbestimmung und dem Land Niedersachsen als Veto-berechtigtem Anteilseigner. Als Ferdinand Piëch und seine Frau wegen Unstimmigkeiten mit dem damaligen Topmanager Martin Winterkorn ihre Aufsichtsratsmandate niederlegten, nominierte der VW-Vorstand zwei Nichten des VW-Patriarchen als neue Mitglieder des Aufsichtsrats. Was die beiden Damen – abgesehen von den Blutsbanden – dazu qualifizierte, über die Unternehmensstrategie eines der größten Automobilkonzerne der Welt mit fast 600 000 Beschäftigten und 200 Milliarden Euro Umsatz mitreden zu können, blieb ein gut gehütetes Unternehmensgeheimnis. Selbst ihr gemeinsamer Onkel Ferdinand Piëch hatte da so seine Zweifel.

Lediglich in öffentlich-rechtlichen und genossenschaftlichen Unternehmen oder solchen mit staatlichem Mehrheitseigner ist nach Hartmann eine andere Auswahl für Top-Positionen zu beobachten. Hier sind die Karriereaussichten für den Nachwuchs aus der breiten Bevölkerung gut doppelt so groß. Entsprechend ist die Wirtschaftselite in Ländern mit größerem staatlichem Einfluss, in Skandinavien etwa, etwas weniger herkunftsabhängig als in Deutschland. Soweit in den letzten Jahren Veränderungen zu beobachten sind, wirken sie europaweit in Richtung einer noch stärkeren Abschließung der oberen Ränge nach unten.

Kurzer Vorrang des Leistungsprinzips

Im 19. und frühen 20. Jahrhundert gingen nach den Zahlen Pikettys 80 bis 90 Prozent aller privaten Vermögen auf Erbschaften zurück. Erst in den Jahrzehnten nach dem Zweiten Weltkrieg konnte die arbeitende Mitte persönliches Vermögen aufbauen. Immerhin so viel, dass der Anteil der Oberschicht am Gesamtvermögen in den Siebzigern auf etwa 30 Prozent abgesunken war. Erstmals war zu dieser Zeit über die Hälfte aller Vermögen nicht die Hinterlassenschaft der Vorfahren.

Dieser ungewöhnliche Vorrang des Leistungsprinzips beim Vermögensaufbau hielt sich allerdings noch nicht einmal ein Jahrzehnt. Schon Anfang der Achtziger hatten die Erbschaften ihre alte Dominanz zurückerobert, und in den Folgejahren verschoben sich die Gewichte weiter. 2010 waren schon wieder mehr als zwei Drittel aller Vermögen das Erbe von früheren Generationen. Auch die Vermögensverteilung verändert sich seither wieder zugunsten der Reichsten. Nur noch 40 Prozent des Gesamtvermögens sind in den Industrieländern heute Familien der Mittelschicht zuzurechnen.

»Die sehr starke Kapitalkonzentration«, fasst Piketty seine Ergebnisse zusammen, »erklärt sich insbesondere aus der Bedeutung der Erbschaft und ihrer kumulativen Wirkungen ...«.[40] Er führt in dem Zusammenhang auch eine weitere interessante Zahl an. Was schätzen Sie, wie groß in jeder Generation der Anteil derer ist, der mehr erbt, als die untere Hälfte der Bevölkerung im Leben verdient? Im Jahr 1870 waren das 10 Prozent, heute sind es 15 Prozent. Diese Zahl zeigt, dass auch in der oberen Mittelschicht Erbschaften inzwischen eine wichtige Rolle spielen. Völlig außer Reichweite selbst der Besserverdienenden sind allerdings die hundertemillionen- bis milliardenschweren Kapitalvermögen, die innerhalb der Oberschicht von einer Generation zur nächsten weitergereicht und dabei in der Regel noch nicht einmal steuerlich geschmälert werden.

Erben oder Heiraten

An der Spitze der Vermögenspyramide, dort, wo wir es nicht nur mit Vermögen, sondern mit Kapital zu tun haben, gab es die geschilderten Veränderungen in der Relevanz ererbter Vermögen nie: Kapital hat, wer Kapital erbt. Das ist seit dem 19. Jahrhundert die Regel, alles andere sind Ausnahmen. Natürlich gab und gibt es sie, die ersten Rockefellers und Fords, die Jobs, Gates, Bezos und Zuckerbergs oder auch die deutschen Albrechts, die aus kleinen Verhältnissen kamen und ihren Nachfahren ein Milliardenimperium hinterlassen haben. Beispiele für solche Karrieren gibt es allerdings nahezu nie in etablierten, sondern immer nur in neu entstehenden Märkten, in denen Unternehmen tatsächlich mit wenig Kapital anfangen und blitzschnell wachsen können, und sie sind sehr viel seltener, als all die schönen Geschichten von den *Self-made-Milliardären* uns weismachen wollen.

Das *Handelsblatt* rechnete vor einiger Zeit vor, dass sich unter den reichsten Unternehmerfamilien Deutschlands lediglich 10 Prozent Unternehmer der ersten Generation befinden. 90 Prozent also haben ihr Unternehmen nicht aufgebaut, sondern es wurde ihnen von ihren Eltern in den Schoß gelegt.[41] Der sicherste und beste Weg zum Eigentümer von Kapital ist also unverändert, sich die richtigen Eltern auszusuchen.

Auch eine Heirat bietet sich als Einstieg in eine Karriere als Kapitaleigentümer an. Unter den Damen, die heute in Deutschland als »große Unternehmerpersönlichkeit« angesehen werden, gibt es eine ganze Reihe, die aus kleinen Verhältnissen stammen: Liz Mohn, die Herrscherin über Bertelsmann, begann als Zahnarzthelferin, Friede Springer als Kindermädchen. Die bereits verstorbene Johanna Quandt, Großaktionärin von BMW, war ursprünglich Sekretärin, Marie-Elizabeth Schaeffler, die Inhaberin des Schaeffler-Konzerns, startete als abgebrochene Studentin, die von zwei angefangenen Studien keins fertig bekommen hatte. Alle genannten Damen spielen heute in der Milliardärsliga. Selbstverständlich gibt es auch einige Herren, die sich auf diese Weise Zugang zum exklusiven Club der Kapitaleigentümer verschafft haben.

Exklusivgut Kapital

Dass Kapital im Kapitalismus ein *exklusives* Gut ist, also eines, zu dem die meisten Menschen keinen Zugang haben, merkt schnell ein jeder, der weder heiraten noch erben, sondern sich auf das Wagnis einer Unternehmensgründung einlassen möchte und mit einer guten, innovativen Idee ohne hinreichend eigenes Geld bei den Banken vorspricht.

Tatsächlich konnten auch die meisten großen Unternehmen nur gegründet werden, weil ein familiennaher Finanzier bereitstand. Der Schweizer Autor Alex Capus beschreibt in seinem Buch *Patriarchen* die Lebensgeschichte von zehn Schweizer Unternehmern, die den Grundstein heutiger Weltkonzerne gelegt haben: Rudolf Lindt, der Schokoladenfabrikant, Carl Frank Bally, der Schuhhersteller, Julius Maggi, der König der Suppenwürze, Antoine Le Coultre, der Bastler von Präzisionsuhren, Henri Nestlé, der Gründer des gleichnamigen Nahrungsmittelgiganten, Johann Jacob Leu, der Bankier, Fritz Hoffmann-La Rouche, der mit einem wirkungslosen Hustensaft einen Pharmakonzern begründete, Charles Brown und Walter Boveri, die Väter von BBC, Walter Gerber, der Erfinder des Schmelzkäses, schließlich Emil Bührle, der Waffenproduzent und Zulieferer der Deutschen Wehrmacht.

Keine Tellerwäscher

So unterschiedlich ihre Geschäftsbereiche waren, alle zehn haben eines gemein: Entweder kamen sie aus reichem Hause, oder sie haben reich geheiratet. Das Ergebnis der dargestellten Gründungsgeschichten fasst der Autor so zusammen: »Tatsächlich wäre die Mehrheit der hier vorgestellten Unternehmen ohne das Geld der Schwiegerväter kaum über die Gründungsphase hinausgediehen; und was die übrigen vier Patriarchen betrifft, so waren sie auf das Geld der Ehefrauen nicht angewiesen, weil sie selber welches besaßen. Die klassische Tellerwäscherkarriere, so scheint es, führte im alten Europa nur selten bis ganz an die Spitze der ökonomischen Nahrungspyramide.«[42]

Es liegt nicht an der Schweiz und auch nicht an dem schon etwas zurückliegenden Zeitraum der Unternehmensgründungen. In dem Buch *Visionäre, die sich durchsetzen*[43] aus dem Jahr 2006 werden innovative Jungunternehmer aus Deutschland porträtiert. Wir treffen Programmierer, Ingenieure, Pharmaforscher. Auch hier das gleiche Bild: Zwei der porträtierten Unternehmer hatten das Unternehmen geerbt, einer startete mit der Bankgarantie des Stiefvaters, einem Gründerteam half die Verbindung zu einem öffentlichen Uniklinikum, einer kam in den Genuss einer staatlichen Gründerförderung. Private Banken waren in der Regel nicht bereit, die Jungunternehmer zu unterstützen, obwohl sie sämtlich gute Ideen und ein Geschäftsmodell hatten, das sich im Nachhinein als tragfähig erwies.

Die einzige Chance, ein Unternehmen ohne reiche Väter oder Schwiegerväter zu gründen, ist privates oder staatliches Wagniskapital. Beides aber ist rar. Private Finanzierungen stehen meist nur für Unternehmen mit kurzfristig absehbarem Börsengang oder Weiterverkauf zur Verfügung und zwingen dem Unternehmen bestimmte Prioritäten und Renditeziele auf. Staatliche Finanzierungsangebote oder Kreditgarantien helfen einigen, aber sie sind unzureichend vorhanden, gerade in Deutschland und Europa. Natürlich kann man auch alle vorhandenen Ersparnisse zusammenkratzen und sein Haus verpfänden. Kleine Unternehmen starten oft so, aber sowohl bei der Auswahl der Branche als auch beim möglichen Unternehmenswachstum sind solchen Gründern meist enge Schranken gesetzt. Ganz nach oben kommt so kaum einer.

Stabile Dynastien

Letztlich sind es die Erbschaften, die der kapitalistischen Oberschicht jene generationenübergreifende, dynastische Stabilität geben, die dem alten Erbadel so ungemein ähnelt. Bernt Engelmann weist solche – gerade mit Blick auf die deutsche Geschichte des zwanzigsten Jahrhundert verblüffenden – Kontinuitäten in seinem Klassiker *Das Reich zerfiel, die Reichen blieben* für die verschiedenen deutschen Bundesländer nach. So belegt er etwa anhand der überlieferten Namen, »dass die in der Kammer der Reichsräte von 1913 versammelte Geld- und Machtelite des Königreichs Bayern ihren heute lebenden Nachkommen alle Vermögen und die meisten gesellschaftlichen Positionen intakt vererben konnte – unbeschadet von zwei verlorenen Weltkriegen, totalen Geldentwertungen,

Abschaffung der Adelsvorrechte, Boden- und sonstigen versuchten Reformen.«[44]

Solche Kontinuitäten sind in Europa nicht die Ausnahme, sondern die Regel. Und sie lassen sich vielfach sogar für noch längere Zeiträume nachweisen. So kommt eine Studie zweier Ökonomen der italienischen Notenbank zu dem Ergebnis, dass die heute wohlhabendsten Bürger von Florenz aus den gleichen Familien stammen, die die Stadt schon im Mittelalter beherrschten. Konkret wurde die Oberschicht der Gegenwart mit den reichsten Florentinern des 15. Jahrhunderts verglichen, eine Zeitspanne von immerhin 600 Jahren, in der sich die Gesellschaft völlig gewandelt hat. Den Dynastien des großen Geldes konnten diese Veränderungen allerdings nichts anhaben. Eine Untersuchung von 2013 hat eine ähnliche Stabilität für England zu Tage gefördert. In diesem Fall hatte man die Namen der Studenten an den Elite-Universitäten Oxford und Cambridge zwischen 1170 und 2012 verglichen und festgestellt, dass die Studenten über mehr als 8 Jahrhunderte hinweg vorwiegend aus den gleichen Familien kamen.[45]

Die Ablehnung feudaler Privilegien war das zentrale Thema der Aufklärung: Alle Menschen sind gleich und müssen daher mit gleichen Chancen starten, Talent und Lebensleistung sollen über die gesellschaftliche Stellung des Einzelnen entscheiden und nicht der familiäre Stand, in den er hineingeboren wurde. Im Gegensatz zu denen, die sich heute Liberale nennen, wusste der große Vordenker des Liberalismus im 19. Jahrhundert John Stuart Mill noch um die echten liberalen Traditionen. Er war ein vehementer Gegner erblicher Privilegien und forderte Abhilfe vom Staat: »Ich würde eine stark belastende Steuer auf jede Erbschaft legen, die den moderaten Betrag übersteigt, der ausreicht, um persönliche Anstrengung zu unterstützen, aber nicht überflüssig zu machen.«

»Feudal-plutokratisches« Erbrecht

Auch der ordoliberale Ökonom Alexander Rüstow attackierte Mitte des 20. Jahrhunderts das »feudal-plutokratische« Erbrecht, auf dem der Kapitalismus seit seiner Entstehung beruhe: »Die erbliche Startungleichheit ist das wesentlichste institutionelle Strukturelement, durch das der Feudalismus in der Marktwirtschaftsgesellschaft fortlebt und sie zur Plutokratie, zur Reichtumsherrschaft, macht.«[46] Man könnte es natürlich auch so ausdrücken: Es ist der Kapitalismus, durch den der Feudalismus in der Marktwirtschaft fortlebt. Denn ohne das heutige Erbrecht kein in wenigen Händen konzentriertes, von einer Generation zur nächsten weitergereichtes Kapitaleigentum, und ohne dieses kein Kapitalismus, der ja auf privatem Wirtschaftseigentum beruht.

Um das Übel an der Wurzel zu packen, nimmt Rüstow die liberale Tradition John Stuart Mills wieder auf und fordert, die Möglichkeit des individuellen Erbes auf jenen Betrag zu reduzieren, den ein Normalverdiener tatsächlich im Laufe seines Lebens selbst erarbeiten und sparen kann. Nach heutiger Kaufkraft wären das, wenn wir Besserverdienende einbeziehen, vielleicht 1 Million Euro pro Kind. Das Vermögen der Mittelschicht wäre vererbbar, großes Kapital nicht. Ein solches Erbrecht wäre natürlich keine beiläufige Reform des Kapitalismus, sondern eine, die ihm die Basis entziehen und institutionelle Veränderungen in der Gestaltung des Wirtschaftseigentums erzwingen würde.

Zumindest an seiner Spitze war der Kapitalismus immer das, was Piketty eine »patrimoniale Gesellschaft« nennt: eine Gesellschaft, in der in erster Linie die Höhe des »väterlichen Erbes« darüber entscheidet, wer reich und wer nicht reich ist.

Aufstieg war gestern. Die »Neue Mitte« ist unten

Man kann Gerhard Schröder eigentlich nicht vorwerfen, dass er nicht angekündigt hätte, was er später umgesetzt hat. Immerhin war der Zigarre rauchende SPD-Kanzler schon 1998 mit dem Wahlkampfslogan »Die neue Mitte« angetreten. Auch wenn es damals noch anders gemeint gewesen sein mag: tatsächlich war eine »Neue Mitte« das Ergebnis seiner siebenjährigen Kanzlerschaft. Denn Gerhard Schröder hat mit seinen Liberalisierungen am Arbeitsmarkt, seinen Sozial- und Rentenkürzungen die Mitte der Gesellschaft nach unten verlagert und in diesem Sinne eine *neue* Mitte geschaffen: eine mit weniger Wohlstand und einem deutlich unsichereren Leben.

Die »Alte Mitte«, so könnte man sagen, bestand aus Millionen Menschen in normalen Arbeitsverhältnissen: Malermeistern und Stewardessen, Zugbegleitern und Laborchefs, Busfahrern und Lehrerinnen, Mitarbeitern an Universitäten und Krankenhausärzten, Programmierern und Ingenieuren. Sie alle arbeiteten in der Regel – wenn es ihre Lebenssituation erlaubte – Vollzeit, hatten unbefristete Verträge, ein solides Gehalt und die Aussicht auf einen mehr oder minder gesicherten Ruhestand. Sie waren oft gewerkschaftlich organisiert, Tarifverträge sorgten dafür, dass ihre Einkommen zwar nicht rasant, aber doch allmählich stiegen, ihr Leben war kein Spaziergang, aber einigermaßen vorhersehbar und planbar.

Niedriglöhne, Werkverträge, Leiharbeit

Die Zeit der »Alten Mitte«, das war die Zeit, in der der Anspruch des früheren Wirtschaftsministers und Kanzlers Ludwig Erhard weitgehend eingelöst wurde, »über eine breitgeschichtete Massenkaufkraft die alte konservative soziale Struktur« – nämlich eine dünne Oberschicht und eine breite Unterschicht – »endgültig zu überwinden.« Nur: »Endgültig« war das eben nicht. Denn irgendwann, je nach Land in den achtziger oder neunziger Jahren, wurde in allen europäischen Ländern das schöne Ziel des »Wohlstands für alle«

vergessen. Und zwar just in dem Augenblick, als Politiker wie Reagan, Thatcher und ihre Nachahmer darangingen, den Kapitalismus wieder richtig *kapitalistisch* zu machen.

Auch in Deutschland ist die »Alte Mitte« in vielen Bereichen Geschichte. Sie wurde im Ergebnis von Arbeitsmarktreformen, Privatisierungen, Ausgabenkürzungen und Stellenabbau im öffentlichen Dienst durch eine »Neue Mitte« abgelöst: Beschäftigte mit Niedriglohn, Leiharbeiter und Werkvertragler, Solo-Selbstständige und Minijobber, deren magere Einkommen meist kein Tarifvertrag mehr regelt. Viele von ihnen sind immer wieder nur befristet in Arbeit, ihr Leben ist geprägt durch Unsicherheit und Zukunftsangst.

Grob geschätzt liegen die Einkommen dieser »Neuen Mitte« heute um 20 Prozent niedriger als das, was man für vergleichbare Tätigkeiten im Jahr 2000 erhalten hat. In einigen Bereichen ist der Einbruch noch dramatischer. Die Veränderungen fingen natürlich schon vor dem Amtsantritt Gerhard Schröders an, und sie gingen nach ihm weiter, aber die von den Interessenverbänden der Kapitaleinkommensbezieher BDI und BDA ersonnene Agenda 2010 war der Katalysator dieses Umbruchs.

Deutsche Post und Lufthansa als Lohndrücker

Spätestens seit diesen Veränderungen kommen wir mit dem Leistungsprinzip als Erklärung unterschiedlicher Einkommen selbst in der gesellschaftlichen Mitte nicht mehr weit. Wenn es früher bei uns an der Tür klingelte und der Postzusteller uns mit nettem Lächeln ein Päckchen brachte, hatten wir es mit einem Beamten zu tun. Er hatte einen Job auf Lebenszeit, ein auskömmliches Einkommen und Aussicht auf eine solide Pension. Mitte der neunziger Jahre wurde die Post in eine Aktiengesellschaft umgewandelt und im Jahr 2000 schließlich an die Börse gebracht. Seitdem ist der Postzusteller – zumindest der neu eingestellte – kein Beamter mehr, er bekommt deutlich weniger Geld für seine Arbeit und hat oft genug nur einen befristeten Vertrag.

Irgendwann genügte der Post AG auch dieses Lohndumping nicht mehr. Sie gründete 2015 ein Tochterunternehmen, die DHL Delivery. Deren Mitarbeiter werden nicht nach dem Haustarif der Post bezahlt, sondern bekommen nach dem Logistiktarif noch einmal 20 Prozent weniger. Auch die Betriebsrente wurde gestrichen. Zynisch wurde vielen Zustellern mit befristeten Verträgen eine unbefristete Übernahme durch die neue Posttochter angeboten. Wie sie fortan mit 20 Prozent weniger Gehalt ihre Miete bezahlen und für ihre Familie sorgen sollen, ist dem Management natürlich schnuppe, ebenso wie der Bundesregierung, die – dank ihrer immer noch vorhandenen staatlichen Postanteile – die Lohndrückerei gemeinsam mit den Gewerkschaftsvertretern im Aufsichtsrat hätte stoppen können.

Die Post ist kein Einzelfall, das beschriebene Modell macht in vielen Branchen Schule. Auch die ebenfalls einst staatliche und seit 1997 vollständig privatisierte Lufthansa nutzt es. Im Fachjargon nennt man das *Trennung von Marke und Produktion*. Die Marke ist der Werbeträger, der dem Kunden Qualität suggeriert. Wer bei Lufthansa bucht, fühlt sich besser als beim Billigflieger Ryanair. Unter dem noblen Markendach werden dann verschiedene Einzelunternehmen – sogenannte Plattformen – geschaffen, deren Arbeitsbedingungen und Tarife deutlich voneinander abweichen. Lufthansa etwa baut mit Eurowings eine eigene kleine Ryanair auf. Dass der Laden irgendwie doch zu Lufthansa gehört, soll für Sicherheitsgefühl beim Kunden sorgen, die schlechten Löhne und miesen Arbeitsbedingungen für dividendenstarke Aktien.

Dabei wird von dem neuen Beinahe-Monopolisten am deutschen Himmel inzwischen jede Möglichkeit ausgenutzt, Beschäftigte um ihre Rechte und eine angemessene Bezahlung zu bringen. Weil bei Eurowings Deutschland mit Sitz in Düsseldorf die gesetzlich vorgeschriebene Mitbestimmung nicht zu umgehen ist und eine Tarifkommission über die Gehälter entscheidet, wurde 2015 in Österreich eine weitere Firma gegründet: die Eurowings Europe. Hier gibt es keinen Betriebsrat, keine Tarifverträge und keinerlei

Mitbestimmung, die Arbeitsverträge der Mitarbeiter sind höchst unterschiedlich und die Gehälter vor allem eines: schlecht.

Was das bedeutet, mussten die Mitarbeiter der insolventen Air Berlin bitter erfahren. Nachdem die Lufthansa von Air Berlin 81 Maschinen und alle Vorteile, etwa die begehrten Start- und Landerechte, aber keinen einzigen Beschäftigten übernommen hatte, wurde Letzteren empfohlen, sich doch bei Eurowings Europe neu zu bewerben. In der Erwartung, dass das bei Gehaltseinbußen von über 50 Prozent die wenigsten tun würden, wurden die Stellen allerdings zeitgleich in Osteuropa ausgeschrieben. Dass sich all das – Tarifflucht, Arbeitsplatzverlagerung ins Ausland und Ausnutzen der neuen Marktmacht über steigende Ticketpreise – unter den wohlwollenden Augen, um nicht zu sagen, mit erkennbarer Unterstützung der deutschen Regierung vollzog, ist dabei ein besonderer Skandal.

Abschied vom Leistungsprinzip

Perfektion erreicht dieses Dumping-Modell, wenn es der Unternehmensleitung gelingt, die verschiedenen Plattformen mit ihren unterschiedlichen Tarifen in einen konzerninternen Wettbewerb zu bringen, sodass sie sich im Kampf um Arbeitsplätze gegenseitig unterbieten. In großen Technologiekonzernen werden Abteilungen länderübergreifend gegeneinander ausgespielt, um die billigste Lösung zu bekommen. So müssen deutsche Ingenieure etwa gegen Ingenieure aus Weißrussland antreten oder deutsche Software-Entwickler gegen solche aus Indien. Funktioniert die interne Konkurrenz, haben Management und Aktionäre gewonnen.

Eine ähnliche Rolle spielt in vielen Unternehmen das Outsourcing bestimmter Aufgaben oder ganzer Bereiche über Werkverträge oder der Einsatz von Leiharbeit. Aufgrund solcher Strukturen stehen heute Arbeitsleistung und Einkommen, Anstrengung und Erfolg in keinem auch nur ansatzweise begründbaren Verhältnis mehr. An den Bändern deutscher Autobauer, an den Schaltern deutscher Postfilialen oder in den Triebwagen deutscher Züge sitzen oder stehen

Menschen nebeneinander, die alle eine ähnliche Ausbildung haben, die gleiche Arbeit verrichten, sich dabei ähnlich anstrengen und dennoch völlig unterschiedliche Gehälter nach Hause bringen. Und natürlich leistet ein Postmitarbeiter heute nicht 20 oder 30 Prozent weniger als sein verbeamteter Vorgänger, nur weil sein Einkommen in dieser Größenordnung geringer ausfällt.

Subventionierung geringer Leistungsfähigkeit?

Solche Beispiele zeigen auch, wie lächerlich oder auch wie verlogen es ist, wenn etwa die Hartz-IV-Aufstockerleistungen mit der »notwendigen Subventionierung von Beschäftigten von geringer Leistungsfähigkeit« begründet werden. Der ehemalige Metaller, der seinen Job verliert und fortan als Werkvertragler für die Hälfte seines einstigen Gehalts die gleiche Arbeit macht, hat ganz sicher nicht plötzlich an »Leistungsfähigkeit« verloren. Dennoch ist es gut möglich, dass sein Einkommen jetzt so wenig zum Leben reicht, dass er zusätzlich Hartz IV beantragen muss. Das Gleiche gilt für Beschäftigte, die die Post AG zu ihrer Niedriglohntochter DHL Delivery abgeschoben hat oder die bei einem der neuen Postkonkurrenten untergekommen sind, deren Geschäftsmodell sämtlich auf Niedriglöhnen beruht.

Auch gute Bildung ist längst kein Garant für halbwegs solide Lebensverhältnisse mehr. Interessanter- oder auch erschreckenderweise treffen wir im deutschen Niedriglohnsektor als zweithäufigste Gruppe nach den Ungelernten heute Akademiker an. Ein Grund dafür ist, dass öffentliche Sparprogramme inzwischen selbst die deutschen Universitäten zu großflächigen Niedriglohnzonen gemacht haben. Wer es nicht schafft, sich eine der begehrten Professorenstellen zu sichern, zahlt für seine Leidenschaft für Forschung und Lehre oft lebenslang den Preis beengter Lebensverhältnisse und dauerbefristeter Verträge.

Herkunft vor Talent

Selbst der Zugang zu Bildung ist heute bestenfalls noch in zweiter Linie eine Frage der persönlichen Begabung. In vielen Bereichen gilt: *Herkunft vor Talent*. Dieses Prinzip kennen wir von jenen internationalen Universitäten, die sich Eliteunis nennen und darunter offenbar vor allem die erbliche Weitergabe von Top-Ausbildung und Top-Positionen verstehen. Mehr und mehr regiert es aber auch andere Bildungseinrichtungen.

In den Vereinigten Staaten kann heute mit Blick auf das Einkommen der Eltern ziemlich treffsicher vorausgesagt werden, ob die Kinder eine Uni besuchen werden und, wenn ja, welche es sein wird. Wer es etwa an die renommierte Harvard University schaffen will, für den ist ein IQ auf dem Level des ehemaligen Harvard-Studenten George W. Bush kein Hinderungsgrund, solange Papa und Mama nur genug Geld beisteuern und am besten selbst einst in Harvard studiert haben. Das Durchschnittseinkommen der Eltern von Studenten der Universität liegt bei 450 000 Dollar im Jahr, was dem Durchschnittseinkommen der reichsten 2 Prozent amerikanischer Familien entspricht.

Exklusive Bildungsstätten

Europäische Top-Unis sind nur unwesentlich demokratischer. Das durchschnittliche Jahreseinkommen der Eltern der Studenten der Sciences Po, einer der beiden französischen Eliteuniversitäten, durch die große Teile des Führungspersonals der französischen Politik und Wirtschaft gegangen sind, wird auf etwa 90 000 Euro geschätzt. Im Unterschied zu Harvard hat hier also zumindest der Nachwuchs der oberen 10 Prozent eine Chance.

Deutschland hatte bisher kaum derart exklusive – im Sinne von: die große Mehrheit ausschließende – Bildungsstätten, im Zuge der sogenannten Exzellenz-Initiative wird allerdings hart daran gearbeitet, das zu ändern. Auch die Gebühren an den deutschen Privatunis sind bisher nicht mit denen von Harvard oder Stanford vergleichbar, aber sie sind hoch genug, um sicherzustellen, dass der Nachwuchs der oberen 10 Prozent weitgehend unter sich bleibt. Selbst an den geschmähten »Massenuniversitäten« sorgen Gebühren und schlechte BAföG-Leistungen für weit stärkere soziale Auslese, als sie das deutsche Bildungssystem in den siebziger und achtziger Jahren kannte.

Immer wieder thematisiert und trotzdem unverändert ist auch die Abhängigkeit der individuellen Bildungschancen von der elterlichen Mitgift im deutschen Schulsystem mit seinem chronischen Lehrermangel und seiner frühen Auslese bereits nach der vierten Klasse. Letzteres hat es zwar auch in den Nachkriegsjahrzehnten gegeben, aber die Folgen waren minder dramatisch als heute, einfach weil die soziale Ungleichheit nicht so groß war und ärmere wie wohlhabendere Familien eher in gemeinsamen Wohngebieten lebten. Dadurch unterschieden sich die verschiedenen Schulen – angefangen von den Grundschulen – bei weitem nicht so stark wie heute in ihrer Ausstattung und ihrem Lernniveau.

Belegt wird die zunehmende Diskrepanz etwa durch einen Bundesländervergleich der Viertklässler aus dem Jahr 2017. Während die durchschnittlichen Leistungen stagnieren, wächst die Kluft zwischen den Klassenzimmern. Das heißt, sowohl die Zahl der guten wie auch die der schlechten Schüler wird größer. Am unteren Ende ist mittlerweile jeder fünfte Schüler in der vierten Klasse nicht mehr in der Lage, richtig zu lesen. Gerade einmal die Hälfte der Grundschüler erreicht den Regelstandard bei der Rechtschreibung, zehn Prozentpunkte weniger als vor fünf Jahren. Weitere Verschlechterungen betreffen das Zuhören und die Mathematik. Schon der Pisa-Test 2016 hatte Ähnliches zu Tage gefördert.

Diese Entwicklung zeigt sehr deutlich, wie hohl das Gerede von der angeblichen Chancengleichheit im Zeitalter neoliberaler Freiheiten ist. Gerade die zunehmende Trennung von Wohlhabenden und Ärmeren in separate Wohngebiete infolge einer zunehmenden Privatisierung des Wohnungsmarktes und die sträfliche Unterausstattung der Schulen mit dem höchsten Personalbedarf – vor allem

Grundschulen in sozial schwierigen Vierteln, in denen oft mehr als die Hälfte der Schüler bei Schulbeginn kein Deutsch spricht – gehören zu den wichtigsten Faktoren, die Kinder ärmerer Familien frühzeitig um ihre Lebenschancen bringen.

Die Gatsby-Kurve

Dass größere soziale Ungleichheit auch die soziale Mobilität, also die Chance auf gesellschaftlichen Aufstieg, deutlich verringert, ist inzwischen ein in der Ökonomie – soweit sie sich mit solchen Fragen beschäftigt – anerkannter Tatbestand. Der amerikanische Wirtschaftswissenschaftler Alan Krueger hat diesen Zusammenhang anhand von Länderstudien empirisch belegt und ihm den ironischen Namen »Große-Gatsby-Kurve« gegeben.

Kinoliebhaber kennen die Geschichte: Jay Gatsby ist die Hauptfigur eines Romans von F. Scott Fitzgerald aus dem Jahr 1925. Der Roman wurde bereits mehrfach verfilmt, zuletzt im Jahr 2013 mit Leonardo DiCaprio in der Hauptrolle. Gatsby hat jene amerikanische Bilderbuchkarriere vom armen Mann aus der Gosse zum Multimillionär hinter sich, von der Millionen heute noch träumen, wobei die windigen Schwarzhandelsgeschäfte, die ihm diesen Weg nach oben ermöglicht haben, eher nicht fürs Bilderbuch taugen. Aber gleich mit welchen Methoden: Für Alan Krueger steht der Name Gatsby für die generelle Chance auf Aufstieg, die eine Gesellschaft bietet, und die Kurve beschreibt die Wahrscheinlichkeit einer solchen Karriere in Abhängigkeit vom Grad der gesellschaftlichen Ungleichheit. Dabei meint Krueger eher nicht die klassischen Tellerwäscherkarrieren von ganz unten nach ganz oben, sondern die allgemeine Möglichkeit, einen höheren sozialen Status zu erreichen als die eigenen Eltern.

Kruegers Ergebnis ist eindeutig: In Ländern, in denen die Schere zwischen Arm und Reich besonders weit auseinanderklafft, wie Chile oder Brasilien, aber auch in den Vereinigten Staaten ist der Weg von unten nach oben besonders beschwerlich. Egalitärere Gesellschaften wie Dänemark oder Schweden bieten dagegen größere Chancen, sich hochzuarbeiten. Deutschland liegt im Mittelfeld, wobei sich die Verhältnisse seit der Jahrtausendwende und den Agenda-Reformen auch hier deutlich zum Negativen verändert haben.

Aktuell wachsen in Deutschland 1,6 Millionen Kinder in Familien auf, die sich über Hartz-IV-Leistungen finanzieren müssen. Die wenigsten von ihnen werden vom Leben je eine echte Chance erhalten. Wer arm geboren wurde, bleibt arm, diese brutale Tatsache, die Jahrhunderte menschlicher Geschichte geprägt hat, gilt heute für die meisten wieder. Nicht der Kapitalismus, sondern die Wohlfahrtsstaaten mit ihren sozialen Sicherungen und ihren gut ausgestatteten öffentlichen Bildungseinrichtungen hatten in der zweiten Hälfte des zwanzigsten Jahrhunderts dafür gesorgt, dass der Traum vom sozialen Aufstieg für viele kein Traum bleiben musste. Aber diese Zeiten sind vorbei.

RÄUBERBARONE UND TYCOONS – MACHT STATT WETTBEWERB

Industrieoligarchen: Keine Chance für Newcomer

Goethe hat einmal beiläufig bemerkt, dass man wohl »niemals mehr von Freiheit reden hört, als wenn eine Partei die andere unterjochen will«.[47] Ganz in diesem Sinne könnte man sagen, dass selten so viel von Markt und Wettbewerb geredet wird wie zu Zeiten, in denen funktionierende Märkte und echter Wettbewerb global auf dem Rückzug sind und durch die technologische Entwicklung sowie politische Entscheidungen weiter zurückgedrängt werden.

Wir haben uns angewöhnt, die *Vermarktlichung* unserer Gesellschaft, ihre Auslieferung an *den Markt* oder die *Herrschaft des Marktes* für viele negative Erscheinungen unserer Zeit verantwortlich zu machen. Neoliberale, die staatliche Regeln abbauen und Privatisierungen durchsetzen, nennen wir »Marktradikale« und merken gar nicht, dass wir damit einem Trugbild auf den Leim gehen, das sie selbst malen, um den tatsächlichen Effekt ihrer Politik zu verschleiern. Der Markt steht für die anonyme Konkurrenz von prinzipiell Gleichen, er symbolisiert eine Sphäre, die zwar kalt, geldorientiert und kommerziell, aber prinzipiell weitgehend herrschaftsfrei ist. Mit der Realität hat das wenig zu tun. Freie Märkte sind durchaus nicht das Lebenselixier des Kapitalismus, sondern unter dem Gesichtspunkt hoher Renditen eher Störfaktoren, deren man sich so gut es geht entledigt.

Die zugrunde liegende Mentalität war bereits Adam Smith aufgefallen, der sich 1776 über den »elenden Geist des Monopols« (*»the wreched spirit of monopoly«*) beschwerte, von dem Kaufleute und

Fabrikanten besessen seien. Unternehmer aus demselben Gewerbe, schimpfte er, kämen selten zusammen, »ohne dass ihre Unterhaltung mit einer Verschwörung gegen das Publikum oder einem Plan zur Erhöhung der Preise endigt«.

Kaufmann statt Krämer

Auch der französische Wirtschaftshistoriker Fernand Braudel, der die Entstehung des Kapitalismus akribisch untersucht und detailliert beschrieben hat, legte Wert auf den Unterschied zwischen Kapitalismus und Marktwirtschaft. »Es gibt zwei Typen von Austausch«, führt er in seinen Vorlesungen über die »Dynamik des Kapitalismus« 1976 an der Johns Hopkins University Baltimore aus, »der eine ist alltäglich und basiert auf Konkurrenz, weil er einigermaßen transparent ist; der andere – die höhere Form – ist komplex und an Herrschaft orientiert. ... Nicht im ersten, sondern im zweiten Typus«, ist Braudel überzeugt, »liegt die Sphäre des Kapitalismus.«[48]

Der Kapitalismus sei nicht aus gleichem, sondern aus *ungleichem Tausch* entstanden. Nicht der Marktplatz der Kleinstadt, wo jeder seine Produkte feilbieten und jeder Preise und Angebot vergleichen kann, sei die Keimzelle kapitalistischer Wirtschaftsbeziehungen gewesen, sondern der Fernhandel, der wegen der Länge der Transportwege große Kapitalsummen erforderte und daher nur den wenigen offenstand, die über Kapital verfügten und Zugang zu den Krediten und Wechseln der Banken hatten. Beim Fernhandel kannte nur der Händler beide Seiten – das Angebot wie die Nachfrage –, verfügte also über *exklusive* Information, die andere Marktteilnehmer nicht hatten. Der frühe Kapitalist war für Braudel der Kaufmann, der Handelsbeziehungen mit Indien, China oder Arabien unterhielt, der sich auf den großen Messen in Antwerpen und Lyon umtat, später dann an den Börsen und auf internationalen Handelsplätzen. Es war nicht der Krämer mit seinem Laden in der Madrider Innenstadt.

In der Tat haben es Letztere kaum jemals zu größerem Reichtum gebracht. Der Reichtum der Handelsstädte und der ihrer wohlhabendsten Bürger lag in internationalen Geschäftsbeziehungen begründet. Hier wurde Kapital investiert und mit teilweise traumhaften Renditen vermehrt. Aber teilnehmen konnte natürlich nur jene exklusive Minderheit, die bereits Kapital besaß. Dadurch blieb die Zahl der Kaufleute in engem Rahmen und es war gesichert, dass ihre Gewinne nicht durch übermäßige Konkurrenz unter Druck gerieten. Wegen des nötigen Zugangs zum Exklusivgut Kapital gingen die reichen Kaufmannsfamilien vielfach direkt aus den alten seigneuralen Grundherrendynastien hervor. Im Florenz des späten 14. Jahrhunderts etwa, stellt Braudel fest, waren alter Feudaladel und neue Handels-Großbourgeoisie nicht mehr unterscheidbar. Die alte Oberschicht gebar aus ihrem Kreis unmittelbar die neue.

Geschlossene Märkte

Auch im Industriezeitalter ist der typische kapitalistische Markt nicht der offene Wettbewerb vieler Anbieter, sondern das Oligopol. Unter einem Oligopol versteht man einen Markt, auf dem sich wenige große Unternehmen etabliert haben und Neueinsteiger nahezu chancenlos sind. In den industriellen Schlüsselbranchen gibt es für die Verfestigung von Oligopolen vor allem technologische Gründe: Je reifer ein Produkt, desto ausgefeilter ist in der Regel der Produktionsapparat, mittels dessen es hergestellt wird, und desto umfangreicher ist somit das Volumen an Kapital und Know-how, das für eine Unternehmensgründung gebraucht wird. Hinzu kommt ein für die industrielle Massenproduktion typischer Effekt, den Volkswirtschaftler Skaleneffekt oder auch Größenvorteil nennen: Je höher die Stückzahlen, desto billiger jedes einzelne Produkt. Ein kleines Unternehmen kann die Großen schon aus diesem Grund kaum herausfordern.

Nehmen wir als Beispiel die Autobranche. Unmittelbar nach dem ersten Weltkrieg, als das Automobil noch ein Luxusgut war, versuchten 80 Unternehmen, im expandierenden deutschen Automobilbau Fuß zu fassen. Kurz vor der Weltwirtschaftskrise waren noch 30 übrig. Aktuell gibt es noch drei große deutsche Autokonzerne. Den weltweiten Markt dominieren kaum mehr als ein Dutzend Hersteller. Die Produktion von Autos setzt heute Know-how und Patente in Milliardenhöhe, große automatisierte Fertigungsstrecken, erhebliche Forschungs- und Entwicklungsausgaben und nicht zuletzt ein globales Netz von Zulieferern und Absatzmöglichkeiten voraus. Dass ein neues Unternehmen aus eigener Kraft in einen solchen Markt einsteigt, ist ausgeschlossen.

Ein Markt, in dem die Anfangsinvestition für einen Jungunternehmer nicht mehr zu stemmen ist, ist ein geschlossener Markt, auch wenn es keinerlei gesetzliche Barrieren gibt. Letztere spielen allerdings nach wie vor ebenfalls eine Rolle. Staatlich verliehene Monopole leben im Rechtsschutz für Patente und Copyrights fort. Solche Regeln tragen das Ihre dazu bei, das Geschäftsfeld etablierter Anbieter gegen junge, innovative Wettbewerber abzuschotten.

Wachsende Kapitalanforderungen

Im frühen 19. Jahrhundert, als die Schwerindustrie gerade im Aufbau war, konnte man selbst in dieser Branche noch mit überschaubaren Ressourcen ein Unternehmen gründen. So lag das Grundkapital im deutschen Montanbereich der 1850er Jahre in der Größenordnung von ein bis zwei, höchsten drei Millionen Mark. Ein Einstieg in die expandierende Textilbranche war noch billiger zu haben. Auch solche Beträge hatte der Normalbürger natürlich nicht, aber die Oberschicht durchaus. Deshalb wurden viele neue Unternehmen gegründet. Dabei blieb es aber nicht lange. Mit der Industrialisierung wuchsen auch die Kapitalerfordernisse, und das durchschnittliche Kapital der 100 größten deutschen Unternehmen erhöhte sich zwischen 1887 und 1927 von 9,4 auf 59 Millionen Mark.

Einzelne Bereiche verlangten schon früh weit mehr. In der mit dem Eisenbahnbau prosperierenden Stahlindustrie machten die Investitionskosten mit der Einführung des Bessemer-Verfahrens einen Sprung nach oben. In der Folge konnten nur noch sehr große Unternehmen überleben. Echte Neugründungen – also solche, die nicht aus der Fusion bereits vorhandener Unternehmen hervorgingen – gab es seither nicht mehr, stattdessen entstanden riesige Konglomerate, die jeden Konkurrenten vom Markt verdrängten, der nicht im gleichen Tempo mitwachsen konnte. 1901 wies US Steel, eines der damals größten Stahlunternehmen der Welt, ein Kapital von 1,4 Mrd. Dollar aus.

Dienstleistungsgiganten

Einen ähnlichen Zyklus wie in den meisten Industrien, vom Wettbewerb zum Oligopol, vom offenen zum geschlossenen Markt, gibt es auch in wichtigen Dienstleistungsbranchen. Den globalen Handel beherrschen heute riesige amerikanische und europäische Handelsketten wie Metro, Wal-Mart oder Carrefour, die auf verschiedenen Kontinenten produzieren lassen. Ähnlich den alten Kaufleuten können sie ihre Marktmacht und ihre Exklusivstellung gegenüber den Herstellern, denen sie den einzig möglichen Weg zum Konsumenten eröffnen, in hohe Gewinne ummünzen.

Genau besehen sind selbst manche angeblichen Fertigungsunternehmen heute nur noch Handelsketten. Der amerikanische Sportwarenhersteller Nike etwa verdankt einen Großteil seines Erfolgs der Entscheidung, auf jede eigene Produktion zu verzichten und sich stattdessen auf Vertragszulieferer mit Billigkonditionen in verschiedensten Ländern zu stützen. Statt das Kapital in Maschinen und Arbeitskräften zu binden, investierte das Unternehmen lieber in strategische Allianzen mit Händlern in den USA und brachte auf diesem Wege etwa 80 Prozent des amerikanischen Marktes für bestimmte Sportschuhe unter seine Kontrolle. Dank dieser Marktmacht kann Nike heute Sporthändlern vorschreiben, die Schuhe welcher sonstigen Anbieter in ihren Regalen stehen dürfen und welche nicht.

Ein anderes Beispiel für die Etablierung von Marktmacht nach kurzem, regem Wettbewerb bei einer wichtigen Dienstleistung ist die mobile Telefonie. Als die neue Technologie sich durchsetzte, Ende der neunziger Jahre, kam es zunächst zu einer großen Zahl von Neugründungen. Der Wettbewerb war intensiv, die Preise fielen. Mittlerweile ist diese Phase abgehakt. In Deutschland hat faktisch ein Duopol überlebt: die alte Telekom, zu der T-Mobile gehört, und Vodafone. Der Dritte im Bunde, die Kooperation von E-Plus und O_2, fällt immer weiter zurück. In anderen Ländern sieht es ähnlich aus. Auch das ist die Folge wachsender Kapitalerfordernisse. So verlangen Smartphones wesentlich stärkere Netze als die alten Funktelefone, die ausschließlich zum Plaudern genutzt wurden. Folgerichtig müssen die Betreiber Milliarden in den Netzausbau investieren. Das Geld muss man zum einen erst einmal haben, es rechnet sich aber auch nur bei großer Kundenzahl. Neugründungen gehören daher auch in dieser Branche der Vergangenheit an.

Vormacht und Abhängigkeit

Bereits 1959 beschrieb die ZEIT die Unternehmenslandschaft in den Vereinigten Staaten folgendermaßen: »Tatsächlich beherrschen nicht mehr als 150 der insgesamt 4,2 Millionen Industrie-, Gewerbe- und Handelsunternehmungen etwa die Hälfte der gesamten Produktionskapazität des Landes. In zahlreichen Branchen beträgt der Marktanteil der jeweils vier bis fünf größten Unternehmungen 60, 70 und mehr Prozent.«[49]

Mittlerweile gelten solche Marktanteile auf globaler Ebene. So kontrollieren drei multinationale Bergbaugesellschaften gut die Hälfte des weltweiten Handels mit Eisenerz. Nahezu das gesamte Derivategeschäft auf den Weltfinanzmärkten konzentriert sich in der Hand weniger großer Investmentbanken. Eine der größten Firmen, Glencore, kontrolliert den Löwenanteil des Rohstoffwelthandels etwa bei Zink, Blei und Kupfer. Nach der geplanten Fusion von Bayer und Monsanto sowie der von Dow und Dupont werden vier

Anbieter rund 75 Prozent des Marktes für Pflanzenschutzmittel auf sich vereinen. Das digitale Geschäft wird von wenigen Unternehmen aus dem Silicon Valley monopolisiert.

»Neue Ära der Monopole«

Der ökonomische Beraterstab von Präsident Obama (CEA) hat versucht, das Ausmaß der zunehmenden Konzentration für den US-Markt zu ermitteln. Die CEA-Daten belegen für viele Branchen große bis dramatische Anstiege der Marktbeherrschung. Teilweise ist die Zunahme von Marktmacht Ergebnis der Technologie und von Netzwerkeffekten, oft beruht der Zugewinn aber auch darauf, dass Konzerne wie Microsoft oder die Pharmaindustrie wissen, wie man Markteintrittsbarrieren errichtet und aufrechterhält, und dabei von der Politik unterstützt werden. Im Ergebnis steigt die Ungleichheit nicht nur zwischen Personen, sondern auch zwischen Firmen.

Der CEA-Bericht stellt fest, dass die Kapitalrenditen der ertragreichsten 10 Prozent aller Unternehmen in den USA heute mehr als fünf Mal so hoch sind wie die mittlere Rendite aller Firmen. Vor 25 Jahren, also am Beginn der Ära des Neoliberalismus und der vermeintlichen »Marktfreiheiten«, lag das Verhältnis noch bei zwei zu eins. Im Verhältnis zum eingesetzten Kapital haben große Firmen mit Marktmacht vor einem Vierteljahrhundert also das Doppelte dessen verdient, was eine mittlere Firma erzielen konnte, heute ist es das Fünffache. Mit Blick auf solche Zahlen spricht der Wirtschaftsnobelpreisträger Joseph Stiglitz über eine »neue Ära der Monopole«.[50]

In Deutschland wird der Mittelstand gern als das Rückgrat der Wirtschaft bezeichnet. Im Vergleich zu anderen Volkswirtschaften hat Deutschland tatsächlich noch einen relativ breiten Sektor mittelgroßer Unternehmen, von denen viele sogar internationale Marktführer in ihrem Spezialgebiet sind. Wenn man allerdings weiß, dass allein die einhundert größten deutschen Unternehmen mehr Umsatz auf sich vereinen als all die Hunderttausenden kleinen und mittleren Firmen zusammen, relativiert sich das Bild.

Im deutschen Lebensmitteleinzelhandel etwa bringen es die vier größten Handelsketten auf gut 85 Prozent des Gesamtumsatzes. Nimmt einer dieser Großen einen Zulieferer – zumal einen mittelständischen – aus dem Regal, bedeutet das den nahezu sicheren Ruin. Damit ist klar, wie die Verhandlungsmacht, etwa bei Preiskämpfen, verteilt ist. Während die Marktbeherrschung hier vor allem genutzt wird, um die Preise nach unten zu drücken, bedeutet die Situation auf dem deutschen Tankstellenmarkt, auf dem die fünf größten Betreiber, angeführt von Aral und Shell, 70 Prozent des Kraftstoffabsatzes unter ihren Fittichen haben, dass die Autofahrer teuer löhnen müssen.

In jedem Fall gilt auch für Deutschland: Ob Stahl oder Chemie, ob Automobilbau, Pharmazie oder Elektrotechnik, ob Telefonie oder Transport, es sind wenige Großkonzerne, die die wichtigen Märkte kontrollieren und die sich zudem aufgrund ihrer Größe und ihres Einflusses bei Risiken oder in Krisensituationen stets auf die stützende Hand des Staates verlassen können.

Fiktive Vielfalt: Das Baukastensystem

Das Modell einer Wirtschaft, in der wenige Konzerne dominieren und sich damit das größte Stück vom Kuchen sichern können, hatte sich bereits Ende des 19. Jahrhunderts etabliert. Was sich in den letzten Jahrzehnten verändert hat, ist der Grad an Verflechtung zwischen den großen Unternehmen – auch im globalen Maßstab – durch Übernahmen und Kooperationen sowie die immer stärkere Angleichung ihres Angebots durch gemeinsame Zulieferer.

Vor mehr als zehn Jahren etwa wurde das sogenannte »Baukastensystem« in der Automobilindustrie eingeführt. Modellübergreifend und konzernübergreifend werden seither unterschiedliche Autos »auf der gleichen Plattform« gebaut, das heißt, die Autos basieren auf den gleichen Bauteilen der Zulieferer. Dieses System ist nicht zuletzt für die mittlerweile sehr hohen Rückrufzahlen und -kosten verantwortlich, da mit jedem Rückruf eines Herstellers jetzt ebenso die gesamte Konkurrenz überprüfen muss, ob sich vergleichbare Bauteile auch in ihren Fahrzeugen befinden.[51]

Ford kämpft für seine Konkurrenten

Unfreiwillig bestätigt wurde die Existenz eines solchen Systems durch den denkwürdigen Auftritt des Chefs des amerikanischen Autobauers Ford, Alan Mulally, Ende 2008 im amerikanischen Kongress. Mulally bekniete die Abgeordneten, seine konkursbedrohten Wettbewerber Chrysler und GM mit staatlichen Mitteln am Leben zu erhalten, wie es dann auch geschah. Was Mutally antrieb, war keineswegs ein Anfall von Mitgefühl für die Tausende betroffener Arbeiter in den Automobilwerken seiner Konkurrenten und erst recht nicht ordnungspolitische Einsicht in die Bedeutung des Wettbewerbs. Es ging ihm um die Zukunft von Ford, die er mit der Pleite der beiden anderen Autobauer ebenfalls bedroht sah, denn »die Unternehmen der Autoindustrie sind in einzigartiger Weise voneinander abhängig«, wie er offenherzig erklärte. Grund dieser Abhängigkeit sei »unsere Beschaffungsbasis, mit mehr als 90 Prozent gemeinsamen Zulieferern. Sollte eines der anderen einheimischen Unternehmen Konkurs anmelden müssen, wäre der Effekt auf die Produktion von Ford innerhalb weniger Tage – wenn nicht Stunden – spürbar ... Ohne die Teile für unser Just-in-Time-Beschaffungssystem wäre Ford nicht in der Lage, Autos zu bauen«.[52] Die auf vielen Märkten scheinbar vorhandene Vielfalt der Hersteller erweist sich beim näheren Hinsehen als bloßer Schein.

Gemeinsame Eigentümer

Viele vermeintliche Konkurrenten sind außer über ihre Zulieferer zudem noch eigentumsrechtlich miteinander verbunden, so wie etwa VW, Audi, Porsche, MAN, Scania, Seat und Skoda, die alle mehr oder minder den Familien Porsche und Piëch gehören. Nicht nur, aber auch unter Wettbewerbsgesichtspunkten höchst bedenklich sind zudem jene billionenschweren Kapitalsammelstellen in Gestalt großer Vermögensverwalter, die an vielen global tätigen Konzernen Beteiligungen halten und als gemeinsamer Eigentümer von Wettbewerbern nicht das geringste Interesse an harten Preiswettkämpfen haben. Studien aus den USA können inzwischen belegen, dass gemeinsame Beteiligungen von Blackrock, Vanguard und Co. an konkurrierenden Unternehmen die Preise hochtreiben.[53] So führe etwa die gemeinsame Beteiligung der Vermögensgiganten an praktisch allen US-Airlines dazu, dass die Flugpreise um bis zu 11 Prozent höher ausfielen, als wenn es keine überlappenden Beteiligungen gäbe. Auch seien in US-Regionen, in denen die Fondsgesellschaften Anteile an besonders vielen Banken haben, die Kontogebühren um mehr als einen Dollar höher als in anderen Landkreisen. Das Problem betrifft auch Deutschland, da die renditehungrigen Finanzkolosse an nahezu allen Dax-Unternehmen beteiligt sind.

Im Jahr 2011 hatten drei Schweizer Wissenschaftler die Wettbewerbsintensität der heutigen Weltwirtschaft analysiert. Das Ergebnis ihrer Studie mit dem Titel *Das Netzwerk der globalen Unternehmenskontrolle*[54] sollte jeden aufwecken, der noch immer glaubt, in einer Marktwirtschaft zu leben.

Die drei Schweizer nutzten eine Datenbank mit 37 Millionen verzeichneten Investoren und Unternehmen aus dem Jahr 2007. In einem ersten Schritt filterten sie 43 000 international tätige Firmen heraus. Dann untersuchten sie, inwieweit diese Unternehmen auf eigenen Füßen stehen oder über Beteiligungen und Kooperationen von anderen kontrolliert werden. So kamen sie auf 1318 Konzerne, die mit mindestens zwei, im Durchschnitt aber mit 20 anderen Unternehmen verflochten waren. Innerhalb dieser Gruppe fanden sie schließlich einen exklusiven Club von 147 Unternehmensgiganten, die allein gut 40 Prozent aller 43 000 transnationalen Unternehmen kontrollieren.

Organisierte Wirtschaft

Ein Drittel des Welthandels findet im Innenraum einzelner Konzerne statt, ein weiteres Drittel zwischen den großen Multis. Rechnen wir deren enge Verflechtung ein, bedeutet das, dass Märkte in den internationalen Wirtschaftsbeziehungen nur noch am Rande eine Rolle spielen. Oder, wie es die *taz*-Journalistin Ulrike Herrmann ausdrückt, dass wir in Wahrheit auf der Erde »eine organisierte Wirtschaft betreiben, bei der der größte Teil der wirtschaftlichen Aktivitäten innerhalb der Grenzen von Firmen koordiniert wird – anstatt durch Marktbeziehungen zwischen diesen Firmen«.[55]

Das bedeutet nicht, dass es nicht unverändert auch große Bereiche der Volkswirtschaft geben würde, in denen offene Märkte existieren und sich unzählige kleine oder auch mittelgroße Anbieter einen harten Konkurrenzkampf liefern. Ob im Handwerk, bei der Herstellung vieler Einzelteile im verarbeitenden Gewerbe oder bei bestimmten Online-Diensten, ob bei Werbeagenturen, Anwaltskanzleien, Reinigungsfirmen oder auch Cafés, in diesen und vielen anderen Branchen gibt es nicht nur einen lebhaften Wettbewerb, sondern immer auch die Chance auf erfolgreiche Neugründungen und zugleich Unternehmen, die wegen Misserfolgs vom Markt verschwinden. Es gibt also alles, was einen funktionierenden Markt ausmacht.

Ähnlich ist es, wenn neue Märkte entstehen, weil es ein Produkt oder eine Art von Produkten vorher gar nicht gab. Dann herrscht meist äußerst intensiver Wettbewerb, viele Unternehmen tummeln sich, von denen am Ende oft nur wenige übrig bleiben. Auf reifen Märkten hingegen sind Neugründungen nur noch in Nischen oder bei unternehmensbezogenen Dienstleistungen, aber nicht mehr im Kerngeschäft möglich.

Neue Wettbewerber dank Staatshilfe

Ein scheinbarer Widerspruch zu dem Gesagten besteht darin, dass im globalen Maßstab bei Schwerindustrie wie Hochtechnologie durchaus neue Anbieter auf den Plan getreten sind, die heute europäischen und amerikanischen Konzernen Konkurrenz machen. Der Widerspruch löst sich auf, wenn wir den Geburtshelfer dieser Unternehmen beachten: nicht private Initiative, sondern staatliches Engagement.

Nicht zufällig kamen die Neuen nahezu ausschließlich aus Ländern, die sich um Markteuphorie, Freihandel und die sonstigen Theoreme des Washington Consensus nicht gescheert und ihre jungen Industrien zunächst auf dem protektionistisch geschützten Binnenmarkt mit hohen Subventionen und staatlich gesteuertem Kapitaleinsatz hochgezogen haben: Japan, China und Südkorea, mit Abstrichen auch die anderen ehemaligen Tiger Südostasiens. Ein Einstieg in reife Märkte ist also theoretisch schon möglich, allerdings nur, wenn man die Aufbauunterstützung eines ganzen Staates im Rücken hat und sich zunächst geschützt vor der Konkurrenz entwickeln kann.

Aber abgesehen von solchen speziellen Neugründungen gilt: Auf wichtigen Märkten hat sich im Laufe der Jahre ein Oligopol aus wenigen großen Anbietern etabliert, dessen Zusammensetzung sich in der Folgezeit kaum noch verändert. Neueinsteiger haben auf solchen Märkten keine Chance mehr. Bewegung entsteht allenfalls noch durch gegenseitige Übernahmen und Zusammenschlüsse. Bei gravierenden Managementfehlern können natürlich auch etablierte Unternehmen vom Markt verschwinden, aber allzu häufig kommt das nicht vor. Mit dem Bild, das der ökonomische Mainstream von unserer Wirtschaft zeichnet, hat diese Realität wenig zu tun.

Abgesteckte Claims: Marktmacht als Innovations- und Qualitätskiller

Unternehmen, die ihre Produkte auf einem Oligopolmarkt anbieten, haben prinzipiell zwei Optionen: Sie können sich einen aggressiven Konkurrenzkampf liefern mit dem Ziel, den anderen zu vernichten. Das lohnt sich dann, wenn es eine realistische Chance gibt, dass am Ende nur einer übrig bleibt, der als Alleinanbieter selbstverständlich noch besser verdienen kann. Oder sie können ihre Claims abstecken und sich gegenseitig in Ruhe lassen. Historisch gibt es für beides Beispiele, aber letztere Verhaltensweise ist sehr viel häufiger.

Ideenlos und behäbig

Und das hat Folgen. Denn ohne echten Druck durch Konkurrenten und ohne Kunden, die über vielfache Auswahl verfügen, liegt es näher, einmal investierte Produktionsanlagen bis zur physischen Erschöpfung am Laufen zu halten und den Gewinn durch höhere Preise oder Einsparungen zulasten von Service und Qualität hochzutreiben. Auch wenn etablierte Unternehmen ideenlos, träge und behäbig werden, gibt es unter solchen Bedingungen kaum eine Chance, den Markt neu aufzumischen.

Stünde etwa Siemens mit der Unternehmensphilosophie, solide Ingenieursarbeit als »Over-Engineering« zu schmähen, in hartem Wettbewerb mit Qualitätsanbietern, müssten wir uns keine Sorgen machen: das Unternehmen würde einfach verschwinden. Bestimmt dagegen eine Handvoll Großunternehmen das Angebot, die alle nach ähnlichen Maßstäben wirtschaften, wird der Kapitalismus schnell zum Innovations- und Qualitätskiller. Viele der Erscheinungen, die wir im Kapitel über die lahmende Innovationskraft unserer Wirtschaft beschrieben haben, finden letztlich in der Konzentration von Marktmacht bei wenigen Anbietern ihren Grund.

Bereits im letzten Drittel des 19. Jahrhunderts schlossen sich große Unternehmen in vielen Branchen zu Kartellen zusammen, die mit Verweis auf die Vertragsfreiheit zunächst sogar legalen Status genossen. Allein in Deutschland entstanden zwischen 1879 und 1886 rund 90 Kartelle, die meisten davon Preiskartelle. Heute sind Kartelle zwar verboten, Ärger gibt es aber nur, wenn die Absprachen nachgewiesen werden können. Die Kosten, die den europäischen Volkswirtschaften durch Kartellabsprachen entstehen, beziffert die Europäische Kommission auf 260 Milliarden Euro jährlich. Trotz des hohen Schadens sind die Bußgelder für die, die sich erwischen lassen, meist verschmerzbar.

Standard Oil und Microsoft: Hinterhalt statt Leistung

Wenn wenige Unternehmen oder gar ein einzelner Anbieter einen wichtigen Markt beherrscht, erübrigen sich oft besondere Kartellabsprachen. Der Wettbewerb kann einfach mittels wirtschaftlicher Macht ausgeschaltet werden. Besonders gut gelingt das, wenn man einen zentralen Rohstoff, eine Schlüsseltechnologie oder eine wichtige Infrastruktur kontrolliert.

Schon vor dem amerikanischen Bürgerkrieg hatten kapitalkräftige Finanziers in den USA begonnen, das natürliche Monopol der Eisenbahnen auszunutzen, um Industrien, die existentiell von den Eisenbahnen abhingen, zu übernehmen und in diesen ebenfalls Monopole aufzubauen. Auf diese Weise brachten sie etwa den Getreidehandel im mittleren Westen unter ihre Kontrolle. John D. Rockefeller wiederum, der Gründer der legendären Standard Oil Company, hat seinen Ölgiganten dadurch groß gemacht, dass er die von seinen Lieferungen abhängigen Eisenbahnen dazu zwang, ihm Rabatte zu geben und den Produkten seiner Wettbewerber die Beförderung zu verweigern.

Ein jüngeres Beispiel für die Ausnutzung einer Schlüsselstellung zur Ausschaltung potentieller Konkurrenten ist der Browserkrieg von Microsoft gegen Netscape Anfang des Jahrtausends, den

Microsoft trotz schlechterer Qualität seines Internet Explorers für sich entscheiden konnte. Der Trick war einfach: Microsoft nutzte sein bereits vorhandenes Monopol bei PC-Betriebssystemen. Das Unternehmen streute Zweifel hinsichtlich der Kompatibilität mit dem Netscape-Browser und programmierte Fehlermeldungen, die unsystematisch auftauchten, sobald dieser Browser auf einem Windows-Rechner installiert wurde. Als neue Windows-Versionen entwickelt wurden, weigerte sich Microsoft, die nötigen Angaben zu machen, die andere Anbieter gebraucht hätten, um Kompatibilität herzustellen. Und natürlich bot es den eigenen Internet Explorer gratis als integralen Bestandteil seines Betriebssystems an. Netscape hatte unter solchen Bedingungen keine Chance, ebenso wie schon lange kein Anbieter von Betriebssystemen auf dem PC-Markt noch eine Chance gegen Microsoft hatte, egal wie mangelhaft und fehleranfällig dessen Programme sind.

Der Schlechtere setzt sich durch

Es gibt viele andere Beispiele für das Ausnutzen von Marktmacht zur Durchsetzung qualitativ schlechterer Technologien. Einige davon werden in der 1999 erschienenen Managementbibel für Internetunternehmen *Online zum Erfolg* von Carl Shapiro und Hal R. Varian aufgeführt und wärmstens zur Nachahmung empfohlen. So heißt es etwa über die Methoden zur Durchsetzung des DVD-Standards: »Zum Beispiel war für Sony und Philips die Kontrolle über die ursprüngliche CD-Technologie ein wesentlicher Ansatzpunkt bei ihren Verhandlungen mit anderen Partnern in der DVD-Allianz. Obwohl Sony und Philips nicht die beste Technologie für DVD entwickelt hatten oder kontrollierten, hielten sie doch das Ruder in der Hand, und zwar so fest, dass ihre Patente andere davon abhielten, abwärtskompatible DVD-Geräte anzubieten.«[56]

Auch bewusste Verschlechterungen an eigenen Produkten können nach Shapiro und Varian ein Erfolgsrezept sein: So habe IBM verschiedene faktisch identische Drucker auf den Markt gebracht, wobei der billigere aufgrund eines extra zu diesem Zweck eingebauten Chips langsamer druckte.»Warum schraubte IBM die Leistung seines Druckers absichtlich herunter? Die Firmenleitung erkannte, dass sich ihr Standardmodell schlechter verkaufen würde, wenn sie die Leistung des Series E zu hoch ansetzten. Indem sie verschiedene Versionen ihres Produkts anboten, konnten sie zu attraktiven Preisen auf dem Markt für Heimgeräte verkaufen, ohne dafür den Umsatz ihres Profi-Modells zu beschneiden.«[57]

Auch bei Software-Programmen seien oft die weniger leistungsfähigen Versionen die aufwendigeren, da die Leistung des ursprünglich hochwertigen Produkts gezielt durch zusätzlich eingebaute Programmteile gemindert werde. So stellt der Anbieter sicher, dass sich die Premiumvariante weiterhin teuer verkaufen lässt, er aber auch von der Nachfrage der weniger zahlungskräftigen Kunden profitiert.[58] Solche Praktiken könnten auf offenen Wettbewerbsmärkten selbstverständlich nicht funktionieren, weil andere Anbieter sie durchkreuzen würden. Auf den heutigen Märkten dagegen sind sie für Großunternehmen ein hochwirksamer Renditehebel.

Halsabschneiderwettbewerb

Der ordoliberale Ökonom Alexander Rüstow legte großen Wert auf den Unterschied zwischen »Leistungswettbewerb« auf der einen und »Behinderungswettbewerb« oder auch »Halsabschneiderwettbewerb« auf der anderen Seite. In welche Kategorie die genannten Beispiele gehören, liegt auf der Hand.

Die sagenhaften Gewinne und Milliardenvermögen, die auf diese Weise entstehen, sind letztlich das Ergebnis der Ausschaltung von Wettbewerb. Im 19. Jahrhundert wurden Industriemagnaten wie Carnegie oder Rockefeller, die mit brutalen Mitteln und zwielichtigen Methoden die neu entstehenden Märkte des Industriezeitalters unter ihre Vorherrschaft brachten, *Räuberbarone* genannt. Der Begriff ist nicht unpassend. Vergleichbar feudalen Landlords früherer Tage, können die Inhaber solcher Imperien der gesamten Wirtschaft ihren Tribut auferlegen. Gerade deshalb ist es in Alexander Rüstows Augen ausdrückliche Aufgabe des Staates, durch Regeln und Verbote für funktionierende Märkte zu sorgen, für Märkte also, auf denen sich die Konkurrenten tatsächlich nur durch überlegene Leistung Vorteile verschaffen können. Die Ordoliberalen waren sich noch darüber im Klaren, dass ein schwacher Staat und die Deregulierung der Wirtschaft nie *den Markt* stärkt, sondern immer nur die *Macht* großer Unternehmen über die Märkte und damit letztlich über die gesamte Gesellschaft. Die heutigen Neoliberalen haben das verdrängt oder vergessen oder sie lügen uns etwas vor.

Der Sherman Act: Kartellgesetz mit Biss

Im Jahr 1890 wurde in den USA das erste ernst zu nehmende Anti-Trust-Gesetz der kapitalistischen Geschichte beschlossen: der Sherman Antitrust Act. Im Unterschied zu späteren Kartellgesetzen, etwa den europäischen, hatte der Sherman Act tatsächlich Biss. Nicht erst der nachgewiesene Missbrauch von Marktmacht, sondern bereits der bloße Versuch einer Monopolbildung (»*the attempt to monopolize any part of the trade or commerce*«) konnte nach der berühmten Sec. 2 des Sherman Act mit der Zerschlagung des Unternehmens geahndet werden. Würde dieser Paragraf heute noch ernst genommen, hätten die Unternehmensimperien von Google, Microsoft, Apple, Facebook und Co. oder die großen US-Finanzhäuser nie in ihrer gegenwärtigen Form entstehen können.

Es gab allerdings nur wenige Privatunternehmen, gegen die der Sherman Act in der Praxis angewandt wurde. Zu ihnen gehörte Rockefellers Ölimperium Standard Oil, das 1911 nach einem Urteil des Obersten Gerichtshofs der Vereinigten Staaten in 34 rechtlich selbstständige Einzelunternehmen aufgespalten wurde.

Heute ist es in den USA wie in Europa üblich, Marktmacht nur im Falle ihres beweisbaren Missbrauchs für bedenklich zu halten, und auch dann nur, wenn die Marktmacht durch Fusionen oder Unternehmensübernahmen, nicht aber, wenn sie aus der Okkupation von Zukunftsmärkten durch einzelne Unternehmen entsteht, wie es etwa in der digitalen Welt die Regel ist. Walter Euckens Warnung – »Nicht in erster Linie gegen den Missbrauch vorhandener Machtkörper sollte sich die Wirtschaftspolitik wenden, sondern gegen die *Entstehung* der Machtkörper überhaupt, sonst besitzt sie keine Chance, mit dem Problem fertig zu werden«[59] – wurde in den Wind geschlagen.

Datenkraken: Monopole im Netz

Wir haben dargestellt, dass viele Dienstleistungsbranchen einen ähnlichen Zyklus wie die großen Industrien durchlaufen haben, vom Wettbewerb zum Oligopol, vom offenen zum geschlossenen Markt. Inzwischen gibt es allerdings gerade bei Dienstleistungen nicht wenige Bereiche, in denen sich kein Oligopol weniger Anbieter etabliert hat, sondern ein privater Monopolanbieter den Markt beherrscht. Im Besonderen gilt das für die meisten netzgebundenen Dienste, soweit sie in privater Hand sind, und für jene Angebote, bei denen sogenannte Netzwerkeffekte auftreten.

Monopole für Günstlinge des Hofes

Die Rolle der Politik bei der Entstehung privater Monopole in den letzten Jahren war eine äußerst blamable. Sie hat sie nicht nur nicht behindert, sondern ihnen in vielen Bereichen sogar aktiv den Weg gebahnt. So wurden und werden unter dem Slogan »mehr Wettbewerb« renditeorientierten Unternehmen öffentliche Aufgaben übertragen, die gerade deshalb sichere Erträge versprechen, weil bei ihnen Wettbewerb unmöglich ist. Das Spektrum dieser Leistungen reicht von der Energie- und Wasserversorgung über privatisierte

Autobahnen bis zum Nah- und Fernverkehr und von der Stadtreinigung über Krankenhäuser bis hin zu vielen anderen einst kommunalen Leistungen.

Fast noch perfider als die volle Privatisierung ist die Gründung sogenannter öffentlich-privater Partnerschaften (ÖPP), in deren Rahmen immer häufiger Bau- und Infrastrukturprojekte, aber auch viele andere öffentliche Aufgaben erledigt werden. Zu Recht vergleicht der britische Soziologe Colin Crouch, international bekannt geworden mit seiner These von der *Postdemokratie,* die ÖPP-Projekte mit den von Adam Smith kritisierten staatlichen Monopolen, die einst an Günstlinge des Hofes vergeben wurden. Wo der Staat die Höhe der Rendite garantiert und das Risiko trägt, während der private Anbieter sichere Erträge einstreicht, sollte man auf jeden Fall nicht von Marktwirtschaft sprechen.

Teure Infrastruktur

Dass Privatisierungen in vielen Bereichen zu nichts anderem führen als zur Etablierung privater Abzocker-Monopole, hat Gründe. Netzgebundene Dienstleistungen etwa taugen einfach nicht für den Wettbewerb. Unter netzgebundenen Diensten versteht man solche, bei denen die Dienstleistung nur angeboten werden kann, wenn vorher in eine aufwendige und kostspielige Infrastruktur investiert wurde. Das können Schienennetze sein, um Menschen und Güter mit der Eisenbahn zu befördern, Kabel und Funkmasten, um Kommunikationsdienste anzubieten, oder elektrische Leitungen, um die Gesellschaft mit Energie zu versorgen. Anders als in der Industrie haben wir es bei netzgebundenen Diensten mit technologischen Bedingungen zu tun, die nicht auf die Entstehung von Oligopolen, sondern auf die von Monopolen hinwirken.

Der wichtigste Grund ist, dass die Bereitstellung einer solchen Infrastruktur hohe Investitionen erfordert, dann allerdings fast beliebig viele Kunden mit der Dienstleistung versorgt werden können, ohne erhebliche Mehrkosten zu verursachen – zumindest im Vergleich zur Ausgangsinvestition. Über ein gut ausgebautes Funknetz können fünf Millionen oder 50 Millionen Leute telefonieren, ein Schienennetz kann von vollen oder leeren Zügen befahren werden. Zwar gibt es meist eine obere Grenze, ab der dann erneute Investitionen erforderlich werden. Aber unterhalb dessen bringt jeder weitere Kunde Mehreinnahmen, ohne relevant mehr zu kosten.

Preise auf dem Niveau der Grenzkosten

Die Kosten für jedes zusätzliche Produkt beziehungsweise für jeden zusätzlichen Kunden nennt man in der Ökonomie *Grenzkosten*, während das, was von vornherein investiert werden muss, um das Produkt auch nur einem Kunden anbieten zu können, die Fixkosten sind. Es ist klar, dass Leistungen mit sehr hohen Fixkosten und geringen oder sogar irrelevanten Grenzkosten am effizientesten von einem einzigen Anbieter angeboten werden können: Werden alle Kunden von einem Unternehmen versorgt, müssen die hohen Fixkosten nur einmal investiert werden und die Kosten pro Kunde sind am niedrigsten. Die Frage, in welchem Rahmen derartige Güter den Konsumenten am preiswertesten zur Verfügung stehen, ist allerdings damit noch nicht beantwortet. Sie beschäftigte die Ökonomen schon in den dreißiger und vierziger Jahren des 20. Jahrhunderts.

Der amerikanische Volkswirt und Statistiker Harold Hotelling entwickelte damals die These, der beste Weg sei, das Steueraufkommen zur Bestreitung der »Fixkosten für Elektrizitätswerke, Wasserwerke, Eisenbahnen und andere Industrien mit erheblichen Fixkosten« zu verwenden, »um die Preise der Güter und Dienstleistungen dieser Industrien auf das Niveau der Grenzkosten zu reduzieren«.[60] Unter diesen Bedingungen könnten sie am billigsten angeboten werden. Denn würden solche Dienste privaten Unternehmen überlassen, hätte der Alleinanbieter zwar auch die niedrigsten Kosten, aber nichts könne ihn davon abhalten, kraft seines Monopols den großen Reibach zu machen. (Und auch die Idee, dem mit staatlichen Regulierungsbehörden entgegenzuwirken, kann inzwischen als gescheitert gelten.)

Aus dieser Einsicht heraus wurde in Europa die netzgebundene Infrastruktur, etwa die Eisenbahnen oder auch das entstehende Telegrafen- und Fernsprechwesen, überwiegend in öffentlicher Regie gebaut oder zumindest irgendwann vom Staat übernommen. So sollte verhindert werden, dass private Unternehmen die Monopolstellung zum ungenierten Abkassieren oder auch zur Beherrschung weiterer Bereiche ausnutzen können. Inzwischen allerdings sind diese Erkenntnisse vergessen, mit fatalen Folgen.

Information: fast kostenlos kopierbar

Aber nicht nur die alten netzgebundenen Dienste neigen zum Monopol. Die Grundstruktur – hohe Kosten für die Bereitstellung eines Gutes, kaum noch Kosten für seine Vervielfältigung – ist auch ein Kennzeichen jener Schlüsselbranche, die heute alle anderen durchdringt und sie sich teilweise unterwirft: der digitalen Ökonomie. Das Gut, mit dem die digitale Wirtschaft handelt, ist digitale Information, und digitale Information hat genau die Eigenschaften, die wir beschrieben haben: Es kann einiges kosten, Daten zu bekommen oder Software für spezielle Anwendungen zu programmieren, ihre Vervielfältigung hingegen kostet fast nichts mehr.

Nun sind die Kosten zum Programmieren einer Textverarbeitungssoftware oder eines Betriebssystems natürlich nicht annähernd mit den Kosten vergleichbar, die ein Mobilfunkanbieter stemmen muss, um ein größeres Land mit Funkmasten auszustatten, von dem Aufwand zur Bereitstellung eines Schienennetzes oder flächendeckender Elektrizität ganz zu schweigen. Das Kapitalminimum scheint in der digitalen Wirtschaft auf den ersten Blick niedrig zu sein. Was also hält junge Unternehmen davon ab, auch die bereits etablierten Märkte der digitalen Ökonomie immer von Neuem aufzumischen?

Der Netzwerkeffekt

Tatsächlich gibt es einen anderen Faktor, der eine viel wirkungsvollere Eintrittsbarriere für neue Marktteilnehmer darstellt als hohe Kapitalerfordernisse und der den Trend zur Monopolisierung massiv beschleunigt: den sogenannten Netzwerkeffekt. Darunter versteht man, dass bestimmte Güter oder Dienste umso attraktiver werden, je mehr Menschen sie bereits nutzen.

Es verhält sich also genau umgekehrt als in den meisten anderen Bereichen: Wenn allzu viele Leute einen bestimmten Turnschuh kaufen wollen, steigt der Preis, und dann sinkt die Nachfrage. Übervolle Strände sind eher ein Grund, in einen bestimmten Badeort nicht mehr zu fahren. Und auch ein überfülltes Kaufhaus lädt eher nicht zur Shoppingtour ein. Je mehr Anbieter hingegen auf einem bestimmten Online-Portal ihre Produkte anbieten, desto attraktiver wird es für uns, unsere Einkäufe über dieses Portal zu erledigen. Und je mehr Kunden ein Portal hat, desto weniger Anbieter können es sich leisten, auf diesem Portal nicht präsent zu sein, auch wenn es ihnen äußerst unvorteilhafte Bedingungen aufzwingt. Eine Dynamik, die sich selbst verstärkt, bis am Ende ein Monopol erreicht ist.

Über Nacht ein Weltkonzern

Digitale Unternehmen können zudem extrem schnell wachsen, weil zusätzliche Kunden nahezu nichts kosten. Das ist ein weiterer entscheidender Unterschied zur übrigen Wirtschaft. Ein Unternehmen das einen top-innovativen Fahrradhelm auf den Markt bringt – sicher, leicht, mit Gesichtsairbag und anderen Finessen – und sich vor Nachfrage kaum retten kann, wird dennoch nicht über Nacht den gesamten europäischen oder gar noch den amerikanischen Markt versorgen. Die Vergrößerung der Produktionskapazitäten kostet Zeit und viel Geld, das zunächst einmal aufgebracht werden muss. Lieferbeziehungen müssen aufgebaut, Absatzmärkte erschlossen werden. In der digitalen Welt mag die Anfangsinvestition hoch sein, die Vervielfältigung dagegen ist fast kostenfrei, und dank Internet ist auch der Vertrieb über den gesamten Globus die Frage eines Mausklicks. Ein Unternehmen kann also faktisch über Nacht einen Milliardenmarkt bedienen. Hat es sich als Anbieter auf einem bestimmten Feld etabliert, ist es dann wegen des Netzwerkeffektes kaum noch zu verdrängen.

Selbstverstärkend: Windows' Siegeszug

Eine Software etwa kann ohne Qualitätsverlust unendlich oft heruntergeladen werden. Wenn sie dann noch die Spezifik besitzt, umso nützlicher zu werden, je mehr Menschen sie benutzen, muss es ihr nur gelingen, durch Qualität oder durch Tricks und starke Partner eine kritische Größe am Markt zu erreichen. Ab dann wird das Wachstum selbstverstärkend und Wettbewerber sind zunehmend chancenlos. Schon der Siegeszug von Windows hatte viel mit diesem Effekt zu tun. PCs waren von Beginn an nicht nur bessere Schreibmaschinen, sondern auch Mittel der digitalen Kommunikation. Wer Texte oder Bilder mit anderen austauschen wollte, brauchte eine Software, die kompatibel war mit der Software möglichst vieler Nutzer.

Dank Kooperation mit IBM war Windows auf vielen Computern vorinstalliert, der Rest war Selbstlauf. Bereits im Jahr 2000 hatte Microsoft bei PC-Betriebssystemen einen globalen Marktanteil von über 90 Prozent. Und wer das Betriebssystem kontrolliert, hat dann natürlich auch den ersten Zugriff auf sämtliche Anwendungen, vom Textprogramm bis zum Media Player. Dass ein Unternehmen auf diese Weise schnell knapp 100 Milliarden Dollar Umsatz bei einer Umsatzrendite von 25 bis 33 Prozent erreicht, ist nicht erstaunlich.

Digitale Riesen

Erst mit dem Entstehen einer neuen Klasse von Geräten, der Tablets und Smartphones, war das Rennen wieder offen. Hier nützte Microsoft sein PC-Monopol wenig, und es konnte sich am Ende auch keine relevanten Marktanteile sichern. Stattdessen hat sich hier ein Duopol von Apples iOS und Googles Android etabliert, und die einzige offene Frage ist, ob es einer Seite noch gelingt, die andere gänzlich auszuschalten. Programme jedoch, die nicht mit mindestens einem der beiden kompatibel sind, will heißen: die sich nicht ihren Geschäftsbedingungen unterordnen und sie mitverdienen lassen, haben auf dem Markt für Smartphone-Anwendungen heute keine Perspektive mehr.

Die gleiche Dynamik hat Facebook groß gemacht. Wer über ein soziales Netzwerk mit anderen kommunizieren will, sucht sich eins aus, bei dem schon viele seiner Freunde sind. Nicht anders Apple: Je mehr iPhones und Tablets mit Apples Betriebssystem iOS in Umlauf sind, desto mehr Firmen bezahlen Steve Jobs' einstiges Unternehmen dafür, über eine App die eigenen Dienste anbieten zu können. Für Android gilt das Gleiche. Amazon hat die kritische Marktschwelle über den Online-Buchhandel erreicht – seither kennt das Wachstum keine Grenzen mehr. Googles Algorithmus lebt davon, dass die Suchmaschine von Milliarden Menschen angewandt wird und so immer mehr Daten verarbeitet; die Speicherung und Auswertung dieser Daten wiederum treibt die Werbeeinnahmen hoch. Immerhin 10 Prozent aller global getätigten Werbeausgaben fließen mittlerweile an dieses eine Unternehmen, dessen Suchmaschine einen globalen Marktanteil von 90 Prozent besitzt.

Freiheit von Wettbewerb

Es mag jemand einen gewiefteren (oder auch: einen objektiveren) Suchalgorithmus austüfteln, er käme gegen Google nur an, wenn in kürzester Zeit Milliarden Nutzer zu ihm wechseln würden. Selbst die Internetriesen Microsoft und Facebook gemeinsam haben das nicht geschafft. Umgekehrt ist Google allerdings auch daran gescheitert, Facebook mit seinen 70 Prozent Marktanteil bei sozialen Netzwerken mit Google Plus ernsthaft Konkurrenz zu machen. Unter diesen Bedingungen kann man den Glauben, ein cleverer Garagenbastler der Zukunft könnte solche Monopole knacken, die noch nicht einmal die kapitalmächtige Monopolistenkonkurrenz aufbrechen konnte, getrost ins Reich der Mythen verweisen.

Ruhe vor störenden Wettbewerbern genießt Google übrigens längst nicht nur für seine Suchmaschine. Eine typische Frage, wenn Gründer ihre Ideen im Silicon Valley bei Investoren präsentieren, lautet: Engagiert sich Google bereits auf diesem Feld? Wird das mit Ja beantwortet, winken die Geldgeber ab. Wo Google ist, wächst kein Gras mehr. Bringt ein Unternehmen eine erfolgreiche Anwendung auf den Markt, die Google noch nicht im Repertoire hat, wird es irgendwann einfach aufgekauft. Der viel gefeierte Wagniskapitalmarkt im Silicon Valley beruht ja vor allem auf dieser Perspektive: junge Unternehmen mit erfolgreichen digitalen Geschäftsideen in fünf bis zehn Jahren an eines der großen Imperien weiterzuverkaufen. So werden die Großen immer größer.

Die Wettbewerbsfreiheit der digitalen Welt ist also die Freiheit von Wettbewerb. Das liegt nicht an fiesen Managern in den Konzernspitzen, sondern an der Grundstruktur digitaler Informationsgüter. Der Markt ist eine Technik, die eine effiziente Verteilung bewirkt, wenn viele Nachfrager um knappe Ressourcen konkurrieren und viele Anbieter Produkte bereitstellen. Digitale Information, die Ressource der digitalen Welt, ist von Natur aus nicht knapp, sondern kann, einmal vorhanden, beliebig vervielfacht werden. Einen Markt für digitale Information kann es deshalb nur bei künstlicher Verknappung geben.

Die Datenkraken

Das ist nicht ganz leicht und schränkt außerdem den Kreis der Nutzer ein. Sehr schnell haben die digitalen Unternehmen begriffen, dass es wesentlich profitabler ist, die entwickelte Software beziehungsweise den Zugang zum eigenen Online-Angebot kostenfrei zur Verfügung zu stellen. Googles Suchmaschine oder Gmail kostet die Nutzer nichts, ebenso wie die Registrierung bei Facebook. Bei Apple bezahlen wir die Hardware, die iPhones und Tablets, die Software gibt's frei Haus dazu. Das Geschäftsmodell all dieser Firmen ist, über ihre Dienstleistung ein Datenmonopol zu bekommen: den Zugriff auf Trillionen von Daten über unsere Vorlieben, Interessen und Kaufgewohnheiten, über unseren Freundeskreis, unsere Fitness oder unsere Mobilität, die auf den unternehmenseigenen Servern gespeichert und anschließend für unterschiedliche Zwecke von Algorithmen ausgewertet werden können.

Mit dieser Information, über die der Datenmonopolist ganz allein verfügt, lassen sich die wesentlich lukrativeren Geschäfte machen. Als der junge Wiener Jurist und Datenschutzaktivist Max Schrem Facebook wegen Verstoßes gegen das europäische Datenschutzrecht verklagte, erreichte er 2011, dass der Konzern die Akte mit den Daten, die er über ihn gespeichert hatte, herausgeben musste. Es war eine PDF-Datei, die ausgedruckt 1222 Seiten umfasste.

Orwell im Netz

Verwerten lassen sich solche Daten unter anderem, indem man kundenspezifische Werbeplätze verkauft. Das mag noch vergleichsweise harmlos erscheinen. Wer einmal einen Strampler kauft, wird fortan mit Werbung für Kindernahrung und Spielzeug genervt. Wer einem Freund, der ein begeisterter Kraftsportler ist, ein Trainingsgerät schenkt, hat fortan alle Sportgerätehersteller und außerdem vielleicht noch die Produzenten von Energy Drinks und Fitnesstabletten am Hals. Das mag lästig sein, aber es ist nicht tragisch.

Es geht aber um weit mehr. Es geht – und hier hört die schöne Konsumwelt auf und fängt Orwell an – auch um die Erstellung von Profilen: Profilen von speziellen Marktstrukturen (wer A kauft, wird sich mit hoher Wahrscheinlichkeit drei Monate später für B interessieren), Profilen von Kundengruppen oder eben Profilen konkreter Personen. Solche Profile lassen sich aus der Auswertung der unendlich vielen über uns gespeicherten Daten – der Spuren, die wir bei jeder Recherche im Internet hinterlassen, der Daten, die unsere Smartphones, Tablets oder Fitnessuhren ständig an die Server der Betreiber funken, des Inhalts unserer Clouds und unseres Mailverkehrs, unserer Facebook-Posts, unserer Online-Käufe – mittels leistungsfähiger Algorithmen immer detaillierter erstellen.

Die Überwachung brächte es zur Perfektion, wenn die verschiedenen Datenkraken kooperieren und ihre Datenpools zusammenführen würden. Aus diesem Grund versucht jeder von ihnen, seine Fühler in immer neue Bereiche auszustrecken. Folgerichtig interessiert sich Google für Thermostate und unsere Hauselektronik und Google und Apple kämpfen um die Hoheit über die Software in unseren Autos.

Ubers Seitensprung-Statistik

Einfache Versionen solcher Profile werden schon heute im Internet von diversen Anbietern genutzt, um unterschiedlichen Kunden ein und dieselbe Sache zu unterschiedlichen Preisen anzubieten. Das ist vor allem dann unerfreulich, wenn irgendein Algorithmus Sie als Besserverdiener identifiziert hat. Dann müssen Sie nämlich für das gleiche Flugticket oder die gleiche Hotelbuchung tiefer in die Tasche greifen als beispielsweise Ihr Nachbar, der mit einem alten Computer ins Netz geht und auch ansonsten bisher nicht durch extravagante Wünsche aufgefallen ist.

Für Personenprofile, und hier wird es wirklich spannend, interessieren sich natürlich auch Versicherungsunternehmen, Kreditinstitute, potentielle und aktuelle Arbeitgeber, und nicht zu vergessen: die Geheimdienste. Als der Internet-Taxidienst Uber die Öffentlichkeit vor einiger Zeit mit einer Statistik über die Häufigkeit von Seitensprüngen in bestimmten Straßenzügen amerikanischer Großstädte überraschte, fanden das viele gar nicht lustig. Und spätestens wenn einem der Kredit verweigert wird, weil irgendein Algorithmus aus dem Freundeskreis, den man bei Facebook hat, die falschen Schlüsse zieht, hört der Spaß auf.

Handelsmonopole und abhängige Produzenten

Aber die Datenkraken speichern nicht nur alles über unser Leben. Sie haben auch eine zunehmende Macht gegenüber den eigentlichen Produzenten der Güter und Leistungen. Zum großen Vorteil von Handelsplattformen wie Amazon oder dem Store von Apple gehört etwa, dass nur sie über die Daten beider Seiten des Marktes verfügen. Nur sie kennen alle Parameter der Anbieter und alle Kontakt-, Konsum- und Bezahldaten der Kunden. Hersteller und Käufer haben dagegen keinerlei Kontakt mehr zueinander.

Je größere Teile des Handels sich aufs Internet verlagern und je höher die Relevanz einer Handelsplattform ist, desto brutaler kann sie diese Macht ausnutzen und einen wachsenden Teil der Wertschöpfung für sich abzweigen. Wir haben die Konzentration im deutschen Lebensmitteleinzelhandel erwähnt und die Abhängigkeit der Zulieferer. Aber in der analogen Welt gibt es immerhin noch verschiedene große Ketten. Im Internet läuft die Entwicklung in schnellen Schritten auf ein Monopol von Amazon hinaus, neben dem in Zukunft nur noch Spezialanbieter bestehen dürften. Damit wird die Abhängigkeit und Auslieferung total.

Die Folgen solcher Machtkonzentration kann man bereits heute bei Apple besichtigen. Bei Apples iTunes und im AppStore entscheidet Apple, was auf den Markt kommt. Apple koppelt alles an die eigene Software. Apple bestimmt, was in seinem Store an welcher Stelle platziert wird. Und nur Apple weiß, wer die Käufer sind. So entsteht ein extremer Grad an Abhängigkeit des Herstellers vom Händler. Für Letzteren zahlt sich das aus. Apple kassiert für seine »Vermittlung« 30 Prozent des Umsatzes als Provision, obwohl das Unternehmen im Unterschied zu einem normalen Warenhaus weder Miete noch Heizung noch Gehälter für Verkäufer und Berater zu bezahlen hat.

Internet der Dinge: vernetzte Wertschöpfung

Eine ähnliche Schlüsselstellung – und einen ähnlichen Trend zum Monopol – hat die Infrastruktur des *Internets der Dinge*. Es ist absehbar, dass der Durchfluss von Material und Vorleistungen in Zukunft über Unternehmensgrenzen hinweg von digitalen Netzwerken gesteuert wird. Die Hersteller produzieren dann nicht mehr für einen anonymen Markt, sondern Zeitpunkt und Umfang der Nachfrage wird erfasst, bevor die Produktion beginnt. In der Möbelbranche ist das teilweise schon heute so: Erst wird bestellt, dann produziert, was für den Kunden den Vorteil hat, die genauen Maße mitbestimmen zu können.

Der größte europäische Stahlhändler Klöckner hat vor einiger Zeit eine digitale Handelsplattform gegründet, um die Nachfrage nach Stahlröhren zu ermitteln, bevor die Produzenten überhaupt an die Fertigung gehen. So will Klöckner die kostspielige Lagerung der Röhren umgehen. Für Klöckner verringert sich dadurch das Geschäftsrisiko. Insgesamt kann die Digitalisierung die Effizienz der Produktion erhöhen, weil sie dafür sorgt, dass weniger Überschuss produziert wird, der am Ende keinen Abnehmer findet.

Ungebremst wachsende Speicherkapazität

Die ungebremst wachsende Kapazität digitaler Speicher wird es in Zukunft erlauben, alle Produkte mit Sensoren zu versehen und so ständig den Warenbestand und den Verarbeitungsgrad aller Materialien, Vorleistungen und Fertigprodukte zu erfassen. Das letzte Glied in dieser Kette wären dann die digital vernetzten Kühlschränke, Milchkartons, Kaffeemaschinen, Autoreifen oder auch Zahnbürsten, die sich eigenständig melden, bevor sie leer oder abgenutzt sind, und Nachschub ordern.

Auch die Stahlhandelsplattform der Zukunft könnte dann zu jedem Zeitpunkt auf ein Netz solcher Sensoren zugreifen. Jeder Stein auf jeder Baustelle wäre mit ihr verbunden, und so könnte ein Algorithmus vorausschauend berechnen, wann die Stahlträger der zweiten Etage benötigt werden. Er würde dann den Bedarf an die Handelsplattform melden, diese würde alle Anforderungen einer Region zusammenfassen und die Stahlwerke daraufhin zu einer Auktion einladen. Stahl würde also bestellt und verkauft, bevor er produziert wird, und jede Tonne Stahl, die ein Unternehmen verarbeitet, hätte ihren im Voraus bekannten Einsatzort.[61]

Dumping-Druck

Märkte würden dann allenfalls noch an den Schnittstellen eine Rolle spielen, wo die Auftragsvergabe zur Herstellung der einzelnen Bauteile erfolgt. Dort würde sich die Konkurrenz erheblich verschärfen, weil nahezu alle Unternehmen einer Branche gegeneinander bieten können, während heute tradierte Lieferbeziehungen eine wichtige Rolle spielen. Wenn am Ende gar ein Algorithmus über den Zuschlag entscheidet, wird es nur ein Kriterium geben: den niedrigsten Preis. Die Abhängigkeit von der digitalen Plattform und der erhöhte Konkurrenzdruck hätten damit zweifellos zur Folge, dass die Hersteller deutlich weniger verdienen als heute.

Ein Dumping-Wettbewerb mit sinkenden Löhnen und Unternehmenspleiten ist nicht unwahrscheinlich. Die Zahl der Wettbewerber würde sich so weiter reduzieren und es dürfte auch noch mehr unternehmensübergreifende Kooperationen geben. Märkte hätten so in der gesamten Wertschöpfungskette noch weniger Raum als heute schon.

Revival der Planwirtschaft?

Heißt das, dass die alte Planwirtschaft, die in den neunziger Jahren nahezu jeder für gescheitert hielt, ihr Revival in einer modernisierten Hochtechnologievariante vorbereitet? Ganz sicher nicht. Denn trotz aller modernen Euphorie über die Potentiale des »Internets der Dinge« sollte man bedenken: Das Modell funktioniert letztlich nur bei standardisierten Produkten, die viele Hersteller in nahezu gleicher Qualität anbieten. Sobald es um Hochtechnologie und komplizierte Bauteile geht, wird kaum ein Unternehmen die Auswahl seiner Lieferanten einer digitalen Plattform und deren Algorithmus überlassen wollen.

Das Gleiche gilt letztlich auch für Konsumenten: Es mag ja sein, dass die ihren eigenen Nachschub bestellende Milchpackung oder Staubsaugertüte Anhänger finden wird. Aber wer will schon, wenn der Kühlschrank kaputt ist, automatisch vom gleichen Hersteller den neuen geliefert bekommen? Oder einem Algorithmus übertragen, das aktuell preisgünstigste Modell automatisch zu ordern?

Trotz dieser Einschränkungen wird die digitale Vernetzung der Wertschöpfung eine immer wichtigere Rolle spielen. Deshalb wird es zu einer Schlüsselfrage, wer diese Netze kontrolliert und ob sie in falsche Hände fallen. Weil alle Daten über Verarbeitung und Verbrauch letztlich auf möglichst wenigen, im besten Fall auf einer einzigen standardisierten Plattform zusammenlaufen müssen, gibt es auch hier extreme Netzwerkeffekte. Und aktuell befinden sich die Datenkraken Google und Apple in der aussichtsreichsten Startposition, um die Plattform für das »Internet der Dinge« bereitzustellen. Zumindest den Zugang zum Konsumenten haben sie heute schon weitgehend in der Hand.

Datenmonopol und Weltherrschaft

Wenn wir dieses Netz allerdings renditeorientierten Datenmonopolisten überlassen, wird das für uns alle dramatische Folgen haben. Die zentrale Infrastruktur für die industrielle Produktion im 21. Jahrhundert zu kontrollieren bedeutet nicht weniger, als wenn einem privaten Unternehmen im 20. Jahrhundert das gesamte weltweite Netz an Schienen und Straßen, die Hoheit über Luft und Wasser sowie die Telekommunikation übertragen und es mit der Vollmacht ausgestattet worden wäre, nicht nur jeden, der fliegen, fahren oder verschiffen will, mit einer Gebühr zu belegen, sondern eigenmächtig darüber zu entscheiden, wer die Straßen und Schienen benutzen, die Weltmeere befahren und seine Güter durch die Lüfte transportieren darf und wer nicht.

Ein solches Unternehmen wäre in der Lage, die Wertschöpfung der Weltwirtschaft in einem Maße auf das eigene Gewinnkonto umzulenken, dass die schlimmsten »Räuberbarone« des 19. und 20. Jahrhunderts im Vergleich dazu als Waisenknaben erscheinen. Die leistungslose Abzocke mächtiger Monopolisten, die selbst nichts produzieren, hätte damit endgültig den Leistungswettbewerb der Produktiven abgelöst, mit allen negativen Konsequenzen für die Güte der Produkte und unser aller Wohlstand.

Politische Meinungsmacht

Letztlich geht es noch um weit mehr als um Marktmacht und gnadenloses Geldverdienen. Es geht um die hochpolitische Macht über Informationen im Informationszeitalter, um die Macht, darüber entscheiden zu können, welche Nachrichten wie viele Menschen erreichen und ob bestimmte Wahrheiten oder Lügen Verbreitung finden oder nicht.

Die Reihung bei Google News entscheidet für viele Menschen darüber, von welchen Neuigkeiten sie erfahren und was außerhalb ihres Blickfeldes bleibt. Das ist eine ziemlich wichtige Frage, denn ob jemanden diese oder jene Informationen erreichen, ist ein wesentlicher Faktor der Meinungsbildung. Selbstverständlich ist auch vielen klassischen Medien der Vorwurf zu machen, dass sie Information selektieren, um Meinungsbildung zu beeinflussen. Und natürlich ist die politisch motivierte Lüge und ihre Verbreitung kein neues Phänomen der digitalen Medien, man denke nur an Colin Powels Präsentation »untrüglicher Bildbeweise« für die Existenz irakischer Massenvernichtungswaffen vor dem UN-Sicherheitsrat, eine Lüge, die von vielen Journalisten kritiklos weitergegeben wurde. Aber im Bereich des seriösen Journalismus gibt es immerhin noch eine gewisse Vielfalt und Pluralität. Ob ein Artikel in der *FAZ* oder im

Spiegel gedruckt oder nicht gedruckt wird, ist für die Meinungsbildung einiger hunderttausend Leser bedeutsam, aber ob ein Artikel bei Google News ganz oben oder gar nicht erscheint, hat in Bezug auf die Reichweite eine ungleich größere Relevanz.

Dabei besteht das Problem keineswegs nur darin, dass der Google-Algorithmus, der über die Reihung entscheidet, zunehmend individualisiert wird, also dazu tendiert, jedem Betrachter das ihm eigene Weltbild zu bestätigen. Das Entscheidende ist, dass der Algorithmus völlig intransparent und die Reihung daher jederzeit manipulierbar ist, im harmlosesten Fall nach Werbeausgaben und unter kommerziellen Kriterien, im weniger harmlosen nach politischen Interessen.

In noch höherem Maße als für Google gilt das Gesagte für Facebook und Twitter. In der Anfangsphase hatten sich beide Firmen als ungewöhnlich demokratische Informationsmedien etabliert, über die jeder Bürger und jede Organisation bei entsprechender Resonanz ein Millionenpublikum erreichen konnte, unabhängig von klassischen Medien, eigenem Geld oder staatlicher Zensur, sofern sie nicht so weit ging, die Seiten von Twitter oder Facebook selbst zu blockieren. Insbesondere Facebook wurde daher von vielen oppositionellen Bewegungen zur Kommunikation und Vernetzung genutzt, gerade in wenig freiheitlichen Regimen mit starker Pressezensur, aber nicht nur dort. Die Kehrseite dieser zunächst weitgehend unkontrollierten Form öffentlicher Meinungsäußerung im Schutz der Anonymität bestand darin, dass sie auch von rechtsradikalen, faschistoiden und kriminellen Organisationen für ihre Zwecke eingespannt werden konnte.

Unter anderem die ungefilterte Verbreitung von Hassbotschaften übelster Couleur bot den willkommenen Vorwand, um die demokratische Frühphase zu beenden. Inzwischen hat Facebook die Reichweite öffentlicher Seiten erheblich eingeschränkt und bereits in mehreren Ländern ein Modell getestet, in dem nur noch bezahlte Inhalte die Follower erreichen. Alles andere wird in eine Blackbox ohne Aufmerksamkeit verbannt. Macht dieses Modell Schule, führt es dazu, dass nur noch bezahlte Propaganda bei den Nutzern auftaucht, ein, wie SPON richtig feststellt, »Rezept für politische Manipulation mit Gelinggarantie: Wer am meisten investiert, kann seine nachrichtliche Deutung der Welt zur vorherrschenden in sozialen Medien machen.«[62]

Am längsten Hebel in der Manipulationsmaschine sitzt allerdings Facebook selbst. Denn auch bei bezahlten Inhalten entscheidet letztlich ein undurchschaubarer Algorithmus – oder eben direkte Einflussnahme des Unternehmens – wem und wie vielen sie angezeigt werden. Auch häufen sich Berichte über die willkürliche Löschung ganzer Accounts oder das intransparente Verschwinden von Followern auf politischen Seiten. Dass die Politik sich – sei es aus Unverstand, sei es aus Käuflichkeit – durch Gesetze wie das »Netzwerkdurchsetzungsgesetz« in Deutschland, das Facebook und Twitter verpflichtet, »rechtswidrige Inhalte« binnen 24 Stunden zu löschen, zum Trottel und Helfershelfer der willkürlichen Einflussnahme der Internetkonzerne macht, ist besonders traurig. Bisher zumindest gehörte es zu den elementaren rechtsstaatlichen Grundsätzen, dass über die Frage, was rechtswidrig ist und was nicht, Gerichte entscheiden und nicht private Unternehmen.

Wenn man bedenkt, dass Facebook weltweit 2,1 Milliarden Nutzer hat und von dem Netzwerk allein in Deutschland 31 Millionen Menschen erreicht werden, viele von ihnen täglich, kann man abschätzen, welch ungeheure Meinungsmacht sich hinter der Fähigkeit zur Bevorzugung oder Degradierung von Informationen in einem Medium solcher Reichweite verbirgt. (Zum Vergleich: Die öffentlich-rechtlichen Abendnachrichten erreichen im Schnitt um die 5 Millionen Menschen.) Eine solche Meinungsmacht ist hochpolitisch. Sie einem privaten Unternehmen zu überlassen, statt das demokratische Potential sozialer Medien transparent durch öffentlich-rechtliche Angebote für alle nutzbar zu machen, ist ein unglaubliches gesellschaftliches Versagen.

Zumal Facebook und Twitter ebenso wie Google keineswegs politisch neutrale Firmen sind, denen es nur ums Geldverdienen ginge. Es sind vielmehr Unternehmen mit engsten Verbindungen ins wirtschaftliche und politische Establishment der Vereinigten Staaten, deren Kooperation mit dem Nachrichtendienst NSA ebenfalls kein Geheimnis ist.

Oligarchie mit unbegrenzter Korruption

Noch können die Weichen anders gestellt werden. Aber wir müssen es bald tun, und wir sollten nicht glauben, dass der Markt das für uns erledigt. »Der Informationskapitalismus ist so wenig in der Lage, sich selbst zu regulieren, wie der Finanzmarktkapitalismus«,[63] schreibt die Big-Data-Unternehmerin und Expertin für künstliche Intelligenz Yvonne Hofstetter. Tatsächlich sind die Internet-Giganten ähnlich einflussreich wie die großen Finanzhaie oder die Global Player der Industrie. Sie alle haben Mittel und Wege, sich die Politik zu kaufen, die ihnen nützt.

Die Staatsform, die aus einer Wirtschaft erwächst, in der wichtige Märkte von wenigen privaten Großunternehmen oder gar von mächtigen privaten Monopolisten beherrscht werden, ist nicht die Demokratie, sondern die Oligarchie. Der frühere amerikanische Präsident Jimmy Carter hat die USA als »Oligarchie mit unbegrenzter politischer Korruption« bezeichnet. Der Mann weiß, wovon er spricht. Die Diskrepanz zwischen demokratischem Anspruch und konzernhöriger Politik ist in Europa allerdings nicht geringer und auf der Ebene der Brüsseler Institutionen sogar besonders groß. Wer eine demokratische Gesellschaft will, muss den »Räuberbaronen«, die sich heute die Staaten unterworfen haben, die Macht nehmen. Wie das funktionieren kann, werden wir im zweiten Teil des Buches erläutern.

Die sichtbare Hand des Staates

Milton Friedman, der Kopf der Chicagoer Schule und einer der wichtigsten Theoretiker des Neoliberalismus, beschreibt den Kapitalismus so, wie ihn viele noch heute sehen: Er stehe für das »Modell einer Gesellschaft, die durch das Mittel des freiwilligen Austausches organisiert wird«.[64] Dass der Kapitalismus Wohlstand erzeuge, sei allein »Folge der Initiative und des Unternehmungsgeistes von Einzelnen«. Staatliche Maßnahmen hätten diese Entwicklung immer nur behindert. Milton Friedman ist ein frühes Beispiel für jenen Realitätsverlust, an dem große Teile der ökonomischen Zunft bis heute leiden.

Ganz im Gegensatz zum beliebten Kontrastieren von Markt und Staat bediente sich der Kapitalismus von Beginn an staatlicher Machtmittel. Er wäre ohne aktive Eingriffe des Staates nie entstanden und hätte sich ohne dessen tatkräftige Unterstützung nicht entwickeln können. »Der Kapitalismus triumphierte nur dann, wenn er mit dem Staat identifiziert wurde, wenn er der Staat war«,[65] schreibt der französische Wirtschaftshistoriker Fernand Braudel. Er verweist darauf, dass schon die frühkapitalistischen Kaufleute »Freunde der Fürsten und Nutznießer des Staates«[66] waren und auch darauf ihre Überlegenheit gegenüber anderen, weniger privilegierten Marktteilnehmern beruhte.

An dieser engen Verbindung von großen Unternehmen und staatlicher Macht hat sich bis heute nichts geändert. Tatsächlich besteht der Unterschied zwischen reichen und armen Ländern weit weniger darin, dass die einen erfindungsreichere Unternehmer oder fleißigere Arbeiter haben als die anderen, sondern vor allem darin, dass die einen über funktionierende Staaten verfügen, die bereitstellen können, was eine kapitalistische Wirtschaft für Wachstum und hohe Gewinne braucht, während schwache Staaten dazu nicht in der Lage sind. Das betrifft zum einen staatliche Leistungen auf nationaler Ebene – von Bildung und Forschung über Infrastruktur bis zur Rechtssicherheit. Mindestens ebenso wichtig ist aber der staatliche Einsatz auf internationalem Parkett. Hier geht es vor allem um die Fähigkeit, um Rohstoffe und Absatzmärkte mit Geld, Diplomatie und im Notfall auch mit militärischen Mitteln zu kämpfen.

Krieg, Handel und Piraterie

Letzteres hat bereits in der frühkapitalistischen Ära eine entscheidende Rolle gespielt. »Krieg, Handel und Piraterie, dreieinig sind sie, nicht zu trennen«,[67] wusste schon Goethe und lässt Faust als Unternehmer auf diesen Prinzipien und mit Mephistos Hilfe seinen Weltkonzern aufbauen. Tatsächlich war der Kapitalismus vom Tag seiner Entstehung an global. So gesehen ist die Globalisierung nichts Neues. Kapitalismus und internationaler Handel gehörten immer zusammen, und entsprechend wichtig war die Beherrschung der globalen Handelsrouten, was wiederum vor allem eine Frage der militärischen Kapazitäten war.

Bereits die Machtverschiebung vom Mittelmeerraum nach Nordeuropa als Zentrum des Welthandels hatte wenig mit Markt und Wettbewerb und viel mit nackter Gewalt zu tun. Seit etwa 1570 wurde die mediterrane Welt ständig von nordeuropäischen Schiffen und Kaufleuten attackiert, bedrängt und geplündert. Die weltweit erste Aktiengesellschaft war die niederländische »Vereinigte Ostindische Kompanie« (VOC), die im Jahr 1602 ins Leben gerufen wurde. Bei ihr wie auch bei anderen im 17. Jahrhundert zum Zweck des Kolonialhandels gegründeten Handelsgesellschaften war der Übergang zwischen kapitalistischem Geschäft und Kriegsführung fließend. Es soll Jahre gegeben haben, in denen die VOC den größten Teil ihrer Einnahmen nicht aus dem Warenhandel, sondern aus dem Kapern konkurrierender Schiffe bezogen hat. Dass die Nordeuropäer schließlich über die einst blühenden Städte des Mittelmeerraums triumphierten, hing vor allem damit zusammen, dass es ihnen dank einer überlegenen Flotte mit Soldaten und Kanonen gelungen war, die Kontrolle über die wichtigsten Handelsrouten zu übernehmen.

Kriegskapitalismus

Die Traumrenditen dieser Handelsgesellschaften beruhten allerdings noch in vielen weiteren Punkten auf der Unterstützung des Staates. Besonders nützlich waren das garantierte Monopol im Fernhandel und die militärischen Einheiten, die ihnen zur Absicherung ihrer Raubzüge in den Kolonien zur Verfügung standen. Sven Beckert bezeichnet diese Frühform des Kapitalismus in seinem lesenswerten Buch *King Cotton*[68] als »*Kriegskapitalismus*«. Was ihn auszeichnete, war nicht Wettbewerb, sondern Gewalt, nicht gesicherte Eigentumsrechte, sondern hemmungslose Enteignung von Land und Arbeitern, nicht Lohnarbeit, sondern Sklaverei. Und für all das brauchten die Frühkapitalisten den Staat und sein Militär.

Sarkastisch weist auch der Wirtschaftshistoriker Karl Polanyi auf die wirtschaftliche Rolle militärischer Gewalt in jenen frühen Tagen der kapitalistischen Ära hin. »Wenn die betreffende Region über reiche Rohstoffvorkommen verfügte, die von den europäischen Fabrikanten benötigt wurden, und keine prästabilierte Harmonie dafür sorgte, dass die Eingeborenen ... plötzlich eine heftige Sehnsucht nach europäischen Waren verspürten«,[69] dann folgte der Handel eben der Kriegsflotte, die die Vorarbeit leisten musste. Völlig anders ist das auch heute nicht. Eine gewisse Portion Kriegskapitalismus trägt der Kapitalismus zu allen Zeiten in sich, wobei die Hemmungslosigkeit, mit der er diese aggressive Seite des Profitinteresses auslebt, von den internationalen Kräfteverhältnissen abhängt.

Insofern ging die Industrielle Revolution in England, anders als das übliche Klischee uns glauben macht, durchaus nicht in erster Linie auf freies Unternehmertum und freie Märkte zurück. Im Gegenteil: Es hätte sie nicht gegeben ohne das durch den Kriegskapitalismus geschaffene Netz internationaler Handelsrouten unter britischer Vorherrschaft, ein Netz, in dem zunächst mit den Erzeugnissen indischer Weber Sklaven in Afrika gekauft wurden, die dann auf den Plantagen Amerikas schuften mussten, um Agrarprodukte für europäische Verbraucher zu produzieren.

Dieses Handelsimperium stellte gleich drei wesentliche Vorbedingungen für die Industrielle Revolution bereit: Es führte erstens in den Händen britischer Kaufleute und Finanziers zu einer gewaltigen Anhäufung von Kapital, das später in die Industrialisierung investiert werden konnte. Es öffnete zweitens englischen Textilien von vornherein einen internationalen Absatzmarkt, ohne den sich die Fabrikproduktion nicht gelohnt hätte; schon 1800 produzierte die britische Industrie zu zwei Dritteln für den Export. Und es garantierte drittens den kostengünstigen Zugriff auf den entscheidenden Rohstoff der Industrialisierung, die Baumwolle, zunächst in Indien, später dann auf den Sklavenplantagen Amerikas. Dadurch wurde verhindert, dass die explodierende Baumwollnachfrage zu einer erheblichen Verteuerung führte, was die Dynamik der Industrialisierung ausgebremst hätte.

Der Staat sorgt für billige Arbeitskräfte

Allerdings erschöpfte sich die Rolle des britischen Staates nicht in der Bereitstellung der Kriegsflotte zur Absicherung der Rohstoffversorgung, der Handelsrouten und der Sklaverei. Er wirkte auch im Inland aktiv an der Industrialisierung mit. Das betrifft den Bau von Straßen und Kanälen und später dann von Bahntrassen und Telefonleitungen. Das betrifft die juristische Absicherung der Eigentumsverhältnisse und die legalisierte Privatisierung von Gemeindeland, die Teile der dörflichen Bevölkerung entwurzelte. Es betrifft die besonders brutalen britischen Armengesetze, die mittellosen Familien jede Unterstützung verweigerten und Bettelei drakonisch bestraften, ebenso wie die langjährige Unterdrückung gewerkschaftlicher Organisationsversuche.

All das hat dafür gesorgt, der Industrialisierung jenes billige und stetig wachsende Reservoir an Arbeitskräften zur Verfügung zu stellen, das sie für ihre Fabrikhöllen brauchte. Eine wichtige Rolle spielte der Staat auch beim protektionistischen Schutz der entstehenden englischen Textilindustrie durch ein komplettes Einfuhrverbot für indische Textilwaren. Erst als die britischen Fabrikanten allen anderen Herstellern auf der Welt überlegen waren, wurde »Freihandel« zur Staatsdoktrin.

Gegenprogramm zum Washington Consensus

Die Industrielle Revolution war also das exakte Gegenprogramm zu den Thesen des Neoliberalismus und des Washington Consensus, mit denen wir heute die Armut in weniger entwickelten Ländern zementieren. Der britische Staat der Industriellen Revolution war kein schwacher, sondern ein starker, äußerst interventionsfreudiger Staat mit hohen Steuern und Schulden, und dieser Staat setzte auch nicht auf Freihandel, sondern auf Schutzzölle und die bedingungslose Unterstützung der eigenen Hersteller, notfalls mittels Krieg und militärischer Intervention.

Die Industrialisierung auf dem europäischen Kontinent und in den USA folgte dem gleichen Muster. Der Grund für die Napoleonischen Kriege war nicht der Dauerzwist mit Preußen und es waren auch nicht die Meinungsverschiedenheiten mit dem russischen Zaren Alexander. Der wahre Grund war der Versuch Napoleons, eine Seeblockade gegen englische Fabrikwaren auf dem europäischen Kontinent durchzusetzen, damit eine eigenständige französische Industrie entstehen konnte. Diese Seeblockade wurde von Preußen und auch von Russland immer wieder unterlaufen. Der Sturz Napoleons war deshalb auch ein herber Rückschlag für die französische Industrie.

Auch die Industrialisierung in Deutschland oder in den USA fand hinter hohen Zollbarrieren und mit massiver staatlicher Beihilfe statt. Polanyi weist darauf hin, dass bereits der nationale Markt in vielen Ländern »das Resultat einer bewussten und oft gewaltsamen Intervention von Seiten der Regierung« war und durchaus nicht als »Folge der langsamen und spontanen Emanzipation des ökonomischen Bereichs von staatlichen Kontrollen« entstanden ist.[70]

Unterwerfung durch Freihandel

Aus dem gleichen Grund wurden schon im 19. Jahrhundert militärisch unterlegene Staaten wie China oder Japan zur Unterzeichnung von Abkommen gezwungen, in denen sie sich verpflichteten, ihre Wirtschaft nicht durch Zölle und Handelsbarrieren zu schützen. In der Konsequenz fand dort nahezu keine Industrialisierung statt und die vorhandenen Gewerbe, die mit den industriell hergestellten Importwaren nicht konkurrieren konnten, verkümmerten. China, das lange Zeit zu den reichsten Ländern der Welt gehört hatte, wurde in der ersten Hälfte des zwanzigsten Jahrhunderts zu einem Armenhaus, dessen Wirtschaftsleistung pro Einwohner 1952 niedriger lag als 1820. Der japanische und später auch der chinesische Aufstieg begannen erst, als sie den Freihandel beendeten und ihre jungen Industrien ebenso protektionistisch behüteten und staatlich subventionierten, wie es die Industrieländer einst getan hatten.

Im 20. Jahrhundert wurde die Bedeutung staatlicher Subventionen, staatlicher Forschungsgelder oder auch staatlicher Macht- und Kriegspolitik im Dienste wirtschaftlicher Interessen noch wichtiger. Dabei ging und geht es zum einen unverändert um die Sicherung der Rohstoffbasis der eigenen Wirtschaft, von der Baumwolle im 18. bis zum Öl im 20. und 21. Jahrhundert, für die die Staaten sich bereitwillig mit ihrer Militärmaschinerie ins Zeug legen. Bis heute beruht der Weltmachtstatus der Vereinigten Staaten in erster Linie auf der besonderen Rüpelhaftigkeit und Rücksichtslosigkeit, mit der sie ihren Zugriff auf wichtige Rohstoffe oder die Öffnung von Absatzmärkten wenn nötig auch militärisch durchsetzen.

Reichtum und wirtschaftliche Dynamik in den Industrieländern und den meisten Schwellenländern sind allerdings auch in vielen weiteren Aspekten Ergebnis staatlicher Eingriffe. Jeder dürfte noch gut in Erinnerung haben, wie die Staaten über Nacht Billionen mobilisierten, um ihre wankenden Banken zu stützen. Seither arbeitet das Finanzgewerbe, vor allem die großen, weltweit tätigen Banken, mit einer für sie kostenlosen staatlichen Rückversicherung, ohne die ihr Geschäftsmodell, mit minimalem haftendem Kapital extreme Risiken einzugehen, nicht funktionieren würde. Und auch in anderen Bereichen sorgt der Staat dafür, dass der Gewinn auf der einen, das Risiko und die Haftung auf der anderen Seite auseinanderfallen.

Staatliche Innovation

Mit Kredit- und Exportbürgschaften, mit Kapitalspritzen, Fördermilliarden und eigener Forschungsleistung ist der Staat in nahezu allen Wirtschaftsbranchen präsent, insbesondere dort, wo es um Innovation und das Erreichen oder die Verteidigung technologischer Überlegenheit geht. Vom siliziumbasierten Halbleiter über das Internet bis zum GPS, von bahnbrechenden medizinischen Neuerungen bis zur Nanotechnologie: Es waren nicht private Unternehmen, sondern staatliche Forschungslabore oder mit dem Geld der Steuerzahler finanzierte Entwicklungsprogramme, denen wir die entscheidenden Durchbrüche zu verdanken haben.

Das Silicon Valley war in seiner Frühzeit nichts anderes als eine Außenstelle des Pentagons. Rund um die Militärbasis in San José und das NASA-Forschungszentrum in Mountain View siedelten Unternehmen, die von den Milliardenaufträgen der Rüstungsprogramme im Kalten Krieg lebten. Viele Giganten der digitalen Wirtschaft haben hier ihre Wurzeln, und sie alle haben massiv von staatlicher Unterstützung profitiert. Apple beispielsweise ist alles andere als das Erfolgsprojekt freier Unternehmer, die sich aus eigener Kraft von der Garage zum Weltkonzern hochgearbeitet haben. Das Unternehmen hat vielmehr von Anfang an – über das 1958 für innovative kleinere Unternehmen gegründete staatliche SBIC-Programm – erhebliche finanzielle Mittel vom amerikanischen Staat erhalten, und, was vielleicht noch wichtiger war, es hat äußerst erfindungsreich öffentlich finanzierte Technologien in die eigenen Geräte eingebaut.

Apples staatlich finanzierte Technologien

»Tatsächlich steckt im iPhone nicht eine einzige Technologie, die nicht staatlich finanziert wurde«,[71] schreibt die italienisch-amerikanische Ökonomin Mariana Mazzucato, die als Professorin für Innovationsökonomie an der Universität Sussex lehrt. Sie listet zwölf Schlüsseltechnologien auf, von deren Leistung die iPods, iPhones und iPads leben: Mikroprozessoren, Speicherbausteine, Mikrofestplattenspeicher und Festplattenlaufwerke, Flüssigkristallbildschirme, Lithium-Polymer- und Lithium-Ionen-Akkus, digitale Signalprozessoren, das Internet, http und HTML, Mobilfunk und Mobilfunknetze, die Satellitennavigation (GPS), die Steuerung über Clickwheel, Multi-Touchscreens und die Spracherkennung SIRI. Alle diese Schlüsseltechnologien wurden mit öffentlichem Geld und unter staatlicher Verantwortung entwickelt.

Mazzucato erinnert daran, dass auch der Algorithmus, dem Google seinen Erfolg verdankt, von Leuten ausgetüftelt wurde, die zu dieser Zeit vom Geld der staatlichen National Science Foundation lebten, dass die molekularen Antikörper, die die Grundlage der Biotechnologie-Industrie bilden, in Laboren des staatlichen Medical Research Council (MRC) in Großbritannien entdeckt wurden und dass generell die innovativsten jungen Unternehmen in den Vereinigten Staaten nicht durch privates, sondern durch *staatliches* Wagniskapital finanziert wurden und werden, wie es etwa das Programm Small Business Innovation Research (SBIR) zur Verfügung stellt.

Hoch subventioniert wird in den meisten Ländern, und ganz besonders in den Vereinigten Staaten, auch die Pharmabranche. Das National Institute of Health etwa investiert jährlich mehr als 30 Milliarden Dollar in die medizinische Forschung, mit deren Ergebnissen dann private Pharmafirmen ihre Gewinne dopen können. Seit es erlaubt wurde, auch auf Ergebnisse staatlich finanzierter Forschung private Patente anzumelden, ist dieses Modell besonders lukrativ.

Risikoscheues Kapital

Privates Kapital ist wirklich ein scheues Reh: Es scheut das Risiko und es hat auch nur selten einen langen Atem. Bereiche mit hoher Unsicherheit und längerem Zeithorizont – und damit haben wir es bei echter Innovation immer zu tun – werden gemieden, bis der Durchbruch mit Händen zu greifen ist. Privates Wagniskapital steigt in der Regel erst ein, wenn der Börsengang oder Weiterverkauf des Unternehmens in einem Zeitraum von fünf bis zehn Jahren realistisch erscheint. Wo echte Unsicherheit herrscht, weil es um das Abtasten und Ausloten von Möglichkeiten geht und die Perspektive und wirtschaftliche Verwertbarkeit noch völlig offen ist, wird entweder der Staat als Finanzier tätig, oder neue Ideen haben keine Chance. Der privatwirtschaftliche Innovationsprozess konzentriert sich auf Verbesserungen, Verfeinerungen und Weiterentwicklungen bereits bestehender Verfahren und Produkte, und selbst das, wie wir gesehen haben, mit einem immer kürzeren Zeithorizont.

Blinde Marktgläubigkeit und wachsende Staatsschulden haben indessen weltweit zu einem deutlichen Rückgang staatlicher Aktivitäten geführt. Das betrifft auch den Bereich Forschung und Innovation. Mit dem staatlichen Geld ging, wenig überraschend, auch die Innovationsdynamik der Wirtschaft zurück, zumindest soweit sie grundlegende Neuerungen betrifft.

»Kleinkram aus dem Silicon Valley«

In einem Artikel über »Kleinkram aus dem Silicon Valley« befasste sich das *Handelsblatt* vor einiger Zeit mit der Frage, warum in den USA kaum noch richtungsweisende Erfindungen gemacht werden. Der Autor stellt fest, dass das Land gemessen am BIP heute noch genauso viel für Forschung und Entwicklung ausgibt wie in den sechziger Jahren. Allerdings habe sich die Zusammensetzung der Ausgaben verändert: »In den 1960er Jahren entfielen auf den Staat zwei Drittel der Ausgaben und auf Unternehmen ein Drittel.

Diese Proportion hat sich seitdem umgedreht.« Genau das sei aber das Problem, weil die Ausrichtung staatlicher Forschung zwangsläufig eine andere sei als die privater Unternehmen: »Der Staat hat einen viel längeren Atem. ... Unternehmen gehen kurzfristiger vor, forschen an einer besseren Technik, die sich rasch bezahlt macht. ... Bei allem Glitzer aus dem Silicon Valley: Die hohe Zeit der Innovation Amerikas war 1950 bis 1970. Damals lag die Produktivitätsrate fast doppelt so hoch wie zwischen 1990 und 2010 ...«

Mangels staatlichen Geldes werde kaum noch an »transformierenden Technologien« gearbeitet, also solchen, die wirkliche Umbrüche verkörpern und die wir beispielsweise brauchen, um unser Energieproblem zu lösen. Stattdessen gehe es in erster Linie nur um *incremental technologies*, partielle Verbesserungen, oder sogar um *fake technologies*, um Technik also, die gar keinen Mehrwert stiftet, sich aber trotzdem irgendwie verkaufen lässt. Als positive Ausnahme erwähnt das *Handelsblatt* unter anderem das National Institute of Health, wo tatsächlich noch mit großen Budgets an echten Neuerungen geforscht werde.[72]

In Europa, dessen Establishment noch stärker dazu neigt, an die Theorien des ökonomischen Mainstreams auch selbst zu glauben, statt sie nur als nützliche Rechtfertigung von Interessenpolitik zu begreifen, ist die Lage noch trostloser. Und das liegt nicht an mangelndem Geld. Die EZB druckt Billionen, um damit die Finanzmärkte von einer Blase zur nächsten zu jagen und die Vermögen der reichsten 1 Prozent weiter aufzublähen. Der Gedanke indessen, dieses Geld in eine ernst zu nehmende Innovationsoffensive – von Energie bis Medizin – zu investieren, ist den Verantwortlichen so fremd, dass er noch nicht einmal am Rande eine Rolle spielt.

Industrie ruft nach Vater Staat

So beschweren sich auch deutsche Industriekonzerne immer mal wieder darüber, dass der deutsche Staat sich in puncto Innovation nicht ausreichend ins Zeug legt. Das Loblied auf den Markt, der angeblich alles doch viel besser regelt, ist in diesem Kontext selten zu hören. Der damalige Chef der globalen Forschungsabteilungen des Münchner Siemens-Konzerns und seinerzeit Leiter des Arbeitskreises »Wertschöpfungsorientierte Innovationsstrategien« beim BDI, Reinhold Achatz, legte 2012 zusammen mit Vertretern von Volkswagen, RWE, Bayer, EADS, BASF und anderen deutschen Konzernen ein Papier vor, in dem die Konzernvertreter deutlich mehr staatliches Engagement einfordern.

Andernfalls drohten wichtige Teile der Wertschöpfung aus Deutschland abzuwandern. Denn nur mit aktiver staatlicher Unterstützung ließen sich die bis 2030 absehbaren Umbrüche in der Verkehrs-, Gen-, Nano-, IT- und Kommunikationstechnik sowie in der Energieversorgung bewältigen. Einzelne Unternehmen allein seien »tendenziell nicht mehr in der Lage, ... die entscheidenden Innovationen am Markt durchzusetzen«,[73] so die Industrievertreter. (Vor allem, möchte man ergänzen, wenn sie wie Siemens innovative Ideen gar nicht weiter verfolgen, wenn die mit ihnen verbundene Renditeerwartung unter 16 Prozent liegt ...) Der Staat solle daher gefälligst seiner Aufgabe nachkommen, die Erforschung innovativer Technologien mit Steuermilliarden voranzutreiben und den Großunternehmen das Risiko für Fehlschläge abzunehmen. Außerdem solle die Regierung sich als »Katalysator« betätigen und die Unternehmen zu Kooperationen über Branchengrenzen hinweg bewegen.

Staatsschelte nur als Job der Hofschreiber

Staatsschelte und Markteuphorie sind also eher etwas für die Hofschreiber der Wirtschaft. Wenn es um die eigenen Geschäftsinteressen geht, weiß man, wie nützlich Vater Staat sein kann. Da der Appell allerdings noch nicht ausreichend in der Politik angekommen zu sein scheint, legte Dieter Schweer, Mitglied der BDI-Hauptgeschäftsführung, knapp drei Jahre später noch einmal nach. Mit Blick auf die dürftige Repräsentanz deutscher Unternehmen in den Zukunftsbranchen Internet und Kommunikation forderte er: »Wir brauchen eine stärkere staatliche Unterstützung privater Investitionen in Forschung und Entwicklung.«[74] Ein größerer Anteil der Allgemeinheit an den auf solcher Grundlage erwirtschafteten Gewinnen steht selbstredend nicht zur Debatte.

Die Wirtschaftsfreiheit im Kapitalismus besteht also durchaus nicht darin, den Staat draußen zu halten. Sie besteht vielmehr darin, den Staat so einzuspannen, dass er die Konzerne möglichst umfassend von Risiken und eigener Haftung befreit, ihre Forschung finanziert, ihre Wagnisse subventioniert und sich überhaupt national wie international für ihre Interessen ins Zeug legt. Selbst dann, wenn sie ihn mit freundlicher Unterstützung von Dublin, Luxemburg oder Delaware um einen immer größeren Teil der Gewinnsteuern prellen.

WARUM ECHTE UNTERNEHMER DEN KAPITALISMUS NICHT BRAUCHEN

Was ist Kapitalismus? Die Frage ist nicht so trivial, wie sie klingt. Immerhin haben wir jetzt über einhundert Seiten lang erklärt, dass der Kapitalismus jedenfalls all das nicht ist, wofür er normalerweise gehalten wird. Er ist keine Marktwirtschaft, zumindest nicht in dem Sinne, dass echter Wettbewerb und offene Märkte die entscheidende Steuerungsinstanz im Wirtschaftsleben wären. Er ist keine Leistungsgesellschaft, denn die höchsten Einkommen, die in ihm bezogen werden, sind leistungslose Erträge aus Kapitaleigentum. Er ist auch keine wirtschaftliche Ordnung, in der Anstrengung und Fleiß über Aufstieg und Erfolg entscheiden. Selbst in der gesellschaftlichen Mitte ist der persönliche Status heute wieder in hohem Grade eine Frage des Elternhauses und darüber hinaus abhängig von Zufall und Glück, ganz oben waren Herkunft und Erbe immer ausschlaggebend. Der Kapitalismus ist auch keine Wirtschaft, in der private Akteure dann hohe Gewinne machen, wenn sie besonders hohe persönliche Risiken eingehen. Vielmehr werden gerade dort die höchsten Gewinne erzielt, wo das Risiko aufgrund der Marktverfassung – wenige Konzerne dominieren, Newcomer haben kaum noch eine Chance – eher gering ist, der Staat den Unternehmen in vielerlei Hinsicht unter die Arme greift und ihren Eigentümern ein Gutteil des Risikos abnimmt.

Aber wenn der Kapitalismus all das nicht ist, wofür er in der Regel gehalten wird, was ist er dann? Kurz gesagt unterscheidet sich der Kapitalismus von anderen Ordnungen dadurch, dass in ihm nicht allein *mit Kapital* produziert wird, sondern *um des Kapitals willen*, dass in ihm also die Erträge auf das eingesetzte Kapital das eigentliche Ziel der Produktion sind. Produkte werden hergestellt, nicht um einen vorhandenen Bedarf zu decken, auch nicht um Arbeitsplätze zu sichern, sondern um das investierte Kapital zu verwerten und eine möglichst hohe Rendite aus ihm herauszuziehen. Löhne sind ein Kostenfaktor, Kunden ein Mittel zum Zweck, Gewinn ist das Ziel und die Ausschüttung dieses Gewinns in Form von Kapitaleinkommen. Und weil es nur um Gelderträge geht, kann der gleiche Kapitalgeber auch in Unternehmen unterschiedlichster Branchen investieren oder von einem zum anderen wechseln.

Unternehmer ohne Rendite

Leistungslose Einkommen auf der einen, offene Märkte und freier Wettbewerb auf der anderen Seite passen nicht zusammen. Der volkswirtschaftliche Mainstream, der annimmt, wir lebten in einer Wirtschaft mit funktionierenden Märkten, echtem Wettbewerb und offenem Kapitalzugang, hatte daher schon immer Schwierigkeiten, die Existenz dauerhafter Gewinne und Kapitaleinkommen zu erklären.

Auf einem funktionierenden Markt können Unternehmen kurzfristig Gewinne machen, wenn sie ein neues Produkt oder eine clevere Dienstleistung anbieten, die außer ihnen noch keiner im Repertoire hat. Oder wenn sie in einen Markt einsteigen, in dem die Nachfrage schneller wächst als das Angebot. Sie verfügen in diesem Augenblick über ein temporäres Monopol, das allerdings von der Konkurrenz irgendwann geknackt wird. Langfristig gibt es im harten Wettbewerb auf einem offenen Markt keinen Grund, weshalb ein Unternehmer mehr als seine eigene unternehmerische Leistung bezahlt bekommen sollte.

Marx' Profittheorie

Marx hat uns die Theorie überliefert, dass die Gewinne im Kapitalismus darauf beruhen, dass der Arbeiter mit seiner Arbeit mehr Wert schafft, als seine eigene Arbeitskraft auf dem kapitalistischen Markt wert ist. Der Kapitalist kauft die Arbeitskraft und verkauft das Produkt der Arbeit, und weil beides differiert, hat er, ohne die Gesetze gleichen Tauschs zu verletzen, dabei einen Schnitt gemacht. Diese Theorie beschreibt korrekt, was dem Gewinn zugrunde liegt, nämlich dass der abhängig Beschäftigte mehr erarbeitet, als er bezahlt bekommt, dass also ein Teil des Ertrags seiner Arbeit an den Eigentümer des Unternehmens geht. Aber damit ist die Frage noch nicht beantwortet, warum das so ist.

Wenn der Wert der Arbeitskraft und damit der Lohn qua Naturgesetz immer niedriger wäre als der Wert der von ihr erzeugten Produkte, läge die Lösung auf der Hand: Arbeiter, macht euch selbstständig, beschäftigt am besten gleich noch Frau, Sohn und Cousine mit und streicht die Gewinne ein, die sich bisher der Kapitalist unter den Nagel gerissen hat. Das Problem an dem Modell ist, dass es so nicht funktioniert.

Natürlich gibt es viele frühere Arbeitnehmer, die sich selbstständig gemacht haben oder auch in die Selbstständigkeit gedrängt wurden. Je qualifizierter und anspruchsvoller die Arbeit ist, die sie machen, und je weniger andere eine solche Arbeit ausüben können, desto eher haben sie die Chance, als Selbstständige ein gutes Einkommen zu verdienen. Je einfacher die Arbeit ist und je größer die Konkurrenz von anderen, die das Gleiche anbieten, desto prekärer ist in der Regel die Situation. Aber selbst wenn der Gründer für sein kleines Café oder zum Start seines cleveren Online-Dienstes all seine Ersparnisse zusammengekratzt hat: Da ist keiner, der sich darum reißt, ihm freundlicherweise eine Rendite darauf zu zahlen. Der junge Unternehmer kann in der Regel froh sein, wenn er die Zinsen für den Bankkredit irgendwie reinbekommt. Auf wettbewerbsintensiven Märkten wird selten wesentlich mehr verdient als ein normales Arbeitseinkommen für vergleichbare Tätigkeiten, oft ist es sogar weniger. Wirklich reich wird man auf diesem Wege kaum. Was machen die Leute falsch?

Typische Lehrbuchwelt: kein geeignetes Biotop

Tatsächlich muss man die Frage andersherum stellen. Warum gibt es überhaupt dauerhafte Gewinne und leistungslose Kapitaleinkommen? Das ist nicht trivial, zumindest auf einem effizienten Markt sollte niemand etwas ohne Gegenleistung bekommen.

Beginnen wir mit den Gewinnen, denn um Kapitaleinkommen auszuschütten, muss ein Unternehmen zunächst einmal Gewinne erwirtschaften, und zwar nicht sporadisch, sondern dauerhaft. Gewinne – und erst recht solche, die über die unmittelbaren Investitionserfordernisse hinausgehen – gibt es offenbar nur bei Abwesenheit ausreichender Konkurrenz. Dafür kann es verschiedene Gründe geben. Ein Weg ist, dass man sich dank überlegener Qualität und ununterbrochener Innovationsleistung von seinen Konkurrenten abhebt oder mit einem nicht ohne weiteres kopierbaren Hochtechnologieerzeugnis eine Marktnische besetzt. Diesen Weg gehen Unternehmen, die *Hidden Champions* genannt werden und die, obwohl sie mit Blick auf ihre Umsätze nicht zu den Großen gehören, meist hohe Gewinne realisieren. Eine andere Möglichkeit besteht darin, dass man sich als Großanbieter auf einem gesättigten Markt etabliert hat, in den aufgrund der hohen Kapitalanforderungen oder wegen staatlich geschützter Patentrechte und Copyrights kein Neueinsteiger mehr vordringt. Diesen Weg gehen die großen Industriekonzerne.

Möglichkeiten zur Ausschaltung oder wenigstens Begrenzung von Konkurrenz gibt es also verschiedene. Manche – wie die Spezialisierung auf ein besonders anspruchsvolles Erzeugnis – sind durchaus im Interesse der Allgemeinheit. Andere – wie das Aufkaufen konkurrierender Unternehmen oder die Ausnutzung von Patenten als Blockadeinstrument – nicht. Aber ganz gleich mit welchen Mitteln, entscheidend ist, dass nur bei begrenzter Konkurrenz kapitalistische Produktion stattfindet. Ähneln die Wirtschaftsbeziehungen dagegen den in den gängigen VWL-Lehrbüchern beschriebenen – viele Anbieter stehen mit einem Standardprodukt im Wettbewerb, sie haben kaum Einfluss auf den Marktpreis und es gibt immer wieder Neugründungen, die die bereits vorhandenen Unternehmen unter Druck setzen – findet der Kapitalismus kein geeignetes Biotop. Das heißt nicht, dass in diesen Bereichen nicht auch erfolgreiche Unternehmer tätig sein können, die ihre unternehmerische Leistung anständig bezahlt bekommen. Aber dauerhafte Gewinne und leistungslose Kapitaleinkommen werfen solche Geschäfte nur im Ausnahmefall ab.

Konkurrenz auf Abstand halten

Wir haben es im Kapitel über die »Räuberbarone« beschrieben: Schon der frühe Kaufmann, der sein Kapital im Fernhandel angelegt hatte und sich über hohe Renditen freute, verdankte seinen Reichtum vor allem der eingeschränkten Konkurrenz. Immerhin stand der Fernhandel nur denen offen, welche die aufgrund der langen Wege nötige hohe Kapitalsumme bereitstellen konnten. Zwar wurde das eigene Kapital oft noch durch Kredite und Wechsel der Banken gestreckt, aber auch zu denen hatte nur Zugang, wer bereits vermögend war. Es konnten sich also nur wenige betätigen, und diese kleine Schicht monopolisierte die Verbindung zwischen Produzent und Kunden in ihren Händen. Das war ein lukratives Geschäft.

Ein ideales Betätigungsfeld findet der Kapitalismus in der großen Industrie, deren typische Marktform schon seit dem späten 19. Jahrhundert das Oligopol ist: ein von wenigen Großanbietern mit relativ stabilen Marktanteilen dominierter Markt, auf dem kaum noch Neueinsteiger die Geschäfte der Etablierten durcheinanderbringen können. Das ist ein guter Nährboden für dauerhaft hohe Gewinne, die dann in Form leistungsloser Einkommen ausgeschüttet werden können.

In den Dienstleistungsbranchen hat der Kapitalismus genau dort Fuß gefasst, wo ähnliche Bedingungen gelten: wenige große Anbieter, eingeschränkte Konkurrenz, geschlossene Märkte. Besonders vorteilhaft ist natürlich die digitale Ökonomie, weil sie nicht nur zu verfestigten Oligopolen, sondern zum Monopol, zum Alleinanbieter, tendiert. Der Grund ist, wie wir gesehen haben, dass es hier nicht nur extreme Größenvorteile gibt – ist eine Anwendung einmal programmiert, kostet die Kopie fast nichts mehr –, sondern zusätzlich den Netzwerkeffekt: Wer sich einmal als Standard etabliert hat, ist faktisch nicht mehr zu verdrängen.

»Wettbewerb und Kapitalismus sind ein Widerspruch«

Wer dauerhaft Gewinne machen will, der muss also dafür sorgen, dass sein Unternehmen möglichst wenige Konkurrenten hat. Ob die Konkurrenz durch herausragende Qualität und Innovationskraft oder durch Patentrechte und andere staatliche Privilegien, durch schlichte Größenvorteile und hohe Kapitalanforderungen oder durch digitale Netzwerkeffekte ferngehalten wird, macht für die Gesellschaft einen erheblichen Unterschied. Für das Unternehmen dagegen ist das zweitrangig, und die bequemeren und beliebteren unter den geschilderten Methoden, sich Wettbewerber vom Hals zu halten, sind die wirtschaftlich schädlichen.

Auf jeden Fall hat der bereits zitierte PayPal-Gründer und Silicon-Valley-Milliardär Peter Thiel recht, wenn er schreibt: »Tatsächlich ist Kapitalismus das Gegenteil von Wettbewerb. Kapitalismus basiert auf der Akkumulation von Kapital, doch im perfekten Wettbewerb fallen sämtliche Gewinne dem Konkurrenzkampf zum Opfer.«[75] Er folgert daraus kurzerhand: »Wettbewerb und Kapitalismus sind ein Widerspruch.«[76] Das stimmt. Anders als von Thiel gemeint, spricht das allerdings nicht gegen den Wettbewerb, sondern gegen den Kapitalismus.

Monopolpreis für Kapital

Wie dauerhafte Gewinne entstehen, ist dadurch erklärt. Aber warum gibt es leistungslose Kapitaleinkommen? Immerhin könnte man die Gewinne ja auch im Unternehmen behalten und investieren.

Wir haben gesehen: Die Kapitaleinkommen sind keine Entschädigung für Konsumverzicht, weil Kapital nicht aus Konsumverzicht und Sparen entsteht. Sie sind auch keine Belohnung für irgendeine Art von Arbeitsleistung, denn Kapital entsteht zwar durch Arbeit, aber es ist meist nicht die Arbeit derer, denen das Kapital gehört. Auch der Verweis auf das Risiko taugt nicht, denn das ist bei dem jungen Unternehmensgründer zweifellos höher als bei den Anteilseignern eines etablierten Konzerns.

Die häufigste Begründung ist: Nur dank der Kapitalgeber können Unternehmer Unternehmen gründen und die Arbeitenden arbeiten, zumindest in all jenen Branchen, in denen die Kapitalerfordernisse weit über die möglichen Lebensersparnisse eines Normalverdieners hinausgehen. Diese Begründung trifft tatsächlich den Kern: Die leistungslosen Kapitaleinkommen, für die wir mittlerweile fast ein Drittel unserer Wirtschaftsleistung aufbringen, fallen ausschließlich deshalb an, weil die große Mehrheit der Menschen in unserer heutigen Wirtschaftsordnung keinen direkten Zugang zu Kapital hat und auch nie bekommt.

Wir werden im zweiten Teil des Buches zeigen, dass das nicht notwendigerweise so sein muss und dass eine Wirtschaft, die den Zugang zu Kapital demokratisiert, wesentlich innovativer und dynamischer wäre als die aktuelle. Unter heutigen Bedingungen aber sind die leistungslosen Kapitaleinkommen schlicht ein Monopolpreis, den wir deshalb bezahlen müssen, weil die bestehende Eigentumsordnung Kapital in den Händen einer kleinen gesellschaftlichen Minderheit konzentriert.

Ersparnisse sind längst nicht mehr knapp, im Gegenteil, es gibt sie in den westlichen Volkswirtschaften reichlich, und die Banken zahlen den Sparern kaum noch Zinsen dafür. Aber Kapital ist knapp, wer darüber verfügt, entscheidet über Investitionen und Arbeitsplätze. Deshalb werden mit Kapital auch unverändert ansehnliche Renditen verdient.

»... die Selbstständigkeit preisgeben«

Natürlich gibt es in unserer Wirtschaftsordnung nicht nur Renditejäger, die in Unternehmen lukrative Anlageobjekte sehen, sondern auch viele echte Unternehmer. Sie sind diejenigen, die gemeinsam mit ihren Beschäftigten für wirtschaftliche Dynamik, Innovation und gute Produkte sorgen. Aber die Annahme, die Unternehmer bräuchten den Kapitalismus, ist ein großer Irrtum. Eben wegen des schwierigen Zugangs zu Kapital behindert er sie eher und macht ihnen das Leben schwer.

Schon Schumpeter war aufgefallen, dass es in vielen Firmen einen Interessengegensatz zwischen dem Unternehmer und den Kapitalgebern gibt. Der Unternehmensgründer brauche natürlich Kaufkraft, Kapital, um investieren zu können. So er nicht aus einer wohlhabenden Familie stammt, hat der Unternehmer die Mittel aber nicht selbst, deshalb werde »für ihn ... das Privateigentum an den Produktionsmitteln zum Hindernisse ...«,[77] wie Schumpeter betont. Denn der Unternehmensgründer aus weniger gutbetuchtem Hause muss sich das Kapital, das er braucht, von anderen holen. Selbst wenn das gelingt, was oft genug nicht der Fall ist, begibt er sich damit in Abhängigkeit, weil die Kapitalgeber als rechtmäßige Eigentümer auch unmittelbaren Einfluss im Unternehmen erhalten.

»... und ich soll nun meine Selbstständigkeit preisgeben und zusehen, wie andere laborieren«,[78] murrte der Ingenieur Gottlieb Daimler, der zusammen mit Wilhelm Maybach den ersten schnell laufenden Benzinmotor und das erste vierrädrige Kraftfahrzeug mit Verbrennungsmotor konstruiert hatte, als er die Industriellen Duttenhofer und Lorenz als Kapitalgeber an der Gründung der Daimler-Motoren-Gesellschaft beteiligen musste. Die Geschichte vieler Unternehmen ist die Geschichte genialer Techniker und couragierter Unternehmensgründer, die mit dem Hereinholen externer Kapitalgeber ihre Selbstständigkeit verloren und von da an einen Teil ihrer Kräfte damit vergeudeten, Reibungen und Auseinandersetzungen mit den Anteilseignern durchzustehen. Nicht selten enden solche Konflikte damit, dass der eigentliche technische Kopf und Gründer zermürbt das Unternehmen verlässt.

Vom schnöden Mammon beseelt

Die Person hinter dem Produkt lautet der Titel eines Buches, in dem 40 erfolgreiche Techniker und Unternehmensgründer porträtiert werden, die mit ihren Ideen die Grundlage für heutige DAX-Konzerne gelegt haben. Zusammengefasst lautet das Ergebnis dieser Porträts: »Mit ihren Erfindungen haben Erfinder oft genug ihre Selbständigkeit verloren. Sie waren häufig angewiesen auf das, was heute Risikokapital genannt wird. Das war bei den Pionieren der Motorisierung wie Nikolaus Otto, Gottlieb Daimler oder Karl Benz nicht anders. Sie haben mit den Nutznießern ihrer Patente, ihren Kapitalgebern, oft schlimme Konflikte durchstehen müssen.«[79]

Bezogen sich die genannten Porträts vor allem auf Unternehmer aus dem späten 19. und frühen 20. Jahrhundert, schildert der amerikanische Ökonom und Vorsitzende der Foundation on Economic Trends Jeremy Rifkin die gleiche Situation für die Gegenwart: »Viele Unternehmer, die ich im Lauf der Jahre kennengelernt habe, waren weit mehr vom kreativen Akt an sich als vom schnöden Mammon beseelt. Der pekuniäre Fetisch kommt im Allgemeinen erst dann ins Spiel, wenn Unternehmen gereift sind, wenn sie an die Börse gehen und Aktionäre mit an Bord nehmen, die einzig Rendite auf ihr Investment sehen wollen. Es gibt zahllose Geschichten von Unternehmern, die sich von professionellen Managern aus ihren eigenen Unternehmen vertrieben sahen, Leuten, die man an Bord geholt hatte, um aus einer kreativen Unternehmung ein ›finanziell verantwortungsbewusstes‹ Geschäft zu machen, ein Euphemismus dafür, dass die Sprecher vor allem am Profit orientiert sind.«[80] Man könnte auch sagen: die man an Bord geholt hat, um aus einem kreativen Unternehmen ein kapitalistisches zu machen.

Prinzip, das zur Ungleichheit führt

Die meisten Ökonomen, denen an Wettbewerb, wirtschaftlicher Dynamik, Leistungsprinzip und Wohlstand lag, waren aus gutem Grund auf den Kapitalismus nicht gut zu sprechen. Der ordoliberale Ökonom Alexander Rüstow schimpft über »die infolge eines subtheologisch verabsolutierten Laisser-faire entartete subventionistisch-monopolistisch-protektionistisch-pluralistische Wirtschaft des 19. und 20. Jahrhunderts, welche letztere wir ›kapitalistisch‹ und ›Kapitalismus‹ nennen« und die etwas ganz anderes sei als »die freie Marktwirtschaft der vollständigen Konkurrenz, wie sie den normalen Gegenstand der liberalen Wirtschaftstheorie bildet«.[81] Man habe »Gott walten lassen wollen und gab schließlich dem Teufel freie Hand, dem Teufel des Strebens nach Bereicherung auf Kosten anderer, der Machtgier und der Herrschsucht«.[82]

Und Ludwig Erhard schreibt über seinen Lehrer, den Nationalökonomen Franz Oppenheimer: »Er erkannte den ›Kapitalismus‹ als das Prinzip, das zur Ungleichheit führt, ja das die Ungleichheit geradezu statuiert, obwohl ihm gewiss nichts ferner lag als eine öde Gleichmacherei. Auf der anderen Seite verabscheute er den Kommunismus, weil er zwangsläufig zur Unfreiheit führt. Es müsse einen Weg geben – einen dritten Weg –, der eine glückliche Synthese, einen Ausweg bedeutet.«[83]

Echte Unternehmer brauchen den Kapitalismus nicht. Mit dem Kapitalismus verschwinden würde die Exklusivität des Zugangs zu Kapital und die damit verbundene Möglichkeit, anderer Leute Arbeit in eigene leistungslose Einkommen zu verwandeln.

MARKTWIRTSCHAFT STATT WIRTSCHAFTSFEUDALISMUS

GRUNDZÜGE EINER MODERNEN WIRTSCHAFTSORDNUNG

»Es gibt nichts Schwierigeres, nichts Unsichereres und nichts, was gefährlicher durchzuführen ist als die Einführung einer neuen Ordnung. Denn derjenige, der diese neue Ordnung einführen will, hat all diejenigen zum Gegner, die von der alten Ordnung profitieren, und er bekommt nur halbherzige Unterstützung von denjenigen, die zukünftig von der neuen Ordnung profitieren würden. Das kommt teilweise davon ..., dass Menschen nicht wirklich an neue Dinge glauben, die sie noch nicht aus persönlicher Erfahrung kennen.«

Niccolò Machiavelli, Der Fürst (1532)

WAS MACHT UNS REICH?

Es ist verblüffend, in welchem Grade die herrschende Marktgläubigkeit uns davon abhält, bestimmte Fragen auch nur zu stellen: Was ist es eigentlich, was eine Gesellschaft produktiv, kreativ, innovativ und wohlhabend macht? Und welche Anreize oder Machtverhältnisse führen zu Wohlstandsverlusten und ökonomischem Verfall? Welche Wirtschaftsverfassung brauchen wir für ein gutes Leben, und welche behindert es?

Viele von uns haben es aufgegeben, über die Sinnhaftigkeit unserer gesellschaftlichen Institutionen nachzudenken. Was der Markt hervorbringt, ist effizient, sonst würde es sich ja nicht durchsetzen, lautet das Mantra. Dabei haben wir in den vorangegangenen Kapiteln gesehen, in welch geringem Grade unser Wirtschaftsleben das Resultat spontaner Marktentscheidungen ist. Wir wähnen uns von anonymen Märkten regiert und merken nicht, dass mächtige wirtschaftliche Interessengruppen längst das Zepter übernommen haben.

Die gesellschaftlichen Verhältnisse sind unser Werk

Unsere Eigentumsordnung, unsere Geldordnung, unser Währungssystem sind Institutionen, die durch politische Entscheidungen – und Unterlassungen! – entstanden sind. Sie waren nicht immer da. Sie haben sich im Laufe der letzten Jahrzehnte teilweise gravierend verändert, etwa unter dem Einfluss der neuen digitalen Technologien. Natürlich steht es uns frei, sie anders zu gestalten, wenn wir zu dem Schluss kommen, dass sie in ihrer jetzigen Form nicht funktionieren. Wenn wir finden, dass sie eine kleine Minderheit begünstigen und die große Mehrheit benachteiligen. Wir müssen uns ihnen nicht unterwerfen, sie sind ja Menschenwerk.

Ihre Veränderung beginnt damit, dass wir uns ihre Veränderbarkeit bewusst machen. Jeder von uns hat heute das Recht, 1 Million Euro von seinem Bankkonto per Knopfdruck nach Singapur oder Panama zu überweisen oder damit an der Wall Street Aktien zu kaufen. Das war nicht immer so. Ist uns dieses Recht, das die meisten Menschen nie im Leben ausüben werden, wirklich so heilig, dass wir dafür die vielen Nachteile des freien Kapitalverkehrs, etwa die Steuerflucht und die Erpressbarkeit der Staaten, in Kauf nehmen wollen? Wäre es nicht für unseren Wohlstand weit wichtiger, ein Finanzsystem zu haben, in dem ein fähiger Unternehmensgründer nicht an der Frage der Kapitalbeschaffung verzweifeln muss?

Vergessene Zivilisation

Die Menschheitsgeschichte kennt schon immer beides: Phasen gesellschaftlicher Prosperität, die den Erfindungsgeist motiviert, die Produktionstechniken verbessert und den Lebensstandard zumindest einer großen Zahl von Menschen deutlich angehoben haben – und Perioden, in denen große Zivilisationen zerbrochen sind, bereits erreichtes technisches Wissen vergessen wurde und das Leben wieder härter, trostloser und ärmer geworden ist. Das bekannteste Beispiel für den Aufstieg und Niedergang großer Systeme ist die Geschichte des Römischen Reiches von seinen Anfängen mehrere Hundert Jahre vor Beginn der Zeitrechnung bis zu seinem Untergang nach einer Serie von Kriegen und Plünderungen zwischen dem 5. und dem 7. Jahrhundert. Ähnliches, oft in kürzeren Zeiträumen, haben aber auch indianische Kulturen erlebt, das alte Ägypten oder das antike Griechenland. In der chinesischen Geschichte gibt es sogar mehrere Zeitalter der Blüte und des nachfolgenden Zerfalls.

Oft waren es Kriege und Bürgerkriege, die Gesellschaften destabilisiert und so zu wirtschaftlichem Niedergang geführt haben. Das ist leicht einzusehen. Je mehr Menschen ihre Lebenszeit, statt sich um Produktion und Handel zu kümmern, für den Kriegsdienst vergeuden müssen, also für Zerstörung statt Aufbau, desto ärmer wird eine Gesellschaft. Ziehen sich Kriege oder Bürgerkriege über lange Zeiträume hin, wächst die Unsicherheit und es wird kaum noch in größere Projekte investiert. Gefährliche Transportwege beeinträchtigen den Handel oder machen ihn ganz zunichte. Technologien, die sich nur bei hoher Stückzahl rentieren, lohnen sich nicht mehr. Sie werden nicht mehr angewandt und irgendwann vergessen.

Nach dem Zusammenbruch des Römischen Reiches verrottete das europaweite Netz der alten Römerstraßen, die Städte schrumpften, die Bauern kehrten zur Subsistenzproduktion zurück, an die Stelle von Häusern traten Hütten und Burgen. Lesen und Schreiben erlernten nur noch die allerwenigsten. Moderne Beispiele von Ländern, die sich einst auf einem respektablen Entwicklungsstand mit gutem Bildungs- und Gesundheitssystem befunden haben und durch Kriege und Bürgerkriege ruiniert wurden, gibt es im Vorderen Orient und in Nordafrika. Der Irak und Syrien gehören dazu, ebenso Libyen. Diese Länder haben mittlerweile nahezu ihren gesamten einstigen Wohlstand verloren.

Exklusiver Niedergang

Es gibt aber auch das gegenteilige Phänomen: Niedergang in Friedenszeiten, und zwar gerade aufgrund von Stabilität. Dieses Phänomen wurde zuerst von dem amerikanischen Wirtschaftswissenschaftler Mancur Olson untersucht und steht im Mittelpunkt seiner Theorie zum Aufstieg und Niedergang von Nationen. Olsons Ausgangspunkt ist die These, dass sich kleine gesellschaftliche Gruppen mit ähnlichen Interessen in der Regel besser organisieren können als große. Da es sich bei der Oberschicht einer Gesellschaft immer um eine vergleichsweise kleine Gruppe handelt, ist sie also besonders gut organisiert und vernetzt. Und zwar umso mehr, je stabiler ein System über lange Zeiträume ist.

Da Menschen, denen es gut geht, diesen Zustand gern erhalten und an ihre Kinder weitergeben möchten, gibt es in privilegierten Schichten immer ein Interesse, die eigene Stellung möglichst leistungsunabhängig zu befestigen und auf die Nachkommen zu übertragen. Deshalb entsteht bei anhaltender Stabilität an der Spitze einer Gesellschaft schnell das, was Olson eine »exklusive Verteilungskoalition« nennt: Es werden gesellschaftliche Regeln aufgestellt, die alle nicht bereits zur selbst ernannten Elite gehörigen Gesellschaftsmitglieder daran hindern, Teil dieser exklusiven Gruppe zu werden. Eine solche Regel kann das Erblichkeitsprinzip des Adels sein oder auch ein Eigentumsrecht, das den Zugang zu Kapital in erster Linie den Erben vorbehält.

Natürlich entstehen *exklusive* Institutionen nicht allein zur Absicherung der Oberschicht. Es gibt sie auch in anderen Bereichen. Entscheidend ist eigentlich nur, dass eine relativ kleine Interessengruppe genügend gesellschaftliche Durchsetzungsmacht besitzt, den Zugang zu dem Geschäft, mit dem sie ihre Brötchen verdient, Außenstehenden zu verwehren und, wenn möglich, den eigenen Nachkommen privilegierten Zugang zu verschaffen. *Exklusive Institutionen* belohnen also nicht Fähigkeiten und Leistung, sondern Herkunft und Blutsverwandtschaft. Letztlich geht es immer um die Ausschaltung potentieller Konkurrenz und die dadurch mögliche Erzielung leistungsloser Einkommen. Nicht nur das Altertum und das Feudalzeitalter, auch der Kapitalismus beruht, wie wir gesehen haben, in vielen Bereichen auf exklusiven Strukturen. Dominieren sie das gesellschaftliche Leben, werden die betreffenden Ökonomien träge und unbeweglich, weil die Kreativität und die Talente eines Großteils der Bevölkerung keine Chance mehr erhalten.

Die Auswahl der Mandarine

Inklusive Institutionen sind nach Olson das genaue Gegenteil davon: Sie stehen jedem Menschen offen, sofern er die nötige Begabung und die Kenntnisse mitbringt. Eine inklusive Gesellschaft wäre also eine, in der jedes echte Talent es bis ganz nach oben schaffen kann, egal aus welcher sozialen Schicht es stammt. In Reinform hat es das noch nie gegeben, aber je näher eine Gesellschaft diesem Ideal kommt, desto besser entwickelt sie sich, denn desto mehr kann sie ihr kreatives und intellektuelles Potential ausschöpfen.

Das alte China hatte eine seiner großen Blütezeiten während der Ming-Dynastie zwischen dem vierzehnten und dem siebzehnten Jahrhundert. Ein Charakteristikum dieser Zeit war das Auswahlsystem bei der Besetzung der höheren chinesischen Beamtenstellen, der Mandarine. Während im damaligen Europa politische Führungsfunktionen schlicht vererbt wurden, waren die Posten der Mandarine prinzipiell für jeden zugänglich. Wer sich für dieses Amt bewerben wollte, musste ein kompliziertes Prüfungssystem durchlaufen, und wer unter den Hunderten von Bewerbern am besten abschnitt, bekam am Ende den Job. Infolge dieses Systems waren, wie der Historiker Fernand Braudel feststellt, Spitzenpositionen der chinesischen Verwaltungshierarchie dem Nachwuchs ärmerer Schichten »jedenfalls wesentlich zugänglicher als die großen westlichen Universitäten noch im 19. Jahrhundert«.[84] Das trug nicht nur zu sozialer Mobilität, sondern vor allem zu einer hohen Qualität der staatlichen Verwaltung bei.

Die venezianische Commenda

Auch die Blütezeit der Handelsstadt Venedig war mit einer für damalige Verhältnisse ungewöhnlichen sozialen Aufstiegsmöglichkeit verbunden. In diesem Fall war dafür eine spezielle Rechtsform für Handelsunternehmungen verantwortlich, die risikofreudigen jungen Männern, die nicht aus reichen Familien stammten und über kein Kapital verfügten, den Weg nach oben bahnte. Diese Rechtsform, die *commenda*, war eine Partnerschaft, die von zwei Kaufleuten für die Durchführung einer Handelsmission gebildet wurde. Das Besondere daran war, dass nur einer der beiden Kapital mitbringen musste. Während dieser als Finanzier des gemeinsamen Projekts in Venedig blieb, begleitete der andere die Fracht und nahm die Gefahren und Unwägbarkeiten der langen Reise auf sich. Wenn alles gut gegangen war, erhielt der reisende Kaufmann 25 Prozent des Gewinns. Hatte er sich im Vorfeld mit einer geringen Summe an der Finanzierung beteiligt, wurde der Gewinn oft sogar hälftig aufgeteilt.

Die *commenda* sorgte dafür, dass auf den überlieferten Listen der venezianischen Oberschicht aus den Jahren 960, 971 und 982 neue Namen in der Mehrheit waren. Die Kehrseite war natürlich, dass Familien aus der alten Elite verdrängt wurden und ihre privilegierte Position nicht an ihre Kinder weitergeben konnten. Das gefiel denen, die einmal oben angekommen waren, nicht unbedingt. Im 14. Jahrhundert wurde aufgeräumt. Die venezianische Nobilität entschied sich, in einen Erbadel zu verwandeln, der nur noch den eigenen Nachkommen offenstand. Die *commenda* wurde verboten. Fortan hatte die alteingesessene Elite wieder die alleinige Kontrolle über die lukrativen Handelsrouten und teilte ihre Gewinne mit niemandem mehr. In die Geschichte eingegangen ist dieser Umschwung unter dem Namen *serrata*, die »Schließung«.

Einstein als Feldarbeiter

Solche *Schließungen* bedeuten für das Gemeinwesen immer Wohlstandsverluste. Es ist nicht schwer, zu verstehen, dass eine Gesellschaft, in der theoretisch jeder ein Physiker werden kann, bessere Physiker haben wird als eine, in der nur eine kleine Schicht überhaupt mathematisches und physikalisches Grundwissen vermittelt bekommt. In letzterem Fall ist die Gefahr, dass ein Einstein unerkannt als analphabetischer Feldarbeiter endet, eben erheblich größer. Und natürlich wird eine Gesellschaft, in der prinzipiell jeder ein Unternehmen gründen kann, wenn er die Fähigkeiten und die richtigen Ideen mitbringt, auch die besseren Unternehmer haben im Vergleich zu einer, in der eine solche Tätigkeit mangels allgemein zugänglicher Startfinanzierung nur wenigen offensteht. In dieser Hinsicht leistet sich das kapitalistische System eine ungeheure Verschwendung an Kreativität und Talenten. Selbst der fähigste Unternehmer wird ohne ausreichend Kapital oft als gescheiterter Unternehmer enden, wenn er nicht in weiser Voraussicht den Versuch einer Unternehmensgründung von vornherein unterlässt.

Wir haben gesehen, dass der Kapitalismus in den Industrieländern zu seinen besten Zeiten, nämlich in den Jahrzehnten nach dem Zweiten Weltkrieg, Aufstiegsmöglichkeiten für viele geschaffen hat, wenn auch nie bis ganz nach oben. Die enorme Dynamik dieser Epoche hatte viel mit dieser Offenheit und Durchlässigkeit der gesellschaftlichen Institutionen zu tun. Ein Schlüssel war die Demokratisierung der Bildung, bis hin zur Universität. Ebenso wichtig war die Existenz vieler gut bezahlter Stellen im öffentlichen Bereich wie in der privaten Wirtschaft, die auch ohne Zugang zu Kapital erreichbar waren. Lediglich dieser blieb weitgehend der Oberschicht vorbehalten.

Moderne Analphabeten

Heute ist das Vergangenheit. Inzwischen wachsen Kinder aus ärmeren Schichten wieder ohne höhere Bildung, teils sogar ohne elementare Rechen-, Schreib- und Lesefähigkeiten auf. Viele beherrschen noch nicht einmal die eigene Muttersprache, sondern nur einen minimalen Wortschatz, der unbeeindruckt von den Regeln der deutschen Grammatik zu Halbsätzen verbunden wird. Solche Defizite ließen sich im Kindergartenalter und auch noch in den ersten Schuljahren leicht korrigieren. Allerdings nicht in einem chronisch unterfinanzierten Bildungssystem, dem es von genügend Lehrkräften bis zu modernen technischen Hilfsmitteln nahezu an allem mangelt. Ohne Korrektur aber ist vorgezeichnet, wie die Berufschancen junger Menschen aussehen, die sich noch nicht einmal angemessen sprachlich ausdrücken können.

Eine moderne Wirtschaftsordnung sollte also nicht nur aus Gerechtigkeitsgründen, sondern auch aus Gründen der ökonomischen Vernunft Institutionen schaffen, die dafür sorgen, dass die Perspektiven eines Kindes möglichst wenig vom familiären Umfeld und möglichst viel von seinen eigenen Fähigkeiten abhängen. Erste Voraussetzung ist ein Bildungssystem, das solchen Fähigkeiten die Chance gibt, überhaupt entdeckt zu werden. Die meritokratische Idee leistungsabhängiger Aufstiegschancen wird seit der europäischen Aufklärung als Gleichheitsrecht gegen feudale Privilegien und erbliche Vorrechte eingefordert. Eingelöst wurde sie bis heute nicht.

Ein Teil der Antwort auf die Frage, was eine Gesellschaft reich macht, ist also: Gesellschaften sind umso reicher, je besser sie ihre kreativen und intellektuellen Potentiale nutzen. Exklusive Institutionen stehen dem im Wege. Da jede über längere Zeit stabile Gesellschaft zur Bildung solcher Institutionen neigt, muss sie gezielt Barrieren gegen Bestrebungen zur Abschottung privilegierter Terrains errichten.

Arbeitssparender Fortschritt

Aber das ist erst die halbe Wahrheit. Man kann gesellschaftliche Kreativität natürlich auch entfesseln und auf scheußliche Ziele lenken. Auch die Atombombe wurde von kreativen Geistern erfunden. Nicht jeder technische Fortschritt ist wünschenswert, mancher zerstört unsere Lebensgrundlagen. Welche Technologien und Innovationen ermöglichen uns wirklich ein besseres Leben? Und welche ökonomischen Anreize brauchen wir, damit sich unsere Erfindungsgabe vor allem auf solche Fortschritte konzentriert?

Offensichtlich ist der materielle Wohlstand nicht davon abhängig, wie viel Geld wir auf dem Konto haben, sondern davon, was wir mit diesem Geld kaufen können. Kaufen können wir, was unsere Wirtschaft in einem bestimmten Zeitraum produziert, und das ist abhängig von den Technologien, die wir anwenden. In der Landwirtschaft liegt das auf der Hand. Solange wir unsere Felder mit Holzpflug und Pferdegeschirr bestellten, musste ein Großteil der Bevölkerung auf dem Land leben und arbeiten, weil sonst die Gesellschaft schlicht verhungert wäre. Heute, mit moderner Technik, bearbeitet ein Bauer manchmal hundert Hektar Ackerfläche und könnte allein eine halbe Kleinstadt versorgen. Die meisten Menschen können sich daher mit anderen Dingen beschäftigen. Ohne diesen technologischen Fortschritt hätte die Industrialisierung nie eine Chance gehabt.

Im industriellen Bereich wiederholte sich das Ganze. Während das billigste Fahrrad in den achtziger Jahren des 19. Jahrhunderts einem durchschnittlichen Arbeiter in Frankreich oder Deutschland volle sechs Monatsgehälter abverlangte – was natürlich bedeutete, dass er es sich nicht leisten konnte –, waren die Produktionskosten schon bis zum Jahr 1910 so stark gesunken, dass ein Monatsgehalt ausreichte. Heute arbeitet ein Durchschnittsverdiener für ein preiswertes Fahrrad weniger als eine Woche. Auch Autos wurden erst dann zur Massenware, als Normalverdiener ihren Kaufpreis in einem überschaubaren Zeitraum verdienen konnten. Waren im Jahr 1908 in den USA noch um die 4700 durchschnittlich bezahlte Arbeitsstunden notwendig, um sich ein Standardmodell leisten zu können, liegt der Wert eines Mittelklassewagens heute bei etwa 1 000 Stunden.

Der entscheidende Faktor, der diesen Preissenkungen zugrunde liegt, ist der Einsatz arbeitssparender Technologien. Die Herstellung der meisten Güter erfordert heute viel weniger Arbeitsmühe als noch vor einem oder gar zwei Jahrhunderten, so wie eben auch in jedem Brot, das wir heute essen, viel weniger Arbeit steckt als zu früheren Zeiten. Diese Arbeitsersparnis bedeutet, dass wir in der gleichen Zeit mehr beziehungsweise Vielfältigeres produzieren können. Das ist ein wesentlicher Grund, warum es uns heute besser geht als unseren Vorfahren. In diesem Sinne könnte man sagen: eine Wirtschaft macht uns reicher, wenn sie dazu motiviert, arbeitssparende Verfahren anzuwenden sowie neue nützliche Güter oder Dienstleitungen zu entdecken und bereitzustellen.

Zu früh geborene Erfinder

Es muss also ein Umfeld geben, in dem sich Menschen Neuerungen ausdenken, neue arbeitssparende Verfahren oder auch neue Produkte. Und es muss Anreize geben, die neuen Ideen wirtschaftlich einzusetzen. Letzteres erscheint trivial, ist es aber nicht. Die Wirtschaftsgeschichte ist reich an Erfindungen, die zu früh kamen oder in der falschen Umgebung entdeckt wurden und deshalb für lange oder für immer in den Archiven verschwanden.

Die Dampfmaschine etwa beruhte auf Prinzipien, die seit Archimedes bekannt sind. Aber weshalb hätten die alten Römer derartige Maschinen bauen sollen, sie hatten ja die Sklaven, die nahezu kostenlos für sie arbeiteten. 1313 hat der Chinese Wang Zhen eine »Maschine zum Spinnen von Hanffäden« beschrieben, die der *Spinning Jenny* und der *Waterframe*, den wichtigsten Maschinen der Industriellen Revolution, ziemlich nahe kam. Erfolg hatte er damit keinen, niemand hat seine Maschine aufgestellt und eingesetzt. 1589 konstruierte ein gewisser William Lee in England eine Strickmaschine, die die Textilherstellung wesentlich produktiver – also arbeitsärmer – gemacht hätte. Er stellte sie Elisabeth I. vor. Die englische Königin schickte ihn kühl mit der Begründung nach Hause, dass eine solche Mechanisierung schlimme Folgen für die haben würde, die von der Wollverarbeitung in mühsamer Handarbeit lebten. Erst der Kapitalismus kannte solche Rücksichten nicht mehr.

Das Renditekalkül ist ein starker Anreiz, arbeitssparende Technologien einzusetzen und neue Produkte und Dienstleistungen auf den Markt zu werfen. Wer etwas Neuartiges produziert, was sonst noch keiner im Angebot hat, macht im Erfolgsfall hohe Gewinne. Gleiches gilt für den, der zwar ähnliche Produkte wie andere herstellt, aber dank einer neuen Technologie billiger produzieren kann. Die enormen Produktivitätsfortschritte der letzten zwei Jahrhunderte und der unerschöpfliche Ideenreichtum in der Entdeckung von Neuem beruhen im Wesentlichen auf dieser Interessenlage. In der Konsequenz wurde so immer mehr Arbeit durch Maschinen und Apparate ausgeführt und die Gesellschaft als Ganzes wurde reicher.

Stockender Innovationsmotor

Dieser kapitalistische Innovationsmotor funktioniert freilich nur unter den in den früheren Kapiteln diskutierten Einschränkungen. Innerhalb der Firmen verlangt der Innovationsprozess gut ausgestattete Entwicklungsabteilungen. Haben die Unternehmen Shareholder im Nacken, die das Geld lieber auf ihrem eigenen Konto sehen wollen, kann die Innovationsdynamik schon aus diesem Grund erlahmen. Wird in einem Unternehmen eine radikal neue Technologie entdeckt, die sein investiertes Kapital entwerten und vielleicht sogar sein ganzes Geschäftsmodell infrage stellen würde, ist die wahrscheinlichste Reaktion, die Erfindung unter Verschluss zu halten. So soll ein Ingenieur der Eastman Kodak Company, des damals weltweit führenden Herstellers von Filmen und Kameras nach alter analoger Technik, bereits 1975 die erste Digitalkamera erfunden haben. Das Unternehmen verbannte die ungeliebte Innovation in die Aktenordner – bis andere sie auf den Markt brachten.

Grundsätzliche Neuerungen setzen sich daher am besten in neuen Unternehmen durch. Steht Startkapital für diese nicht oder nur unzureichend zur Verfügung, stockt die Dynamik. Auch über das Patentrecht lässt sich die wirtschaftliche Anwendung von Innovationen um Jahre verzögern.

Billige Arbeit, niedrige Investitionen

Ein starker Hemmschuh beim Einsatz arbeitssparender Technologien sind Tricks zur Verbilligung der Arbeit, die die Produktion letztlich noch kostengünstiger machen können als eine verfügbare modernere Technologie. Es war kein Zufall, dass die Agenda 2010 in Deutschland von einem massiven Rückgang der Unternehmensinvestitionen begleitet wurde. Verantwortlich dafür war unter anderem, dass die durchschnittliche Arbeitsstunde durch Leiharbeit, Werkverträge und andere Finessen derart verbilligt wurde, dass sich Investitionen in arbeitssparende neue Technologien weniger auszahlten.

Das gilt erst recht im weltweiten Maßstab. Hier ist die Dynamik sogar selbstverstärkend: Niedriglohnländer sind im Allgemeinen weniger innovativ als Hochlohnländer, wobei Länder, die überwiegend nicht-innovative Standardprodukte herstellen, mit ihren Produkten eben auch viel größerer Konkurrenz ausgesetzt sind und sich deshalb auch kaum höhere Löhne leisten können. Bei Hochtechnologieprodukten dagegen ist der Verweis auf die Lohnkonkurrenz in der Regel vorgeschoben. Wer Dinge herstellt, die Rumänien oder Bangladesch nicht herstellen kann, muss sich auch nicht um die dortigen Löhne sorgen.

Wie entstehen Ideen?

Eine innovative Wirtschaft muss also Anreize setzen, neue Technologien und neue Produktideen zu entwickeln und sie ins Wirtschaftsleben einzuführen. Bleiben wir zunächst beim ersten Punkt: In welcher Umgebung entstehen Ideen und Erfindungen? Da keine Wirtschaftsordnung so viele Neuerungen hervorgebracht hat wie der Kapitalismus, ist die gängige Theorie: Erfindungen werden gemacht, weil es die Chance gibt, sie kommerziell zu verwerten, und ihre Verwertung hohe Gewinne verspricht. Der typische Erfinder wäre also der Garagenbastler, der später ein Unternehmen gründet und schließlich als Milliardär stirbt. Bei dieser Gelegenheit wird gern betont, dass Patente und Copyrights deshalb so wichtig seien, weil nur sie dem Erfinder den wirtschaftlichen Ertrag seiner Ideen sicherten.

Der Haken an dieser Theorie ist, dass sie die Ausnahme beschreibt und nicht die Regel. Der amerikanische Publizist Steven Johnson untersucht in seinem überaus lesenswerten Buch *Wo gute Ideen herkommen*[85] die Rahmenbedingungen der 200 wichtigsten Innovationen und wissenschaftlichen Durchbrüche der letzten 600 Jahre. Dabei unterteilt er die Erfindungen in vier Haupttypen: Innovationen, die von einem kleinen Personenkreis innerhalb eines Unternehmens oder von einem einzelnen Erfinder gemacht wurden, klassifiziert er als »individuell«. Als »vernetzt« gelten Innovationen, die von einer größeren Gruppe entwickelt wurden, bei entsprechender Aufgabenverteilung und mehreren Teams, die an dem Problem gearbeitet haben. Sowohl für die »individuellen« als auch für die »vernetzten« Innovationen unterscheidet er dann, ob es von Anfang an beabsichtigt war, mit der Erfindung kommerziell Geld zu verdienen, oder nicht. Die mit solchen Motiven entwickelten Innovationen fallen unter die Rubrik »marktorientiert«. Im Unterschied dazu ist alles, was einfach aus Leidenschaft und der Begeisterung am Tüfteln und Forschen entwickelt wurde, »nicht marktorientiert«.

Johnsons Gliederung ergibt somit vier Kategorien oder auch, wie er es in Bezug auf die grafische Veranschaulichung nennt, vier Quadranten. In den ersten fallen die »individuellen« und »marktorientierten« Innovationen, also alles, was von kleinen Firmen und Einzelunternehmern entwickelt wurde. »Vernetzt« und »marktorientiert« und damit im zweiten Quadranten sind technologische Durchbrüche, die in den Forschungsabteilungen großer Unternehmen oder durch Unternehmen übergreifende Kooperation mit kommerzieller Zielrichtung entstanden sind. Im dritten Quadranten tummeln sich die »individuellen« und »nicht marktorientierten« Einzelkämpfer, also einsame Denker, Amateur-Wissenschaftler und Hobbytüftler, die nicht das große Geld im Auge haben, sondern eher die Anerkennung durch andere, denen sie ihre Ideen bereitwillig zur Verfügung stellen. Und der vierte Quadrant der »vernetzten« und »nicht marktorientierten« Innovationen umfasst alles, was in akademischen Umgebungen und *open source* entwickelt wurde, also in großen kooperativen Netzwerken, in denen Ideen ständig erweitert und verbessert werden.

Intellektueller Gemeingrund

Nach dem gängigen Klischee müsste der überwiegende Teil der Innovationen in den ersten Quadranten, also unter die Rubrik »individuell« und »marktorientiert« fallen. Dem Augenschein nach ist das die typisch kapitalistische Art des technologischen Fortschritts. Johnson zeigt allerdings, dass die Realität ganz anders aussieht. Schon in den frühkapitalistischen Anfängen des 17. und 18. Jahrhunderts wurden die meisten Neuerungen nicht in einem kommerziellen, sondern in einem eher akademischen Umfeld entwickelt. Die großen Geister dieser Epoche – Newton, Franklin, Priestley, Hooke, Jefferson, Locke, Lavoisier, Linné – hielten ihre Ideen nicht zwecks wirtschaftlicher Verwertung unter Verschluss, sondern sie taten alles, sie zu verbreiten und sie anderen zum Weiterdenken und Weiterentwickeln zur Verfügung zu stellen.

Es gibt natürlich in dieser Epoche auch eine Reihe marktorientierter Erfindungen, allerdings überwiegend nicht von Einzelpersonen, sondern meist von größeren Gruppen. Häufig tritt das Phänomen der Mehrfacherfindung auf: Ein und dieselbe Sache wird nahezu gleichzeitig von unterschiedlichen Leuten entdeckt. Eine Dampfmaschine etwa wurde nicht nur von James Watt, sondern auch von anderen konstruiert. Der Grund dafür ist, dass sich solche Erfindungen auf das angesammelte Wissen vieler kreativer Geister stützen. Irgendwann ist dann einfach die Zeit für einen Durchbruch reif. »Die meisten Schlüsseltechnologien, die die Industrielle Revolution vorantrieben«, fasst Johnson zusammen, »waren klassische Beispiele für das, was die Wirtschaftswissenschaft heute ›kollektive Erfindung‹ nennt.«[86]

Für die eigentliche kapitalistische Epoche, also die Zeit von Beginn des 19. Jahrhunderts bis heute, fällt Johnsons Zuordnung noch eindeutiger aus. Der erste Quadrant, also der der individuellen marktorientierten Innovation, ist erneut der am wenigsten besetzte. Auf jeden Einzelkämpfer, der in seinem Labor eine patentrechtlich geschützte Innovation austüftelt, kommen ein halbes Dutzend kollektiver Erfindungen, die entweder in den Entwicklungsabteilungen großer Firmen und Firmennetzwerke, noch wahrscheinlicher aber im marktfernen Umfeld universitärer und anderer öffentlicher Forschungseinrichtungen, also auf intellektuellem Gemeingrund, entwickelt wurden. Am Ende kommt Johnsons Untersuchung zu dem klaren Ergebnis, »dass Wettbewerb in der Entwicklungsgeschichte guter Ideen eine weit weniger zentrale Rolle gespielt hat, als allgemein angenommen wird«.[87]

Rechtliche Mauern

Dafür gibt es mehrere Gründe. Zum einen gedeihen große Ideen am besten durch Austausch, Offenheit und Kommunikation, die durch Patente und Copyrights erschwert, wenn nicht verhindert werden. Es gibt natürlich auch im akademischen Umfeld Formen von Wettbewerb, etwa um die Anzahl von Zitierungen und natürlich auch um Anerkennung und Spitzenpositionen. Was es hier nicht gibt, sind rechtliche Mauern, die Ideen gegen Weiterentwicklung und Verbesserung durch andere abschirmen. Wer im Rahmen seiner Forschung ständig juristische Fragen mitbedenken muss, hat den Kopf für das wirklich Wichtige nicht mehr frei. Muss also an den Lizenzrechten anderer vorbeientwickelt werden, wird Fortschritt verlangsamt, teilweise sogar unmöglich, sofern er nicht vom Patentinhaber selbst ausgeht. Da ein Forschungs- oder Entwicklungsprojekt schnell die Patente eines anderen verletzt, werden außerdem die Kosten hochgetrieben. Das gilt in besonderer Weise, seit Patente von großen Unternehmen mit dem ausdrücklichen Ziel der Behinderung anderer angemeldet werden.

Johnson führt als Beispiel das Internet an. Hätten dessen Erfinder für jede darauf aufbauende Technologie Lizenzgebühren verlangt, hätte Tim Berners-Lee, der Programmierer von HTML, es womöglich gar nicht erst versucht, das World Wide Web zu schaffen. Immerhin war das für ihn nur ein Nebenprojekt, für das er keine finanziellen Mittel zur Verfügung hatte. Es spricht also viel dafür, dass eine Wirtschaft ohne Patente innovativer und dynamischer wäre. Die Sorge, dass ohne Patente die Motivation zur Entwicklung neuer technischer Finessen verloren ginge, wird schon durch die erheblichen Entwicklungsanstrengungen in vielen kleinen und mittleren Unternehmen widerlegt, die aus Kostengründen nie in Patentanmeldungen münden. (Wenn es tatsächlich und ausschließlich echte individuelle Ideen zeitweilig schützen soll, müsste das Patentrecht auf jeden Fall ganz anders gestaltet sein als heute.)

Grundsätzliche wissenschaftliche Durchbrüche basieren, wie wir gesehen haben, zu großen Teilen ohnehin nicht auf Forschung im kommerziellen, sondern im öffentlichen Raum. Solche Forschung braucht keine Aussicht auf künftigen Patentschutz als Motivation, und sie wird durch die Existenz kommerzieller Patente erschwert und behindert. Dass private Unternehmen später die Ergebnisse staatlicher Forschung in private Eigentums- und Patentrechte verwandeln können, ist keine Notwendigkeit, sondern eine Absurdität.

Hohe gesellschaftliche Kosten

Die Gesellschaft insgesamt kommt dies teuer zu stehen. Das rechnet der amerikanische Autor Dean Baker in seinem Buch *The Conservative Nanny State* am Beispiel der US-Pharmaindustrie vor. Diese Industrie macht nach neueren Zahlen allein mit verschreibungspflichtigen Medikamenten einen Umsatz von 220 Milliarden Dollar pro Jahr. Da die Preise für patentgeschützte Arznei in der Regel um mehr als das Dreifache über denen von Generika liegen, könnte die Allgemeinheit etwa 140 Milliarden Dollar im Jahr einsparen, wenn der Patentschutz aufgehoben würde. Laut Angaben der Pharmaindustrie liegen deren jährliche Ausgaben für die Erforschung neuer Medikamente bei rund 41,1 Milliarden Dollar. Die Gesellschaft bezahlt über höhere Preise für patentgeschützte Medizin also mehr als 3 Dollar für jeden Forschungs-Dollar.

Zu den Entwicklungsausgaben von 41 Milliarden Dollar gehört zudem ein beträchtlicher Teil, der für sogenannten *copycat research* ausgegeben wird – also dafür, Medikamente zu entwickeln, die ein ähnliches Wirkungsspektrum haben wie bereits existierende, weil die Originale noch unter Patentschutz stehen. Diese Ausgaben wären überflüssig, wenn es keine Patente gäbe. Etwa zwei Drittel aller neu zugelassenen Medikamente fallen nach Angaben der Pharmaunternehmen in die Copycat-Kategorie. Diese Medizin heilt also nichts, was die bereits vorhandene nicht schon heilen könnte. Das ist eine beachtliche Verschwendung von Forschungsgeldern. Tatsächlich werden von den US-Pharmakonzernen also nicht 41 Milliarden Dollar, sondern nur etwa 17 Milliarden für echte medizinische Innovation ausgegeben. Und für diese Forschungsausgaben von 17 Milliarden bezahlt die Gesellschaft 140 Milliarden über erhöhte Preise, das sind 8 Dollar Preisaufschlag für jeden echten Forschungsdollar. Ein ziemlich mieses Geschäft.

Zusätzlich zu den kommerziellen Ausgaben fließen in den USA Jahr für Jahr etwa 30 Milliarden Dollar öffentliche Gelder zur Unterstützung der Pharmaforschung. Das veranlasst Dean Baker zu einer einfachen Kalkulation: Wenn die Regierung den Patentschutz aufheben, zugleich aber die öffentlichen Forschungsausgaben für die Entwicklung neuer Medikamente verdoppeln würde, könnte das die bisherigen Ausgaben der Pharmaindustrie mehr als ersetzen. Zumal dann keine Forschung an Duplikaten mehr notwendig wäre. Den 30 Milliarden Dollar an öffentlichen Mehrausgaben stünden Ersparnisse der Allgemeinheit von 140 Milliarden Dollar aufgrund der ohne Patentschutz niedrigeren Preise und eine vermutlich ergebnisreichere Pharmaforschung gegenüber: Was – außer den Lügenmärchen der Pharmalobbyisten – spricht dagegen, einen solchen Weg zu gehen?

Geplante Innovation?

Da wir heute gewohnt sind, Innovation mit Spontanität und staatliche Aktivität mit bürokratischer Langsamkeit zu übersetzen, mag die Vorstellung, wichtige Bereiche des wirtschaftlichen Innovationsprozesses in staatliche Regie zu übernehmen, auf den ersten Blick befremdlich scheinen. Es ist richtig: Innovation ist nicht planbar. Dennoch wurde Innovation erstaunlich oft unter staatlicher Hoheit und mit öffentlichem Geld vorangetrieben. Schon Joseph Schumpeter, ganz sicher kein staatsgläubiger Ökonom, sah prinzipiell zwei Wege, innovative Ideen und Technologien voranzubringen. Eine Möglichkeit ist der innovative und kreative Einzelunternehmer, der von dem Anliegen angetrieben wird, seine Entdeckung kommerziell zu verwerten. Die andere ist ein Innovationsprozess, der sich auf das institutionalisierte Zusammenspiel von Spezialisten stützt.

Im Abschnitt über die »sichtbare Hand des Staates« haben wir gesehen, dass der Staat bei den entscheidenden technologischen Durchbrüchen der letzten 150 Jahre – von der Eisenbahn über das Internet bis zur Nanotechnologie – seine Hände im Spiel hatte und die Rolle privater Unternehmen sehr viel kleiner war, als gemeinhin angenommen wird. Gerade grundsätzliche Neuerungen können fast nur in organisierten Innovationssystemen entwickelt werden, die Grundlagenforschung, angewandte Forschung und Entwicklung integrieren und in denen staatliche Einrichtungen und Forschungsgelder eine zentrale Rolle spielen. Denn nur der Staat kann Forschung finanzieren, die sich nicht in kurzen Horizonten rechnen muss.

Glücksritter oder Solarzellen

Wirklich profitieren kann die Gesellschaft von solchen Innovationsprozessen allerdings erst, wenn sie verhindert, dass intellektueller Gemeingrund privat eingehegt und gemeinschaftlich erbrachte, öffentlich finanzierte Forschungsleistungen in private Rechte zur Gewinnerzielung großer Unternehmen und ihrer Anteilseigner verwandelt werden. Natürlich müssen Innovationen den Weg in die wirtschaftliche Praxis finden. Sie brauchen Unternehmen, die sie anwenden und daraus ein Marktprodukt machen. Aber mit tragfähigen innovativen Produkten kann jedes gut gemanagte Unternehmen auch ohne Patentrechte Geld verdienen, zumal dann, wenn die Finanzierungsfrage für junge Gründer besser als heute gelöst wird. Deshalb ist es wichtiger, den Markterfolg von Innovationen durch Starterleichterungen für neue Unternehmen, staatliche Kreditbürgschaften und staatliche Risikokapitalfonds zu erleichtern.

Es ist schwer vorstellbar, dass das Energieproblem anders als durch staatliches Engagement gelöst werden kann, zumal es dabei nicht nur um neue Technologien, sondern auch um die Bereitstellung einer neuen Infrastruktur geht. Wären die 100 Milliarden Euro, die Deutschland seit der Jahrtausendwende für seine missglückte Energiewende ausgegeben hat, für gezielte Forschung eingesetzt worden, hätten wir heute vielleicht schon bessere Speicher oder effizientere Solarzellen. Es wären freilich auch weniger Glücksritter auf der vermeintlich grünen Welle nach oben geschwommen.

Wettbewerb als Entdeckungsverfahren

Eine innovative Wirtschaft muss beides leisten: Sie muss dem kreativen Einzelnen Entfaltungsmöglichkeiten bieten und die Umsetzung seiner Ideen ermöglichen, wenn sie tragfähig wirken. Und sie muss rationelle Abteilungen für langfristige Forschungsaufgaben finanzieren und deren kommerzielle Umsetzung durch Starthilfe für junge Unternehmen befördern. Der »Wettbewerb als Entdeckungsverfahren«, wie ihn Hayek richtig beschrieben hat, hat seinen Platz neben dem staatlich organisierten Innovationsprozess. Es gibt einfach unterschiedliche Arten von Innovation. Die Lösung des Energieproblems oder ein Durchbruch in der Krebstherapie sind andere Herausforderungen als ein gelenkschonender Turnschuh, ein kussfester Lippenstift oder eine besonders wirksame Pickelcreme für Teenager.

Das bedeutet nicht, dass Letztere unwichtig wären. Es sind eben nicht nur die großen Durchbrüche, die unser Leben besser und schöner machen. Große Weltkonzerne gehen teilweise auf Erfindungen zurück, die banal erscheinen, die aber in einer speziellen Frage unseren Alltag erleichtert oder unsere Lebensfreude vergrößert haben. Das unternehmerische Erfolgsrezept des Apothekers Oetker war die Idee, Backpulver in gleichmäßiger Qualität herzustellen und so zu verpacken, dass es exakt zu einem Kuchen von 500 Gramm Mehl passt. Der Erfinder der Gummibärchen, Hans Riegel, ist mit dieser Innovation reich geworden. Und der Schokoladenfabrikant Rudolf Lindt soll schlicht vergessen haben, seine vom Wasserrad betriebene Rührmaschine abzustellen, was seiner Schokolade einen für die damalige Zeit einmalig cremigen Geschmack verliehen hat. Für Backpulver, Gummibärchen oder zarte Schokolade braucht es auch heute keine staatlichen Forschungslabore. Aber natürlich wäre das Leben ärmer ohne sie.

Es sind solche Neuerungen und Ideen, die den Markt unersetzlich machen. Sie sind auch der Grund dafür, warum eine Wirtschaftsordnung mit mehr echtem Wettbewerb reicher und innovativer wäre als der Kapitalismus. Würde die Rolle von Märkten sich darin erschöpfen, durch die Signalwirkung der Preise das Angebot an eine gegebene Nachfrage anzupassen, wäre das marktwirtschaftliche Modell mit dem Internet der Dinge und der zunehmenden digitalen Vernetzung der Wertschöpfung bald obsolet. Schon heute findet in vielen Bereichen *Business on Demand* statt: Produziert wird nicht für einen anonymen Markt, sondern für eine vorab bekannte Nachfrage.

Was funktionierende Märkte allerdings leisten – und bei einer Entflechtung der Konzerne und Verbesserung der Start- und Finanzierungschancen junger Unternehmen noch weit besser als heute leisten würden –, ist die Ausschöpfung der kreativen Potentiale einer Gesellschaft in der Entdeckung solcher »kleinen« Neuerungen:

beim Aufspüren von Marktlücken, beim Verbessern bestehender Produkte und dem Ausprobieren neuer Ideen, beim Feilen an besseren, arbeitssparenden Technologien. Zu solchen Leistungen motiviert kein anderer Mechanismus so gut wie der freie Wettbewerb vieler Anbieter und die ständige Offenheit von Märkten für Neueinsteiger. Das ist das Feld für private Initiative und kommerzielles Engagement.

WIE WOLLEN WIR LEBEN?

Wir haben uns heute daran gewöhnt, den Wohlstand eines Landes vor allem an einer Zahl zu messen: dem Bruttoinlandsprodukt oder kurz BIP. Das große Ziel der Wirtschaftspolitik ist es, das BIP stetig anwachsen zu lassen. Je höher die Rate dieses Wachstums, desto erfolgreicher wähnt sich die Regierung. Nach dieser simplen Formel verbessert all das unser Leben, was das BIP unseres Landes möglichst flott nach oben treibt.

Inzwischen hat sich allerdings herumgesprochen, dass es mit diesem einfachen Maßstab so seine Tücken hat. Nicht nur, weil er alle in einem Land bezogenen Einkommen einfach addiert, ihre Verteilung aber komplett ausblendet, sondern auch, weil in ihn nicht nur wirtschaftliche Aktivitäten eingehen, deren Ergebnisse tatsächlich unser Leben verbessern, sondern schlicht alles, was eine Wirtschaft so herstellt, sofern ihm nur ein Marktpreis zugeordnet werden kann. Ein boomender Finanzsektor, exzessive Rüstungsproduktion oder auch wachsender Medikamentenkonsum sind Beispiele für wirtschaftliche Aktivitäten, die das BIP hochtreiben, aber die Gesellschaft mitnichten reicher machen.

Maß mit Tücken

Historisch ist die Reduzierung der Produktionsleistung eines Landes auf eine einzige Zahl ein junges Phänomen. Durchgesetzt hat sich das Verfahren gegen Mitte des letzten Jahrhunderts, und die Art und Weise der Berechnung war keineswegs selbsterklärend, sondern hochumstritten. Während der Vater der Einkommensrechnung, der amerikanische Ökonom Simon Kuznets, die privaten Einkommen zur Berechnungsgrundlage machen wollte, setzte sich letztlich ein Konzept durch, das ausdrücklich dafür entwickelt wurde, die Verminderung des Wohlstands durch die forcierte amerikanische Rüstungsproduktion im Vorfeld und während des Zweiten Weltkriegs zu kaschieren. Der Trick war, anstelle der Nettoeinkommen – die ja tatsächlich den Lebensstandard bestimmen – die Produktion in den Mittelpunkt zu stellen. Nach diesem Maßstab macht es dann keinen Unterschied, ob eine Wirtschaft Panzer oder Autos produziert. Mit dem so entwickelten Konstrukt arbeiten wir bis heute.

Nun soll hier nicht behauptet werden, dass das Bruttoinlandsprodukt als Wohlstandsmaß völlig wertlos ist. Man kann davon ausgehen, dass es den meisten Menschen in einem Land mit einem jährlichen BIP pro Einwohner von 30 000 Dollar besser geht als in einem, in dem es bei 3 000 Dollar liegt. Insofern ist die Beseitigung von Armut in armen Ländern ganz sicher mit einem Wachstum des Bruttoinlandsprodukts verbunden. In reichen Ländern allerdings haben wir in den letzten Jahrzehnten erlebt, dass das BIP und die Armut gleichzeitig größer werden können.

Unsere Wirtschaft wächst, wenn mehr Güter und Dienste produziert und anschließend verkauft werden. Mehr können wir produzieren, wenn entweder mehr Menschen arbeiten – also die Arbeitslosigkeit sinkt oder die Bevölkerung wächst –, wenn die gleichen Menschen länger arbeiten oder wenn wir dank neuer Technologien mehr in der gleichen Zeit herstellen. Schon daran sieht man, dass Wachstum kein Selbstzweck sein kann. So wünschenswert eine sinkende Arbeitslosigkeit ist, so wenig erstrebenswert sind längere Arbeitszeiten derer, die bereits einen Vollzeitjob haben. Auch in der gleichen Zeit immer mehr von der gleichen Sache zu produzieren macht unser Leben nicht unbedingt besser. Der Bedarf an Gütern ist endlich, irgendwann ist er gedeckt. Kapitalistisch verfasste Unternehmen haben natürlich immer ein Interesse am *Mehr*, weil das *ihr* Wachstum sichert. Aber *unser* Wohlstand erhöht sich dadurch nicht unbedingt.

Der Schlaf der australischen Ureinwohner

Tatsächlich ist es die Entstehung von Neuem, neuer Produkte und neuartiger Dienstleistungen, die unser Leben verbessern und im besten Fall zusätzlich Ressourcen schonen, die echtes Wachstum schon immer ausgemacht hat. Deshalb ist pauschale Wachstumskritik genauso falsch wie die Vorstellung, unser höchstes wirtschaftliches Ziel bestünde darin, immer mehr von dem zu produzieren, was wir bereits haben. Der Sinn arbeitssparender Technologien ist nicht, mehr von demselben Produkt herzustellen, also etwa jedes Jahr mit der gleichen Belegschaft mehr Autos oder mehr Kühlschränke. Das macht zwar eine arme Gesellschaft reicher, aber eine wohlhabende, in der jeder seinen Kühlschrank und auch viele ein Auto haben, kann dadurch nicht mehr viel gewinnen. Der wohlstandsfördernde Effekt des arbeitssparenden Fortschritts ist, dass die Gesellschaft freie Zeit für anderes bekommt: für andere Erzeugnisse, die unser Leben verschönern, für neue Dienstleistungen, die es erleichtern, oder dafür, dass man sich in anderen Bereichen arbeitsintensivere Technologien leisten kann, die nachhaltiger, umweltverträglicher oder einfach menschenfreundlicher sind. Und nicht zu vergessen: arbeitssparender Fortschritt schafft Raum für Freizeit, in der jeder tun kann, was er will.

Ältere Kulturen sind mit dem Lebenszeitgewinn arbeitssparender Neuerungen viel sorgsamer umgegangen. Die Einführung der Stahlaxt bei einer Gruppe australischer Ureinwohner namens Yir Yoront führte nicht etwa zu einer ausgedehnteren Produktion, sondern zu längeren Schlafperioden. In Büchern, die die Segnungen von Wachstum und Kapitalismus beschreiben, wird dieses Beispiel manchmal als besondere Kuriosität angeführt: Schaut, was diese Leute doch für Idioten waren, schlafen einfach, statt ihre Wirtschaftsleistung zu erhöhen! Was spricht eigentlich gegen mehr

Schlaf? Viele Menschen, die heute mit Zwölf- oder Vierzehn-Stunden-Arbeitstagen durchs Leben hasten, würden sich mehr Ruhe wahrscheinlich wünschen. Zumal man gewonnene Freizeit natürlich auch nicht verschlafen muss. Wenn es stimmt, dass der Mensch ein soziales Wesen ist, bedeutet zusätzliche Zeit, die wir mit unseren Lieben verbringen können, vermutlich einen größeren Zugewinn an Lebensqualität als ein schnelleres und komfortableres Auto.

Nicht immer mehr, sondern immer Neues

Im Allgemeinen äußert sich wachsender Wohlstand nicht darin, dass wir mehr vom Gleichen konsumieren, sondern dass wir uns Dinge leisten können, die vorher nicht in unserem Konsumkorb waren. Nehmen wir ein Beispiel: Ein Sternerestaurant ist eine ziemlich arbeitsintensive und daher auch teure Sache. Je weniger Zeit eine Gesellschaft dafür braucht, all die Dinge zu produzieren, die zur Basisausstattung eines modernen Lebens gehören, desto mehr Sternerestaurants kann sie sich leisten. Oder anders ausgedrückt: desto mehr Leute können sich den Besuch in einem solchen Restaurant leisten.

Eigentlich. Das gilt aber natürlich nur, wenn der technische Fortschritt allen zugutekommt, was unter kapitalistischen Bedingungen eher unwahrscheinlich ist. Wird die arbeitssparende Innovation nicht durch quantitatives Wachstum wettgemacht, also mehr Autos oder mehr Kühlschränke, bedeutet sie für die betroffenen Beschäftigten oft den Verlust ihres Arbeitsplatzes und unter Umständen auch die Entwertung ihrer Qualifikation. Finden sie keinen neuen Job zu einem ähnlichen Gehalt, werden sie schlechter leben als vorher und nicht besser, der technologische Fortschritt macht sie persönlich also nicht reicher, sondern ärmer. Deshalb haben sich Arbeiter schon in den Anfangszeiten des Kapitalismus gegen die Maschinen gewandt, und bis heute hält sich die Denkweise, eine

Produktion sei umso besser, je mehr Arbeit sie erfordert, und nicht, je weniger.

Der Heizer auf der Elektrolok

Manchmal wurde von Gewerkschaften oder Staaten sogar darauf hingewirkt, technisch längst überflüssige Tätigkeiten künstlich aufrechtzuerhalten, um den betroffenen Arbeitnehmern ein Auskommen zu sichern. Der Klassiker ist der Heizer, der in der britischen Eisenbahn auch noch mitfahren durfte, als die Dampflokomotiven durch Elektroloks ersetzt wurden. Maggy Thatcher machte dem ein Ende, nachdem sie die Gewerkschaften entmachtet hatte. Unter technischen Aspekten hatte sie recht, sozial dagegen war ihre Entscheidung brutal, da die ehemaligen Heizer nahezu keine Chance hatten, in ihrem Leben noch einen auskömmlich bezahlten Job zu finden.

Aus berechtigtem Misstrauen gegenüber dem Umgang des Kapitalismus mit arbeitssparenden Technologien wird heute auch die digitale Revolution eher als Wohlstandsbedrohung denn als Chance empfunden. Zwei Oxford-Wissenschaftler haben kürzlich mit einer Studie für Unruhe gesorgt, in der sie die These vertreten, dass bis zum Jahr 2033 in den USA 47 Prozent aller Arbeitsplätze durch Automatisierung und Computer überflüssig werden.[88] Auch wenn sie die Entwicklung wahrscheinlich überzeichnen, der Trend, den sie beschreiben, ist real.

Es scheint absehbar, dass das Taxigewerbe irgendwann von selbst fahrenden Autos abgelöst wird und auch S-Bahnen, U-Bahnen und Busse niemanden mehr im Fahrerhäuschen brauchen. Wahrscheinlich werden manche den gesprächsfreudigen Taxifahrer vermissen und im öffentlichen Nahverkehr wird man sich ohne Personal nicht unbedingt sicherer fühlen. Aber vielleicht gewöhnen wir uns daran. Nicht unwahrscheinlich ist auch, dass irgendwann programmierte kleine Drohnen den Päckchenzusteller ersetzen und wir im Supermarkt mit dem Einkaufswagen einfach durch eine elektronische

Schranke fahren, die alle Waren automatisch scannt und uns die Summe anzeigt, die wir zu bezahlen haben. Werden die früheren Kassierer, Postzusteller, Taxi- und Busfahrer umgeschult und finden woanders zu mindestens gleichem Gehalt eine Perspektive, werden sie die alte Arbeit kaum vermissen. Wer wünscht sich nicht, seine Zeit mit kreativeren und anspruchsvolleren Tätigkeiten zu verbringen.

Die Aussicht auf den mit der Digitalisierung einhergehenden Zugewinn an Produktivität könnte uns also freuen, denn er könnte unser Leben von Mühsal und Stress befreien und uns Freiräume für interessantere Arbeiten eröffnen. Das Problem ist nur: Im Rahmen der heutigen ökonomischen Strukturen und Machtverhältnisse wird er das nicht tun. Denn solange nicht gutes Leben, sondern höchstmögliche Rendite der Maßstab unseres Wirtschaftens ist, bedeutet eine großflächige Ersetzung von Arbeit durch Kapital vor allem zerstörte soziale Existenzen und eine weitere Machtverschiebung zum Vorteil der Kapitaleigentümer. Werden aus ehemaligen Postzustellern und Taxifahrern ebenso wie aus früheren Bergarbeitern und Stahlkochern verzweifelte Langzeitarbeitslose, die keinen beruflichen Wiedereinstieg finden, dann wird die Gesellschaft durch die digitalen Technologien nicht reicher, sondern ärmer. Es sind also die Strukturen der kapitalistischen Wirtschaft selbst, die uns daran hindern, den technologischen Fortschritt zu unser aller Wohl zu nutzen.

Krank machende Technologien

Hinzu kommt ein weiteres Problem. Wir haben vorhin den Anreiz zu arbeitssparenden Neuerungen den *Innovationsmotor* des Kapitalismus genannt. Aber dieser Anreiz wirkt bedingungslos und richtungslos. Nahezu jede arbeitersparende Innovation, die die Produktionskosten senkt, lohnt sich für den Unternehmer. Aber bei weitem nicht jede ist auch ein Fortschritt.

So lassen sich die landwirtschaftlichen Erträge pro Arbeiter durch extensiven Gebrauch von Kunstdünger und Pestiziden, bei Tieren durch Einsatz von Wachstumshormonen und Antibiotika kräftig nach oben treiben. Je kleiner und scheußlicher die Käfige der Hühner, desto mehr Eier bringt die Anlage bei nahezu gleicher Arbeitsmühe. Biogemüse, zumindest wenn es wirklich vom Biobauern kommt, ist auch deshalb teurer als industriell hergestelltes, weil es einen wesentlich größeren Arbeitseinsatz verlangt. Es gibt also Formen der Arbeitsersparnis, die die Gesellschaft nicht reicher, sondern kränker machen. Und die sich trotzdem rentieren, weshalb starke Wirtschaftslobbys alles daransetzen, ordentliche Gesetze zum Verbraucher- und Umweltschutz zu verhindern oder auszuhöhlen. Auch viele arbeitsarme Herstellungsmethoden in der Industrie rächen sich durch schleichende Umweltzerstörung oder auch durch geringe Haltbarkeit und schlechte Recycelbarkeit der so erzeugten Produkte.

Darüber hinaus gibt es Arbeiten, bei denen wir uns nicht wünschen sollten, dass sie irgendwann durch Roboter erledigt werden. Unter dem Gesichtspunkt der Kapitalverwertung ist es ein großes Manko, dass viele Bereiche des Dienstleistungssektors bisher kaum kapitalintensiv sind und sich daher schlecht für kapitalistische Produktion eignen. Monopolstellungen, etwa bei privatisierten Krankenhäusern oder digitalen Diensten, sichern zwar hohe Gewinne, aber in vielen Dienstleistungsbranchen funktioniert der Markt noch und es existiert kein Raum für Produktivitätssteigerungen, Automatisierung und Größenvorteile. Ein Haarschnitt kostet heute die gleiche Zeit wie vor 100 Jahren, und der Aufwand an Zeit, um einem Kind das ABC beizubringen, ist ebenfalls ähnlich.

Die Digitalisierung scheint in diesen Bereichen neue Möglichkeiten zu eröffnen. Keine Frage, Online-Angebote können eine hilfreiche Ergänzung des regulären Unterrichts und Studiums sein. Aber niemand sollte sich ein Bildungssystem wünschen, in dem Online-Kurse und Online-Prüfungen den überwiegenden Teil der Lehrer und Universitätsprofessoren ersetzen. Es ist kein Zufall, dass die

Abbrecherquote bei den schon heute angebotenen Online-Studiengängen wesentlich höher liegt als an normalen Universitäten. Den wenigstens Menschen liegt es, sich allein und ohne Austausch Wissen anzueignen. Dennoch ist das ein Projekt, das einige Anbeter der digitalen Ökonomie ernsthaft verfolgen. Und wenn die Staaten unter neoliberaler Ägide weiterhin an Einnahmen verlieren, liegt es nahe, dass die Idee, den Lehrermangel durch Online-Angebote auszugleichen, irgendwann auch in der deutschen und europäischen Politik Fürsprecher finden wird. Im Ergebnis würde das die Bildungsmisere natürlich nur verschlimmern und die Unterschiede zwischen Kindern mit elterlicher Unterstützung und solchen, die darauf nicht zählen können, weiter vergrößern.

Von Robotern gepflegt

Getoppt wird die lehrerfreie Bildung noch durch eine andere Vision aus der digitalen Gruselküche: Billigpflegeheime, in denen kaum noch Personal beschäftigt wird, hingegen vollautomatisierte Roboter die Senioren waschen und mit Getränken und Essen versorgen. Technisch ist das schon heute in bestimmten Bereichen machbar, und tatsächlich werden in Japan bereits Roboter in der Altenpflege eingesetzt: zum Waschen, Heben und Kuscheln. Das liegt ganz im Trend. Längst wird die Pflegearbeit so in abrechenbare Abschnitte zerhackt, dass sie augenscheinlich auch von einem Roboter verrichtet werden könnte: kleine Wäsche, große Wäsche, Hilfe bei der Nahrungsaufnahme ... Aber was alte Menschen mindestens ebenso sehr brauchen wie Nahrung und Wäsche, sind Zuwendung und menschliche Nähe. Dafür bleibt schon heute viel zu wenig Zeit, und es entfiele dann ganz.

Eine finstere Vorstellung, aber eine, die sich rechnen würde und die daher bestens zu unserer durchkommerzialisierten Gesellschaft passt. Wohlhabende Senioren werden sich selbstverständlich auch in Zukunft Heime leisten können, in denen sie von Menschen umsorgt werden. Aber die Pflegeversicherung würde verführerisch viel

Geld sparen, wenn die Roboterheime für die wenig zahlungskräftige Kundschaft kommen. Deshalb lässt sich leicht vorhersagen: Bleibt es bei den heutigen gesellschaftlichen Prioritäten und Machtverhältnissen, dann sieht die Zukunft wohl so aus.

Spitzenautos und glückliche Kinder

In einer vernünftigen Wirtschaft würde die Anwendung arbeitssparender Technologien in den Branchen, in denen sie sinnvoll einsetzbar sind, den Freiraum schaffen, unsere Arbeit auf andere Bereiche zu konzentrieren: beispielsweise auf Gesundheit und Pflege, die Kinderbetreuung oder auch die Schulen und Universitäten. Aber das funktioniert nur, wenn die Gewinne aus steigender Produktivität nicht allein den Branchen zugutekommen, in denen sie anfallen. Warum ist es uns heute wichtiger, Spitzenautos zu produzieren, als eine gute frühkindliche Bildung und eine vorbildliche Seniorenpflege zu gewährleisten? Weil sich mit Spitzenautos hohe Gewinne erwirtschaften lassen, von denen auch die Beschäftigten – zumindest ein großer Teil von ihnen – profitieren. Für Tätigkeiten hingegen, die kein Roboter produktiver machen kann (oder zumindest nicht sollte) – die Erzieherin, die mit unseren Kinder spielt, die Grundschullehrerin, die ihnen erste Bildung vermittelt, oder der Pfleger, der unsere kranken oder alten Angehörigen umsorgt –, werden teilweise unwürdig niedrige Gehälter gezahlt.

In einer Gesellschaft, in der Ansehen und Respekt sich wesentlich über das Geld definieren, heißt das: Wer Autos baut oder Maschinen wartet, genießt ein höheres gesellschaftliches Ansehen als jemand, der sein Einkommen damit verdient, sich liebevoll um andere Menschen zu kümmern. Solange das so bleibt, sollten wir uns nicht wundern, dass wesentlich mehr gesellschaftliche Kreativität auf die Frage konzentriert wird, die Leistung und Ausstattung unserer Sportwagen zu verbessern, als auf die, wie man Kindern eine schöne Kindheit und Senioren ein würdiges Alter ermöglicht. Die Frage ist: Wollen wir das? Sind das wirklich unsere Prioritäten? Wir sollten es nicht der kommerziellen Wirtschaft überlassen, diese Frage für uns zu entscheiden.

Entprofessionalisierung: Idioten statt Facharbeiter

Selbst in der Fertigungsbranche ist nicht jede Arbeitsersparnis ein Fortschritt. Das Renditemotiv ist nämlich auch ein starker Anreiz, Technologien zu bevorzugen, die die Arbeit entprofessionalisieren. Handwerkerarbeit, die spezielle Fertigkeiten voraussetzt, oder andere qualifizierte Facharbeit wird, soweit es möglich ist, durch Tätigkeiten ersetzt, für die es kaum einer Qualifikation bedarf. Auch das rechnet sich, weil unqualifizierte Arbeit eben billiger zu haben ist. Solange der Preis für Arbeit wie der von Kartoffeln oder Autos auf einem Markt bestimmt wird, ist er umso niedriger, je mehr Konkurrenz es um einen bestimmten Arbeitsplatz gibt. Und bei einfachen Arbeiten, die im Prinzip jeder machen kann, ist die Konkurrenz natürlich viel größer als bei solchen, die besondere Fähigkeiten und eine spezielle Ausbildung voraussetzen.

Der Kapitalismus hat in einer immer größeren Zahl von Branchen handwerkliche Qualitätsproduktion durch industrielle Massenfertigung ersetzt und so Wissen und Fertigkeiten entwertet. Das funktionierte in vielen Bereichen ohne Qualitätsverlust und kann ein Fortschritt sein. Die *Spinning Jenny*, die erste industrielle Spinnmaschine, hat das mühsam erworbene handwerkliche Geschick der Weber von einem Tag zum nächsten wertlos gemacht. Dennoch würde wohl niemand die These vertreten, die Menschheit hätte besser beim Spinnrad bleiben sollen. Außerdem sind mit den neuen Technologien natürlich auch neue qualifizierte Arbeitsplätze entstanden – Ingenieure gab es früher nicht und vor dem digitalen Zeitalter auch keine Informatiker. Aber es gibt Bereiche, da funktioniert die Mechanisierung nur um den Preis des Qualitätsverlusts, und die Entprofessionalisierung ist ein klarer Rückschritt.

Ikea-Kultur

Die billigste Art, Wohnraum herzustellen, ist beispielsweise das Hochhaus aus standardisierten Betonplatten, und die billigste Art, sich einzurichten, ist der Einkauf von Pappschränken, die man selber zusammenhämmern muss. Trotzdem würden wohl die meisten lieber in einem stilvollen Alt- oder Neubau mit hohen Decken, wenigen Wohneinheiten und eleganten Holzmöbeln leben. Es gibt immer wieder Zeiten, in denen es wichtig ist, möglichst schnell möglichst viele Wohnungen zu bauen, weil Menschen, die frieren, eben ein Dach über dem Kopf brauchen. Aber das gilt in Zeiten der Not, und nur dann.

Ansonsten haben wir hier den gleichen Zusammenhang wie bei den Sternerestaurants: Je mehr wir das ohne Qualitätsverlust Standardisierbare den Automaten überlassen, desto mehr Zeit hätte die Gesellschaft eigentlich, um wirklich schöne Wohnungen nicht nur für Besserverdienende zu bauen und anständige Möbel auch für die normale Brieftasche zu zimmern, also kurz, um mehr Arbeit dort zu investieren, wo wir gut ausgebildetes und qualifiziertes Personal brauchen.

Sie mögen jetzt sagen: Es soll doch jeder kaufen, was er will. Niemand ist gezwungen, zu den Billiganbietern zu gehen. Es gibt zu jedem Billigprodukt auch eine Premiumversion. Jedem steht es frei, sich sein Bücherregal vom qualifizierten Schreiner passgenau an die Wand bauen zu lassen.

Nun ja, jedem, der es sich leisten kann. Dass es sich viele trotz der Produktivitätsgewinne der letzten Jahrzehnte nicht leisten können, ist aber eben auch Ergebnis der Machtverschiebung zwischen Arbeitenden und Kapitaleigentümern, die die Löhne unter Druck gesetzt hat. Beispielsweise gehörte zur Möbelherstellung früher ganz selbstverständlich der Arbeitsschritt, dass der Schreibtisch oder Schrank zusammengebaut wurde. Heute bekommt der Normalverbraucher bei den meisten Anbietern Kisten voller Einzelteile geliefert, aus denen er sich dann in seiner Freizeit, schwitzend und fluchend, selbst ein brauchbares Möbelstück zusammenbauen muss. Nur noch dem, der einen kräftigen Aufpreis zahlt oder in sehr teuren Geschäften kauft, wird diese Arbeit abgenommen.

Während es also früher auch für den Durchschnittsverdiener eine Normalität war, Möbel, Haushaltsgeräte oder was auch immer im Zustand ihrer Fertigstellung zu erwerben, ist es heute ein Luxus, den man sich leisten können muss. Die unsägliche Ikea-Kultur hat einen Teil der Arbeit vom Unternehmensbereich in die privaten Haushalte zurückverlagert, also von Fachleuten zu freiwilligen oder eher unfreiwilligen Hobbybastlern. Die, die diese Arbeit früher professionell verrichtet haben, hatten damit keine gefragte Qualifikation mehr und ihre Jobs wurden wegrationalisiert.

Ein sich selbstverstärkender Prozess

Der amerikanische Nobelpreisträger Paul Samuelson beschreibt den Effekt der Globalisierung, also der Verlagerung von Arbeit in Billiglohnländer, für unseren Wohlstand so: »Dass wir im Supermarkt manche Dinge 20 Prozent billiger bekommen, reicht nicht notwendigerweise aus, um die Lohneinbußen wettzumachen, die eingetreten sind, weil diese Dinge jetzt in China produziert werden.«[89] Bei der Verlagerung von Produktion muss sich nicht unbedingt die Qualität der Produkte verschlechtern, die Arbeit wird nur woanders erledigt. Aber selbst wenn es zu Qualitätsverlusten kommt: Weil die, die in den betroffenen Branchen früher ihren Arbeitsplatz hatten, heute weniger verdienen oder gar keinen neuen Job finden konnten, erhöht sich auf jeden Fall die Nachfrage nach solchen Billigprodukten. Ein sich selbst verstärkender Prozess.

Nach der gleichen Logik können bestimmte Facharbeiterjobs mittels neuer Technologien auch ersatzlos oder durch Billiglohnjobs im eigenen Land vernichtet werden. Auch in diesem Fall kommt es nicht unbedingt, aber doch mit hoher Wahrscheinlichkeit zu sinkender Qualität. Findet eine solche Entwicklung jedoch in vielen Branchen gleichzeitig statt, sind es letztlich die Einkommensverluste durch Entwertung von Fachwissen und Professionalität, die selbst dazu beitragen, dass die neuen Billigerzeugnisse trotz schlechterer Qualität Nachfrage finden. Denn je mehr Facharbeiter ihren Job verlieren und je stärker dadurch die Zahl der gut bezahlten Jobs zurückgeht, desto mehr Probleme haben die verbliebenen Qualitätsanbieter, ihre Produkte zu verkaufen. Am Ende wird auf diese Weise nicht nur individueller Wohlstand vernichtet, es sinkt auch die Fähigkeit der Wirtschaft zur Herstellung hochwertiger Produkte. In der Konsequenz werden Dinge, die sich früher viele leisten konnten, wieder zu einem Luxus weniger.

Alpträume aus dem Silicon Valley

Nicht überall also ist Arbeitsersparnis ein erstrebenswertes Ziel. Gerade im Falle qualifizierter Facharbeit sollte man immer genau hinsehen, ehe man eine Innovation bejubelt, die vorgibt, solche Arbeit durch einen Automaten zu ersetzen. In besonderer Weise gilt das für jene apokalyptischen Schreckensvisionen, die uns aus den lichtdurchfluteten Büros des Silicon Valley als erstrebenswerte Zukunft verkauft werden. Im Kern laufen sie auf die These vom generellen Ende professioneller Arbeit hinaus.

In Zukunft, so lautet die frohe Botschaft – denn auf diese Zukunft sollen wir uns tatsächlich freuen! –, kann jeder alles machen, weil sowieso niemand mehr irgendetwas richtig kann, denn fürs Können wird ja keiner mehr bezahlt. Das einzig Professionelle, was dann noch bleibt, sind die Software und die Algorithmen, die den endlosen Strom von Big Data auswerten und uns unsere Entscheidungen abnehmen.

Wofür noch ein Bankberater, der Algorithmus weiß doch viel mehr über uns und kann auf seine undurchschaubare Weise, Gottesurteilen gleich, darüber richten, ob wir kreditwürdig sind oder nicht. Wofür noch Journalismus, der Algorithmus filtert aus Millionen News die meistgeklickten und stellt sie schön sortiert und übersichtlich dar. Die Artikel muss trotzdem zunächst einmal jemand geschrieben und ins Netz gestellt haben? Kein Problem, es gibt doch genug Leute, die irgendwelche Sachen ins Netz stellen, sie sollen nur nicht erwarten, dass sie einer dafür entlohnt. Wofür noch ein *Guide Michelin*, das Internet ist voll von Nutzerbewertungen, und jeder, der einmal den Fehler gemacht hat, über einen digitalen Anbieter eine Online-Reservierung eines Restaurants vorzunehmen, wird terrorisiert, bis er seine Bewertung abgegeben hat. Wozu noch ein *Brockhaus*, wir haben doch *Wikipedia* mit seinen zahllosen unbezahlten Mitarbeitern. Und warum soll die Krankenversicherung die Konsultation professioneller Ärzte bei kleineren Beschwerden noch zahlen, wir haben doch so viele Gesundheits-Blogs im Netz, auf denen man seine Wehwehchen eingeben und von der Netzgemeinde viele gut gemeinte Ratschläge zu ihrer Behandlung bekommen kann.

Um nicht missverstanden zu werden: Es geht nicht um die Abwertung all der zuweilen sehr qualifizierten Beiträge, die Menschen ins Netz stellen, ohne dafür irgendeine Kompensation zu verlangen. Es geht nicht darum, dass Wikipedia in vielen Fragen eine hervorragende Hilfe ist und sehr viel aktueller sein kann als jede in Buchform vorliegende Lexikonedition. Es gibt sehr informative Blogs, die unentgeltlich geschrieben werden. Und es sei auch nicht bestritten, dass Restaurant- oder Hotelbewertungen durch ehemalige Gäste dabei helfen können, einen missglückten Abend oder verdorbenen Urlaub zu vermeiden. Es geht darum, dass solche Angebote die professionellen nicht ersetzen können. Und wenn Letztere keine Chance mehr haben, sich zu finanzieren, dann werden sie verschwinden. Das allerdings ist kein Fortschritt, sondern ein großer Verlust.

Aufgeblasenes Kinderspielzeug

Im Zentrum der Debatte um die künftige Entbehrlichkeit von Professionalität stehen die möglichen Potentiale des 3D-Drucks, dem die kühnsten Freunde der digitalen Ökonomie zutrauen, in Zukunft die Fertigung unserer gesamten Konsumwelt von der Fabrik ins traute Heim zurückzuverlagern. Als Herr über einen solchen Drucker und die entsprechende Software soll in Zukunft jeder sein individuelles und auf die eigenen Wünsche abgestimmtes Haus, Auto und Sofa konstruieren und produzieren.

Tatsächlich kommen solche Drucker schon heute in bestimmten Bereichen zum Einsatz, und es spricht einiges dafür, dass sie in Zukunft tatsächlich dazu beitragen, die automatische Fertigung stärker zu individualisieren und spezielle Kundenwünsche einzubauen. Dass Produkte wie Autos, die mit hoch spezialisiertem Fachwissen und qualifizierter Facharbeit entwickelt und gebaut werden, in Zukunft von einem Hobbybastler aus dem 3D-Drucker gezaubert werden könnten, ist natürlich eine abwegige Vorstellung. Nicht abwegig ist aber, dass selbst in diesem Bereich Superbilligprodukte in Zukunft die Qualitätsarbeit verdrängen könnten. Fahrbare Kästen, die aussehen wie ein aufgeblasenes Kinderspielzeug, könnten solche Drucker vielleicht irgendwann tatsächlich ausspucken. Sollten solche Ungetüme einst unser Straßenbild bestimmen und nur noch ab und an zwischen ihnen ein elegantes Automobil mit echter Hochtechnologie und allen Finessen moderner Sicherheitstechnik unter der Haube auftauchen, können wir uns sicher sein: Es liegt nicht daran, dass die Mehrheit den Google Car plötzlich schicker oder bequemer findet als einen Audi oder Citroën.

3D-Druck-Visionen

Es gibt also sinnvolle Einsatzgebiete des 3D-Drucks, die zweifellos zunehmen werden, und es gibt digitale Gruselvisionen, die letztlich auf eine Übertragung der Ikea-Kultur auf alle Lebensbereiche hinauslaufen. Weshalb sollte ein Chirurg, der das Händchen dafür hat, hervorragende Knieoperationen durchzuführen, in Zukunft auch noch seine Gebrauchsgüter an irgendeinem blöden Drucker programmieren? Das ist genauso absurd wie die Zumutung, dass ein Doktorand, der dem Geheimnis eines seit langem gesuchten mathematischen Beweises auf der Spur ist, die Regale, in denen seine Fachbücher stehen, selbst zusammenhämmern muss. Arbeitsteilung, Spezialisierung und Professionalisierung sind die Grundlage der Wohlstandsgewinne der Menschheit in den letzten Jahrhunderten. Die Nivellierung von Professionalität ist ganz sicher kein Zugewinn an Freiheit und Lebensqualität, sondern ein Rückschritt.

Es sollte den Anhängern des bedingungslosen Grundeinkommens zu denken geben, dass auch ihr Konzept aus solchen Denkschulen stammt. Wenn Können nichts mehr zählt und man mit seinen besonderen Fähigkeiten und Qualifikationen kein Geld mehr verdienen kann, muss man natürlich trotzdem irgendwie überleben. Aber eine solche Zukunft ist nicht unausweichlich, und wir sollten alles dafür tun, sie zu verhindern.

Verlorene Selbstachtung

Wenn solche Visionen bloße Spinnereien wären, könnten wir sie mit Schweigen übergehen. Das Schlimme ist aber: Sie beschreiben einen realen Trend. Die Entprofessionalisierung der US-Ökonomie ist bereits weit fortgeschritten. Neben der digitalen Ökonomie und der Finanzwirtschaft boomt aktuell eigentlich nur noch die Rüstungsproduktion. In Europa ist es noch nicht ganz so weit, in Deutschland wird statt über Entprofessionalisierung über Facharbeitermangel geredet. Aber man sollte sich nicht täuschen lassen: Anders, als das Gerede uns weismachen will, haben derzeit in Deutschland über 2 Millionen Facharbeiter und weitere 280 000 Akademiker lediglich einen Minijob, sind also faktisch arbeitslos. Und das, obwohl das Bildungssystem dafür sorgt, dass nur noch äußerst wenige Facharbeiter nachkommen. In anderen europäischen Ländern ist die Situation noch schlimmer. Es ist also gar nicht so unwahrscheinlich, dass die Zukunftsentwürfe des Silicon Valley wahr werden, denn sie liegen im Trend des heutigen Finanz- und Informationskapitalismus.

Die Idee einer Wirtschaft, in der die meisten Menschen keine besondere Qualifikation mehr haben, würde nicht allein bedeuten, dass wir viel von unserem materiellen Wohlstand verlieren. Viel schlimmer ist, dass der Mensch in einem solchen Umfeld einen wesentlichen Teil seiner Selbstachtung verliert. Schon Aristoteles wusste, dass Menschen nicht einfach versorgt sein wollen, sondern dass sie ihre angeborenen oder erlernten Talente einsetzen möchten und dass sie mit ihrer Arbeit umso zufriedener sind, je herausfordernder oder komplizierter sie ist.

Eben weil Menschen Menschen sind, möchten sie nicht nur satt, sondern auch anerkannt sein. Je anspruchsvoller eine Tätigkeit ist und je weniger andere Menschen sie ebenso gut erledigen könnten, desto größer ist in der Regel die Anerkennung. Daher ist die Überwindung der stupiden, langweiligen, anspruchslosen Berufe durch die Digitalisierung keine Katastrophe, sondern ein Fortschritt. Aber gerade wenn es immer weniger unqualifizierte Jobs gibt, wird es umso wichtiger, es jedem und jeder durch Bildung und Qualifizierung zu ermöglichen, die eigene Begabung so zu entwickeln, dass er oder sie irgendetwas auf besonders gute und professionelle Weise kann.

Seltene Nieten

Es gibt übrigens einen empirischen Beweis dafür, dass nahezu jeder bei guter Ausbildung auch zu guten Leistungen auf einem bestimmten Gebiet fähig ist. Er besteht darin, dass aus den meisten Kindern vermögender Eltern etwas wird. Wer sich nicht zu der These versteigen will, dass der Reichtum der Eltern ein Indikator für die besondere Intelligenz der Kinder ist, der muss einräumen, dass die Absolventen teurer Privatschulen einer Zufallsauswahl entsprechen – es sind eben die Kinder, die zufällig in einem vermögenden Elternhaus geboren wurden. Natürlich gibt es unter ihnen hin und wieder auch komplette Nieten, aber sie sind erstaunlich selten. Zumal man berücksichtigen muss, dass jemand, der ein zwei- oder dreistelliges Millionenerbe in Aussicht hat, deutlich weniger motiviert ist, aus sich etwas zu machen, als ein junger Mensch, dessen künftiger Wohlstand ausschließlich von der eigenen Lebensleistung abhängt. Man kann also davon ausgehen, dass im Falle einer Spitzenausbildung für alle die Quote der Versager noch niedriger läge als bei den Abgängern der teuersten Privatschulen und Spitzeninternate.

Natürlich kann nicht jeder alles werden, wenn man ihn nur ordentlich ausbildet. Aus Einstein wäre wahrscheinlich kein guter Tenor und aus Luciano Pavarotti vielleicht ein schlechter Informatiker geworden. Auch dass der autistische Mathematiker und Spieltheoretiker John Forbes Nash sich als Regisseur romantischer Liebesfilme geeignet hätte, darf bezweifelt werden. Es geht nicht darum, dass jeder bei guter Ausbildung zu allem fähig wäre, sondern dass nahezu jeder irgendeine Begabung hat, die ihn in einem bestimmten Gebiet zu überdurchschnittlichen Leistungen befähigt.

Einem guten Leben dürfte uns eine solche Perspektive jedenfalls wesentlich näher bringen als der Vorschlag, als ewige Dilettanten, ernährt von einem Grundeinkommen, ein folgenloses Dasein zu fristen. Das wäre zwar immer noch besser als die Drangsale von Hartz IV oder die täglichen Demütigungen in vielen Niedriglohnjobs heute, aber als Ideal taugt es nicht. Überzeugend wäre ein solches Konzept letztlich nur, wenn die Annahme stimmen würde, dass ein beträchtlicher Teil der Menschheit nicht qualifizierbar und zu professioneller Arbeit nicht fähig ist. Das aber ist nicht nur kein schönes Menschenbild, es ist vor allem ein falsches.

Ein gutes Leben ist also keine Frage abstrakter Wachstumszahlen. Nicht das BIP, nicht die Größe des Kapitalstocks, nicht die Geldvermögen und noch nicht einmal die Produktivität taugen zum letztgültigen Maßstab für den Wohlstand einer Gesellschaft. Verallgemeinert lässt sich allenfalls Folgendes sagen: Technologien, die stupide, langweilige und mechanische Arbeiten ersetzen, machen uns tendenziell reicher, denn je weniger Arbeit eine Gesellschaft für die Versorgung mit den materiellen Grundbedarfsgütern aufwenden muss, desto mehr Zeit hat sie für anderes zur Verfügung. Je stärker uns die modernen Technologien allerdings von monotonen und langweiligen Tätigkeiten entlasten, umso mehr Profession und Spezialisierung brauchen wir. Das wäre auf jeden Fall der progressive Gegenentwurf zu der Idee, der Mehrheit der Menschen die Möglichkeit vorzuenthalten, es jemals in einem bestimmten Beruf zu Anerkennung und Respekt zu bringen, und sie dafür mit der Aussicht zu ködern, in Zukunft zu allem und jedem im Netz ihren Senf abgeben zu dürfen.

Und wenn die Technik irgendwann auch das nötige Volumen professioneller Arbeit reduziert? Na, umso besser. Wer sagt denn, dass wir bis in alle Ewigkeit acht Stunden am Tag unserer Profession nachgehen sollten. Wenn wir mit fünf oder vier Stunden Arbeit alles bereitstellen können, was wir zu einem guten Leben brauchen, wunderbar. Dann haben wir endlich mehr Zeit für all die anderen Dinge, die neben anspruchsvoller Arbeit für ein glückliches Leben unerlässlich sind: für unsere Lieben und unsere Freunde, für die Lektüre guter Bücher oder den Besuch schöner Konzerte, fürs Joggen, Radfahren und Fußballspielen oder einfach, um auf einer Wiese in der Sonne zu liegen und dem Gesang der Vögel und dem Brummen einer dicken Hummel zuzuhören.

WIR KÖNNEN ANDERS: GEMEINWOHLBANKEN

Herrscher oder Diener: Welche Finanzbranche brauchen wir?

Die Bilder gingen um die Welt: im Frühsommer 2015 bilden sich in Griechenland lange Schlangen vor den Geldautomaten und Bankfilialen. Ein verzweifelter Rentner klagt in die Kameras, er könne seiner Frau nicht die dringend benötigte Medizin kaufen, weil er nirgends an Bargeld komme. Die griechische Wirtschaft befindet sich am Rande des Zusammenbruchs. Wie gut, mag sich da mancher gedacht haben – und der eine oder andere Journalist hat es sogar geschrieben –, dass wir 2008 europaweit unsere Banken gerettet hatten. Das war zwar teuer und hat die staatlichen Schulden hochgetrieben. Aber sonst hätten wir wohl ähnliche Bilder auch in Berlin und Paris gesehen.

Tatsächlich hatte die Bankenkrise von 2008/2009 ganz andere Ursachen als die Athener Misere vom Sommer 2015. Vor sieben Jahren strauchelten die Banken, weil sie sich mit Hochrisikopapieren und faulen Krediten überfressen hatten. Als die Kredite von den Schuldnern – amerikanischen Häuslebauern oder spanischen Immobilienspekulanten – nicht mehr bedient werden konnten und auf ihnen aufgebaute Derivate massiv an Wert verloren, entstanden Verluste, die das Eigenkapital der Finanzhäuser bei weitem überstiegen. Um den Konkurs zu verhindern, nahmen ihnen die Staaten einen Großteil der Verluste ab. Öffentliches Geld in Höhe von über 4 500 Milliarden Euro wurde dafür allein in Europa bereitgestellt. Zwar lagert immer noch Finanzschrott in Höhe von rund 1 000 Milliarden Euro in den Bilanzen der europäischen Banken. Aber seit die EZB die Finanzmärkte in billigem Geld badet und so in Dauereuphorie versetzt, interessiert das nur noch wenige – bis im nächsten Crash erneut das böse Erwachen kommt.

Euros aus Papier

In Griechenland saßen die Banken 2015 zwar auch auf Bergen fauler Kredite, was nach fünf Jahren wirtschaftlicher Depression, die bereits ein Viertel der griechischen Wirtschaftsleistung zerstört hat, kein Wunder war. Aber der Auslöser für die dramatischen Szenen war ein anderer. Was in Griechenland knapp geworden war, war bares Geld. Dieses war plötzlich so gefragt, weil die Griechen Sorge hatten, ihre Konten könnten wieder auf die Drachme umgestellt werden und dadurch stark an Wert verlieren. Einem Euro aus Papier konnte das nicht passieren. Deshalb wollte die griechische Bevölkerung am liebsten ihre gesamten elektronischen Euros, also das Geld auf ihren Girokonten, in papierene Euros eintauschen. Das war eine ungewöhnliche Situation, denn im normalen Leben halten wir beide Arten von Euros für gleichwertig. Immerhin kann man mit seiner Bankkarte und seinem elektronischen Geld das Gleiche bezahlen wie mit Bargeld, es sei denn, der Empfänger möchte bei der Steuer schummeln. Die Karte hat zusätzlich den Vorteil, dass sie einen PIN besitzt, während das Bargeld nach einem Diebstahl verloren ist.

Normalerweise spielt Bargeld in unserem Leben daher keine zentrale Rolle mehr. Über 80 Prozent unserer Einkäufe bezahlen wir elektronisch. Anders im Juni 2015 in Griechenland. Spätestens nachdem einflussreiche europäische Politiker, wie der deutsche Finanzminister Schäuble, öffentlichkeitswirksam über die Wiedereinführung der Drachme spekuliert hatten, befürchteten die Griechen eine Entwertung ihres Geldes, und diese Aussicht beunruhigte sie mehr als die Sorge, Opfer eines Diebstahls zu werden. Sie wollten also Bargeld. Das sind zwar auch bloß Papierscheine, die ohne große Kosten vermehrt werden können, das Problem ist aber, dass die Banken zwar elektronisches Geld bereitstellen dürfen (sogar relativ unbegrenzt, wie wir noch sehen werden), aber Banknoten dürfen sie nicht drucken. Seit der Euro-Einführung darf das auch die griechische Notenbank nicht mehr, sondern ausschließlich die EZB. Es ist ihr Job, die Bargeldversorgung im Euroraum sicherzustellen. Eigentlich.

Allerdings ist die Geldversorgung von Wirtschaft und Bevölkerung – das haben die griechischen Ereignisse vor Augen geführt – nicht nur eine technische, sondern eine hochpolitische Frage. Im Frühsommer 2015 gab es das klare politische Interesse, die renitente griechische Linksregierung, welche die dem Land seit 2010 von der Troika aus Europäischer Zentralbank, Internationalem Währungsfonds und Europäischer Kommission diktierte Kürzungspolitik beenden wollte und zu dieser Frage sogar ein Referendum abgehalten und mit über 60 Prozent gewonnen hatte, zum Einlenken zu bringen. Deutschland, Spanien, aber auch viele osteuropäische Regierungen zogen dabei an einem Strang. Aber den Ausschlag gab die Europäische Zentralbank, die in Griechenland erstmals ohne jede Zurückhaltung ihre Macht ausspielte. Trotz steigender Geldnachfrage drosselte sie das Angebot an Euronoten, und das führte erst recht dazu, dass alle nur noch Papier und niemand mehr elektronische Euros haben wollte. So kam der Zahlungsverkehr fast zum Erliegen, die Wirtschaft drohte zu kollabieren.

Die Erpressung funktionierte, die griechische Syriza-Regierung knickte ein. Kaum hatte diese das neue Kürzungsprogramm, das an Brutalität alle früheren in den Schatten stellt, unterschrieben, erledigte die EZB wieder ihren Job. Die Menschen bekamen wieder so viel Bargeld, wie sie wollten, und allmählich ließ auch die Nachfrage nach, weil Spekulationen über die Wiedereinführung der Drachme – zumindest vorläufig – verebbten.

Schlüsselbranche Finanzwirtschaft

Dass die griechischen Probleme vom Frühsommer 2015 mit der Frage der Bankenrettung zu Beginn der letzten großen Finanzkrise vermischt wurden, zeigt eigentlich nur, wie wenig die Funktionsweise des heutigen Finanzsystems verstanden wird. Wie entsteht eigentlich heute Geld? Wer bringt es in Umlauf? Warum funktioniert das heutige Finanzsystem offenkundig nicht so, wie es sollte, und warum werden seit 30 Jahren die Abstände zwischen den Finanzkrisen immer kürzer und deren Ausmaße immer dramatischer?

Niemand würde bestreiten, dass die Finanzbranche von zentraler Bedeutung für die Entwicklung einer Volkswirtschaft ist. Alle Entscheidungen, die den künftigen Wohlstand bestimmen – in welchen Bereichen wird geforscht, wo wird investiert, welche Innovationen erhalten eine Chance auf Umsetzung und welche Ideen verkümmern in den Archiven –, haben nicht nur mit unternehmensinternen Prioritäten, sondern vor allem mit der Verfügbarkeit von Geld zu tun. Aufgabe eines funktionierenden Finanzsektors wäre es, Geld in die wirtschaftlichen Bereiche zu lenken, die uns einen steigenden Lebensstandard bei gleichzeitiger Anwendung besserer, also arbeitssparender und zugleich naturverträglicherer Technologien ermöglichen.

Kredite oder andere Arten von Finanzierungen werden von unterschiedlichsten Unternehmen nachgefragt, von Konzernen und Kleinerzeugern, von innovativen Start-ups und behäbigen Monopolisten, von Heuschrecken, Firmenfressern und spekulationsfreudigen Hedgefonds. Es ist die Entscheidung der Banker, welche Wünsche erfüllt werden und wer beim Wettlauf um das Geld in die Röhre schaut. Das ist eine unglaubliche Macht. Man sollte denken, dass eine Gesellschaft ein ausgeprägtes Interesse hat, darauf zu achten, dass mit solcher Macht verantwortungsbewusst umgegangen wird und sie nicht in die falschen Hände gerät. So gesehen ist es verblüffend, mit welchem Gleichmut wir seit langem ertragen, dass die Schlüsselbranche Finanzwirtschaft sich nahezu weltweit in einer

Verfassung befindet, die unseren Wohlstand erheblich und nachhaltig schädigt.

Köhlers Monster

Im Frühjahr 2008 hatte der damalige Bundespräsident Horst Köhler die internationale Finanzindustrie mit einem Monster verglichen, das immer weniger Bezug zur Realwirtschaft habe. Was er gemeint hatte, dürfte spätestens im Herbst desselben Jahres jedem klar geworden sein, als die amerikanische Investmentbank Lehman Brothers kollabierte und unzählige große und kleine Banken, Versicherungen und andere Finanzanbieter auf der ganzen Welt mit in den Ruin riss. Genauer: gerissen hätte, wenn die Staaten sie nicht um den Preis einer schnell ansteigenden Staatsverschuldung aufgefangen hätten.

Jetzt wurde zum Gegenstand öffentlicher Debatte, was vorher nur Kenner der internationalen Finanzszene wussten: mit welch obskuren Methoden große Investmentbanken über Jahre aberwitzige Summen verdient hatten, in welchem Ausmaß sie undurchsichtige Finanzpapiere – Derivate, die der amerikanische Großinvestor Warren Buffett schon 2003 als »finanzielle Massenvernichtungswaffen« bezeichnet hat – in den Markt gedrückt hatten, und wie sehr Manipulation, offener und verdeckter Betrug und andere kriminelle Machenschaften zum Geschäftsmodell gehörten.

Ergebnis dieser Erkenntnisse war ein allgemeines Entsetzen, heilige Schwüre der Regierungen, den Sumpf der gemeingefährlichen Finanzspekulation trockenzulegen, und das eine oder andere halbherzige Regulierungsvorhaben, dem entweder von der Finanzlobby die Zähne gezogen wurden oder das gleich in Gänze wieder in den Archiven verschwand. Die Banker warteten, bis der Sturm vorüber war, gingen dann an ihre Schreibtische und Computer zurück und machten weiter wie zuvor. Nur war das Rad, an dem sie drehten, jetzt noch einmal um einiges größer geworden.

Gift mit Staatshaftung

Spätestens seit 2008 ertragen wir die arroganten Spieler in den Handelsabteilungen der großen Wettbuden, die wir immer noch Banken nennen, nicht nur, wir finanzieren sie sogar. Denn es waren die vielen Milliarden Dollar und Euro der Staaten, die dafür gesorgt haben, dass nach kurzer Verunsicherung alles weitergehen konnte, als hätte es gar keinen Crash gegeben. »Es ist so«, schreibt der frühere Vorsitzende der deutschen Monopolkommission und heutige konservative Bankenkritiker Martin Hellwig, »als würden wir die Chemieindustrie subventionieren, damit sie unsere Flüsse und Seen verschmutzt«, und sie dadurch »zu einer noch größeren Verschmutzung anspornen«.[90] Es ist also ziemlich verrückt.

In Europa wurde das Projekt einer europäischen Bankenunion auf den Weg gebracht, mit dem die bisher de facto bestehende staatliche Haftungsgarantie für private Banken erstmals gesetzlich festgeschrieben wurde. Dabei wurde es als ein großer Fortschritt gefeiert, dass in Zukunft auch Eigentümer und Gläubiger an der Sanierung einer maroden Bank beteiligt werden sollen. *Beteiligt!* Und zwar maximal in Höhe von bis zu 8 Prozent der Bankschulden.

Allein das zeigt, wie weit sich die öffentliche Debatte, wenn es um Banken geht, von allen marktwirtschaftlichen Maßstäben entfernt hat. Seit wann werden Eigentümer »beteiligt«, wenn ein privates Unternehmen bankrott ist? In welcher Branche sonst wird ihr Haftungsanteil auf 8 Prozent der Schulden gedeckelt? In der normalen Wirtschaft verlieren die Eigentümer im Falle einer Pleite ihre Anteile. Handelt es sich um eine Personengesellschaft, geht sogar ihr Privatvermögen in die Konkursmasse ein.

Den Banken indessen erlauben wir unverändert, mit minimalem Eigenkapital Billionengeschäfte zu machen. Während ein mittelständischer Maschinenbauer mit weniger als 20 Prozent eigenem Kapital als kaum kreditwürdig angesehen wird, arbeiten die großen Banken mit einem Eigenkapital von etwa 3 Prozent. Und dann beschließen wir auch noch europäische Regeln, die garantieren, dass noch nicht mal diese 3 Prozent im Falle eines Konkurses herangezogen werden, sondern lediglich ein Teil davon, und selbst das nur, wenn es »die Finanzstabilität nicht gefährdet«. Ein Stück aus dem Tollhaus, möchte man meinen. Aber das Tollhaus ist die Realität.

»Sie haben die Regeln geschrieben ...«

Natürlich ist das Versagen der Staaten die Kehrseite der Macht, die wir der Finanzindustrie übertragen haben und die sie selbstverstärkend immer größer und mächtiger macht. Jamie Dimon, der Vorstandschef von JPMorgan Chase, das während der Finanzkrise durch äußerst vorteilhafte Übernahmen zur größten US-Bank aufgestiegen ist, bemerkte einmal, sein Finanzhaus erziele eine »gute Rendite mit dem ›siebenten Geschäftsfeld‹ der Bank – Beziehungen zu Politik und Behörden«.[91] Und der amerikanische Wirtschaftsnobelpreisträger Joseph Stiglitz meinte zu der Frage, warum Goldman Sachs sowohl aus der Asienkrise 1997 als auch aus der Finanzkrise 2008 als Gewinner hervorging, diese sei im Wesentlichen so zu beantworten: »Sie haben die Regeln mitgeschrieben, die es ihnen erlauben, selbst in den Krisen, die sie selbst verursacht haben, glänzende Geschäfte zu machen.«[92]

Freigelassen wurde das Monster mit der weltweiten Deregulierung der Finanzmärkte zu Beginn der achtziger Jahre. Von da an gab es kein Halten mehr. Wurden Ende der siebziger Jahre an den globalen Devisenmärkten täglich 100 Milliarden Dollar gehandelt, sind es heute über 4000 Milliarden. Lag der jährliche Umsatz mit Finanzderivaten 1986 bei weniger als 50 Billionen Dollar, setzt das globale Wettcasino heute Jahr für Jahr Derivate im Wert von 1500 Billionen um. Allein in den 20 Jahren zwischen 1990 und 2010, in denen sich die Weltwirtschaft verdreifachte, hat sich die Finanzwirtschaft mehr als verdreihundertfacht. Die Bilanzsumme der Deutschen Bank liegt heute beim mehr als Vierzigfachen des Wertes von 1980.

Der Geld-Inzest

Nur noch 2 Prozent der weltweit getätigten Finanztransaktionen haben irgendeinen Bezug zur Realwirtschaft. Viel lieber handeln die Finanzspieler mit ihresgleichen, also mit Banken oder anderen Finanzdienstleistern. Ein Beispiel für solche inzestuösen Geldgeschäfte ist der Hochfrequenzhandel, der inzwischen 70 bis 80 Prozent des Handels an amerikanischen Börsen ausmacht. Realwirtschaftlich sind diese Transaktionen komplett sinnlos, ähnlich wie die meisten Derivate und Verbriefungen, aber die Manipulation der Marktpreise bringt den Finanzhäusern risikolose Einnahmen in Milliardenhöhe.

In wohl keinem anderen Wirtschaftsbereich wird so leicht so viel Geld ohne irgendeine relevante Leistung verdient. Das funktioniert deshalb, weil für den Finanzsektor in extremer Weise gilt, was wir über Oligopole, über Wirtschaftsmacht und geschlossene Märkte geschrieben haben. Den globalen Finanzmarkt bestimmen im Wesentlichen die Insidergeschäfte einer Handvoll Großbanken und einiger Großvermögensverwalter, von deren *put* oder *call* der Wert der Währungen, Anleihen und Aktien ebenso abhängt wie etwa die Zinsen, die ein Staat auf seine Schulden zahlen muss.

Master of the Universe

Dass sich die Investmentbanken als *Master(s) of the Universe* fühlen, wurde während der Finanzkrise zuweilen belächelt oder als Zeichen paranoider Selbstüberschätzung gewertet. Aber es ist keine Selbstüberschätzung, sie sind die Meister über unsere Wirtschaft, denn wir haben sie dazu gemacht. Noch heute werden angebliche Finanzexperten gern in Talkshows eingeladen, die uns erzählen, nicht nur Unternehmen, sondern auch die Staaten sollten sich dem »Urteil der Märkte« unterwerfen. Wenn *die Märkte* der Meinung sind, Spanien sollte 10 Prozent Zinsen zahlen, wird das als Urteil einer heiligen Instanz gewertet, in die der Mensch sich nicht einzumischen habe. Aber, noch einmal, wer sind eigentlich *die Märkte?* Bei der Emission europäischer Staatsanleihen sind das etwa 15 internationale Großbanken, denen die Staaten das Monopol übertragen haben, ihre Anleihen zu platzieren. Das ist nicht nur ein geschlossener Markt, es ist überhaupt keiner. Es sind 15 hemdsärmelige Investmentbanker, denen wir das Recht einräumen, über unseren Wohlstand und die Handlungsspielräume gewählter Regierungen zu entscheiden.

Über die Qualität dieses »Urteils der Märkte« muss nicht mehr viel gesagt werden, seit etwa Griechenland vor 2010 Kredite bis weit über die Überschuldungsgrenze hinaus erhalten hat. Wichtiger aber ist, dass eine solche Machtverteilung zwischen privaten Instituten und gewählten Regierungen jede Demokratie unmöglich macht. Auch das Scheitern sämtlicher Regulierungsbemühungen ist in diesem Kontext nicht erstaunlich. Wer am Geldhahn sitzt, sitzt eben am längeren Hebel.

Aus diesem Grund gibt es keine sanfte Regulierung der Finanzbranche. Entweder man kappt die Basis ihrer Macht – ihre Fähigkeit, nahezu unlimitiert Geld zu erzeugen und sagenhafte Gewinne damit zu machen, dieses Geld in realwirtschaftlich sinnlose oder sogar schädliche Kanäle zu lenken –, oder man hat verloren. »Gib mir die Kontrolle über das Geld einer Nation, und es interessiert mich nicht, wer dessen Gesetze macht«, wusste schon Ende des 18. Jahrhunderts der legendäre Gründer der Rothschild-Banken-Dynastie, Mayer Amschel Rothschild. Ohne eine andere Geldordnung kann es auch keine andere Wirtschaftsordnung geben.

Klein und stabil

Es gab eine Zeit, in der die Banker in der Politik und auch unter den Ökonomen weniger Freunde hatten. Nachdem der Börsencrash an der Wall Street und anderen Finanzplätzen 1929 die Weltwirtschaft in eine jahrelange Depression mit Millionen Arbeitslosen und dramatischen politischen Folgen geführt hatte, wurden Konsequenzen gezogen. Den Finanzhäusern wurde ein enges Korsett angelegt und nahezu alles staatlich reguliert: die Guthaben- und die Kreditzinsen, die zulässigen Betätigungsfelder der Geschäftsbanken, faktisch sogar der Umfang der Kredite, die sie vergeben durften. Die Banken, bei denen Otto Normalverbraucher sein Konto hatte und von denen normale Unternehmen Kredite bekamen, waren klein und stabil. Der Radius ihrer Geschäftsbeziehungen war regional, höchstens national, und sie machten keine Wertpapiergeschäfte. Der Job des Bankers war langweilig, krisensicher und mäßig bezahlt, eher etwas für brave Angestellte mit Beamtenmentalität als für hochfliegende Geister mit mathematischer Sonderbegabung. An den Börsen wurden Aktien und Anleihen gehandelt, aber es gab keine undurchschaubaren Papiere und das Handelsvolumen war niedrig.

Es war das eindeutig bessere Finanzsystem. In der Zeit zwischen 1945 und 1971 gab es keine einzige nennenswerte Bankenkrise. Niemand vermisste all die Derivate, Verbriefungen und sonstigen Finanzinnovationen, über deren existentielle volkswirtschaftliche Bedeutung uns die Finanzlobby heute Lügenmärchen erzählt.

Dass ein kleiner Finanzsektor für die reale Wirtschaft vorteilhafter ist als ein aufgeblähter, der seinen inzestuösen Geldgeschäften und Derivatewetten nachgeht, kann heute als gesicherte Erkenntnis gelten. Viele Studien haben bestätigt, dass den Unternehmen in Ländern mit einem großen Finanzsektor weniger Mittel für Investitionen und Innovationen zur Verfügung stehen und es daher zwischen der Größe des Finanzsektors eines Landes und seinem Wirtschaftswachstum einen negativen Zusammenhang gibt.[93] Warum das so ist, lässt sich leicht verstehen: Die Finanzbranche sollte das Ziel haben, Geld in wirtschaftliche Investitionen zu lenken, die uns alle reicher machen. Beschäftigt sie sich stattdessen in erster Linie damit, Geld in Kanäle zu lenken, die nur die Finanzspieler reicher machen, dann wird die betroffene Wirtschaft sich zwangsläufig schlechter entwickeln.

Investmentbanking am Hochreck

Auch Deutschland hat diese Erfahrung gemacht. Als die Deutsche Bank und die anderen privaten Großbanken, aber auch die Landesbanken um die Jahrtausendwende dazu übergingen, »Investmentbanking am Hochreck« zu betreiben, wie der Deutschbanker und damalige Vorstandschef Rolf-E. Breuer 1997 das neue Unternehmensziel nannte, brach die realwirtschaftliche Kreditvergabe dieser Banken nahezu komplett zusammen. Hätte Deutschland nicht die Sparkassen und Genossenschaftsbanken gehabt, die diesen Rückgang zumindest teilweise ausgeglichen haben, wäre es mit dem Mittelstand als »Rückgrat unserer Wirtschaft« ganz schnell vorbei gewesen.

In den traditionellen Lehrbüchern werden die Banken oft als sogenannte Intermediäre dargestellt: als Mittler zwischen Sparer und Investor. Sie sammeln Spargelder ein und geben sie an diejenigen weiter, die sich verschulden wollen. Die Kritik an den Banken im Rahmen dieses Modells wäre, dass sie die Spargelder in die falschen Kanäle lenken. Das wäre schon schlimm genug, aber die Realität ist schlimmer. Wären die Banken nur Geldvermittler, wären sie niemals so mächtig geworden. Die Banken unserer Zeit vermitteln kein Geld, sie schaffen es, und zwar beinahe ohne Limit. Das selbst geschaffene Geld lenken sie dann überwiegend in finanzwirtschaftliche statt realwirtschaftliche Kanäle. Warum sich mit Kleinkrediten rumärgern, wenn man durch Finanzgeschäfte mit viel weniger Aufwand ungleich mehr verdienen kann? So nährt der heutige Finanzsektor sich selbst und wird größer und mächtiger, während er investitionsbereite Unternehmen, vor allem kleinere, am langen Arm verhungern lässt.

Wie entsteht Geld?

Um die Funktionsweise der Finanzbranche besser zu verstehen, wollen wir uns im folgenden Abschnitt mit der Frage beschäftigen, was Geld eigentlich ist und wie es entsteht, mit Blick auf Vergangenheit und Gegenwart. Das geht leider nicht ohne ein gewisses Maß an Abstraktion. Wer an diesen eher theoretischen Fragen nicht interessiert ist, dem sei empfohlen, diesen Abschnitt zu überspringen und gleich in dem nachfolgenden, »Geld ist ein öffentliches Gut«, weiterzulesen, wo unser Vorschlag für eine alternative Geldordnung entwickelt wird.

Wenn über Geld geredet wird, spuken in den meisten Köpfen immer noch Reminiszenzen an Golddukaten und Silberlinge herum, obwohl wir alle solche Währungen nicht mehr erlebt haben. Tatsächlich hat Geld mit Gold nur zu tun, dass auch Goldmünzen zu bestimmten Zeiten Geldfunktionen übernommen haben. Aber was sind die Funktionen von Geld? Zunächst einmal, und das war auch die historisch ursprüngliche Funktion, ist Geld eine Recheneinheit, mit der Güter und Dienste bewertet und so Schulden und Guthaben gemessen und saldiert werden können.

Soweit es sich um produzierte Güter handelt, ist es naheliegend, dass der Wert eines Gutes viel mit der Arbeitsmühe zu tun hat, die seine Herstellung kostet. Wenn man, um ein Kilo Weizen zu produzieren, doppelt so lange arbeiten oder doppelt so viele Sklaven beschäftigen musste wie für die Produktion von einem Kilo Hafer, dann lag es nahe, dass für ein Kilo Weizen auch der doppelte Wert angesetzt wurde.

Buchführung über Schulden und Guthaben

Buchführungen über Schulden und Guthaben gibt es fast schon so lange, wie Menschen Wirtschaft treiben. Der Grund ist einfach: Jede wirtschaftliche Produktion braucht Zeit, und um diese Zeit zu überbrücken, braucht der Produzent entweder Reserven oder jemanden, der ihn anschreiben lässt. Aus Letzterem entstehen Schulden, die in einer bestimmten *Einheit* gemessen werden müssen. Derjenige, der im Gegenzug zunächst Güter liefert, ohne etwas dafür zu erhalten, baut *Forderungen* – man kann auch sagen: Vermögen – auf. Die Buchführung über Schulden und Guthaben kann in Keilschrift auf Steinen oder durch Ritzen von Kerbstöcken aus Weidenholz geschehen, die Art und Weise spielt keine Rolle.

Der Nutzen eines solchen Kreditsystems liegt auf der Hand: Es verleiht dem Schuldner Kaufkraft, die er ansonsten nicht hätte. Ohne die Möglichkeit, sich zu verschulden, wären seine Reserven das Limit, an dem er seine Planungen ausrichten müsste. Auch Durststrecken durch Missernten oder andere Schicksalsschläge ließen sich so überbrücken, ohne dass man gleich Hungers starb. Es gab eigentlich noch nie eine Wirtschaft ohne Schulden, und sie sind per se nichts Negatives, im Gegenteil: Sie ermöglichen wirtschaftliche Projekte, die ansonsten unterblieben wären.

Allerdings zeigte sich auch bereits im frühen Altertum die Kehrseite des Schuldensystems: die Überschuldung. Durch den Zins können Schulden dem Betreffenden schnell über den Kopf wachsen, gerade wenn er damit nur seinen Konsum und nicht ertragreiche Investitionen finanziert hat. Um zu verhindern, dass ein immer größerer Teil der Bevölkerung in Schuldknechtschaft geriet und sich versklaven musste, erließen die antiken Gemeinwesen von Zeit zu Zeit Schulden.

Eine besondere Art von Schulden, die ebenfalls bereits sehr früh entstanden war, sind Steuerschulden, die die Staaten ihren Untertanen auferlegten. Schon die alten Sumerer finanzierten ihren Staat über Abgaben, die in der Maßeinheit *Schekel* berechnet wurden.

Symbole als Zahlungsmittel

Geld ist also zunächst eine bloße Recheneinheit, um Verschuldung zu ermöglichen und so zusätzliche Kaufkraft zu schaffen. Es misst den Wert von Gütern, Arbeitsdiensten oder auch Steuern in einer gemeinsamen Größe. Ihren Namen nennen wir eine *Währung*. Vom Schekel über den Gulden bis zum Euro sind der Fantasie dabei keine Grenzen gesetzt.

Das ist aber offenkundig nicht die einzige Geldfunktion. Denn wir machen nicht nur Schulden oder türmen Guthaben auf, sondern wir *bezahlen* mit Geld. Haben wir beim Obsthändler Kirschen gekauft und bezahlt, sind wir bei ihm nicht verschuldet, sondern er hat unser Geld, und damit sind wir quitt. Spätestens seit dem siebenten Jahrhundert vor Beginn unserer Zeitrechnung, für das die ersten Münzen nachgewiesen wurden, ist Geld nicht mehr nur Maßeinheit zur Berechnung von Schulden und Vermögen, sondern auch *Zahlungsmittel*.

Damit es als solches einsetzbar ist, wird irgendeine Sache benötigt, die für eine bestimmte Anzahl von Währungseinheiten steht und die wir dem Verkäufer geben können. Es ist natürlich von Vorteil, wenn diese Sache nicht zu groß und zu schwer ist. Es gab Völker, die haben Kühe als Zahlungsmittel verwandt, aber sehr praktikabel ist das nicht. Barren aus Edelmetall von einem bestimmten Gewicht wurden gleichfalls schon sehr früh zur Bezahlung eingesetzt. Aber auch das ist mühsam. Bei kleinen Beträgen braucht man extrem akkurate Waagen, und bei großen müsste man schwere Gewichte zum Einkauf mitschleppen. Deshalb hat es sich durchgesetzt, mit bloßen Symbolen zu bezahlen, also mit Gegenständen, deren Materialwert sehr viel niedriger ist als der Wert der Güter, die man damit kaufen kann.

Die wichtigste Bedingung, um mit einem Symbol bezahlen zu können, ist natürlich, dass der Verkäufer bereit ist, uns seine Güter gegen dieses Symbol zu überlassen. Das tut er nur, wenn er davon ausgeht, dass er seinerseits etwas Gleichwertiges für dieses Symbol kaufen kann. Als solche Symbole taugen kleine runde Metallstücke, Papierzettel oder eben auch digitale Einträge auf bestimmten Festplatten. Sie verleihen uns Kaufkraft, wenn unser Gegenüber sie akzeptiert.

Scheine aus dem Farbdrucker

Es wäre also denkbar, dass sich Elli Gernereich an ihren Farbdrucker setzt und kleine bunte Scheine mit Blumen und Zahlen herstellt. Sie kann ihre Währung beispielsweise *Ellisen* nennen. Wenn sie einen Kreis von Leuten findet, der sich verständigt, Gartengemüse und gegenseitige Hilfsleistungen in Ellisen zu bewerten und diese Scheine anzunehmen, dann kann Elli ihre Scheine jemandem leihen, der sich dafür Zucchini und Kartoffeln aus dem Garten eines Dritten liefern lässt und so die Durststrecke bis zur nächsten Gehaltszahlung überbrückt. Anschließend repariert er bei dem Gemüselieferanten ein kaputtes Wasserrohr, bekommt damit Ellis Scheine wieder und gibt sie ihr zurück und als Zins noch ein paar Erdbeeren dazu. Oder Elli kann mit ihren Scheinen natürlich auch selbst einkaufen gehen und sich die Kirschernte aller anderen liefern lassen.

Ellis Problem ist, dass es schwer sein dürfte, Leute zu finden, die Kirschen, Zucchini oder Kartoffeln im Austausch für *Ellisen*-Scheine liefern, und noch schwerer, jemanden zu finden, der sie sich leiht. Immerhin könnte ja jeder andere sich genauso gut an seinen Drucker setzen und Scheine mit Blumen und Zahlen drucken, auf denen dann »5 Ellisen« oder »10 Ellisen« steht. Sie würden dann den gleichen Zweck erfüllen, ohne dass er sich dafür verschulden muss. Aber auch diese Scheine taugen schwerlich als Geld. Nicht weil ihre Herstellung wenig kostet, sondern weil es keinen Grund gibt, warum andere sie akzeptieren sollten.

Es gibt zwar Tauschringe, die nach einem ähnlichen Muster funktionieren. Allerdings sind deren Währungen meist ausschließlich eine Recheneinheit, und man verabredet sich, Stunden an Arbeitsleistungen oder Ähnliches in dieser Währung zu berechnen. Es wird aus gutem Grund niemand autorisiert, diese Währung auch drucken zu dürfen. Denn erstens wäre der Betreffende in der privilegierten Situation, als Einziger die Leistungen der anderen ohne Gegenleistung zu erhalten, indem er einfach Scheine druckt. Und zweitens wären bei einem solchen Anreiz irgendwann wahrscheinlich viel mehr Scheine im Umlauf, als die Beteiligten Muße haben, bei anderen Babysitting zu leisten oder den Garten umzugraben. Tauschringe mit eigenen Währungen können über längere Zeiträume Bestand haben, aber meist nur in kleinem Rahmen. Am besten ist es dabei, wenn sich die Beteiligten persönlich kennen. Und wahrscheinlich wird man sich hüten, allzu große Forderungen gegenüber anderen in solcher Währung aufzubauen, weil man nie weiß, ob diese in einigen Jahren noch einen Wert haben.

Eine Währung, die ebenfalls rein privat geschaffen wurde, sind die Bitcoins. Mit ihnen können Zahlungen über das Internet abgewickelt werden. Allerdings werden Bitcoins keineswegs von jedem Verkäufer als Zahlungsmittel akzeptiert. Dass es zudem nicht ratsam ist, allzu große Bestände in Bitcoins anzusammeln, sollten die Teilnehmer an diesem System inzwischen auch gelernt haben. Denn der Wert, gerechnet in anderen Währungen, schwankt extrem und damit auch die reale Kaufkraft, mit der sie ihre Inhaber ausstatten.

Staatsgeld

Das Geld, das Staaten in Umlauf bringen und zur Begleichung von Steuerschulden entgegennehmen, wird in der Regel im Hoheitsgebiet dieser Staaten allgemein akzeptiert. Immerhin kann bei diesem Geld der Verkäufer sicher sein, dass es zumindest eine Adresse gibt, an die er die Wertsymbole in jedem Fall weitergeben kann: den Staat. Lediglich in völlig desolaten und zerfallenden Staatswesen tritt der Fall ein, dass das Staatsgeld in der Wirtschaft seine Akzeptanz verliert. Staatliches Geld, das waren in Europa zunächst Münzen, die auf eine bestimmte Währung lauteten. Die Münzen waren aus Metall, wobei der Metallwert meist niedriger war als der Wert, der den Münzen aufgeprägt wurde.

Geld als Werteinheit erlaubt also, Schulden zu machen und so über zusätzliche Kaufkraft zu verfügen. Geld als Zahlungsmittel stattet seinen Inhaber mit einem Symbol aus, das ihm Kaufkraft gibt, ohne dass er sich verschulden muss. Es befreit damit den Verkäufer von dem Risiko, dass sein Käufer am Ende nicht zahlen kann. Deshalb ist es natürlich immer leichter, zu kaufen als zu leihen, und ein Mangel an Zahlungsmitteln kann die wirtschaftliche Aktivität in einem Land schwer beeinträchtigen. Genau das drohte in Griechenland im Sommer 2015. Zumindest der Teil der Bevölkerung, der nicht über Kredit- und Geldkarten verfügte – und das waren unter den älteren Griechen nicht wenige –, konnte plötzlich nichts mehr kaufen, obwohl er eigentlich über Guthaben verfügte.

Schuldscheine als Zahlungsmittel

Auch nach Erfindung des Münzgeldes waren Münzen nie das einzige Zahlungsmittel. Zum einen, weil sie schlicht nicht in ausreichender Menge zur Verfügung standen. Zum anderen, weil sich der Fernhandel schlecht über ein Zahlungsmittel abwickeln ließ, das nur in bestimmten Territorien akzeptiert wurde. Um den Transport größerer Mengen Edelmetall zu vermeiden, waren die Wirtschaftsteilnehmer äußerst erfindungsreich, ihrerseits Symbole in Umlauf zu bringen, die als Zahlungsmittel genutzt werden konnten. Schuldscheine beispielsweise taugten gut zu diesem Zweck, wenn der Schuldner wohlhabend und angesehen war und es für nahezu ausgeschlossen galt, dass er seine Schuld nicht bezahlt.

Wenn etwa ein Florentiner Maler im frühen 16. Jahrhundert den Auftrag erhielt, ein Mitglied der Familie Medici zu porträtieren, und dafür im Vorhinein ein Dokument bekam, das ihm nach Abschluss der Arbeit die Zahlung von 100 Goldmünzen in Aussicht stellte, hatte er gute Aussichten, dieses Papier als Zahlungsmittel zu verwenden. Er konnte es einem Lokal geben und sich damit für ein Jahr ein warmes Abendessen sichern. Und das Lokal hätte damit vermutlich einen Lieferanten bezahlen können. Auch Handelswechsel alteingesessener Unternehmen zirkulierten als Zahlungsmittel. Wenn der Schuldner allerdings wider Erwarten dann doch bankrottging und viele Wechsel von ihm in Umlauf waren, konnte das den Wirtschaftsablauf empfindlich stören.

Bereits im alten Athen und später wieder ab dem 14. Jahrhundert existierten zudem Depositenbanken, die eigene Schuldscheine ausstellten, mit denen Bezahlungen erledigt werden konnten. Im Grunde machten diese Banken, was Elli Gernereich gern gemacht hätte: Sie bedruckten Zettel und gaben sie an Kaufleute oder andere Gewerbetreibende, die so mehr Kaufkraft für unternehmerische Projekte erhielten. Anders als bei Elli funktionierte das System, weil diese Zettel allgemein akzeptiert wurden. Der Trick bestand darin, dass sich die Banken als Kreditgeber verbürgten, auf Anforderung den Gegenwert der Zahl auf dem Zettel in Form von Silber oder Gold herauszugeben. Über Edelmetall verfügten sie, weil es andere bei ihnen eingelagert hatten und dafür ebenfalls Zettel bekamen, die sie als Geld nutzen konnten.

Geköpfte Banker

Einzige Voraussetzung für das Funktionieren dieses Systems war, dass der gute Ruf des Bankiers keine Risse bekam. Denn begannen die Kunden tatsächlich von dem Versprechen auf Einlösung in Edelmetall Gebrauch zu machen, ging es den alten Banken ähnlich wie den griechischen im Frühsommer 2015: So wie diese den Leuten sehr viel mehr elektronisches Geld gutgeschrieben hatten, als sie Bargeld in der Kasse aufbewahrten, hatten die alten Bankiers natürlich viel mehr Geldzettel gedruckt, als Goldbarren in ihren Tresoren lagerten. Für die betroffenen Bankiers ging das meist ziemlich übel aus. Sie waren nach der Pleite ihrer Bank auch persönlich ruiniert oder verbrachten den Rest ihres Lebens im Schuldturm. Die katalanischen Behörden verabschiedeten 1321 sogar ein Gesetz, nach dem jeder Banker, der die Forderungen seiner Kunden nicht mehr erfüllten konnte, öffentlich angeprangert und dann vor seiner Bank geköpft werden sollte.

Wirtschaftlich betrachtet war das Unsinn, denn das Gold in den Tresoren der Banken hatte mit der Eigenschaft der ausgegebenen Zettel, als Zahlungsmittel zu dienen, unmittelbar nichts zu tun.

Die Zettel statteten den Inhaber mit einer bestimmten Kaufkraft aus, mit der er Güter und Dienste nachfragen konnte. Diese Aufgabe konnten sie völlig unabhängig davon erfüllen, ob die Bank Tonnen von Gold in ihren Kellern häufte oder dort nur die Ratten herumsprangen. Aber da die Zettel letztlich private Schuldscheine der Bank waren, stand und fiel ihre Akzeptanz natürlich mit deren Zahlungsfähigkeit. Und über die entschied im Krisenfall das Edelmetall. So entstand die irrige Sichtweise, werthaltiges Geld müsse durch Silber oder Gold gedeckt sein, die sich über viele Jahrhunderte gehalten hat.

Der Goldstandard

Weil Bankpleiten mit der Folge der Entwertung eines beträchtlichen Teils der umlaufenden Zahlungsmittel immer wieder zu wirtschaftlichen Erschütterungen führten, wurde den Banken in der zweiten Hälfte des 19. Jahrhunderts in den meisten Industrieländern das Recht entzogen, Banknoten zu drucken und in Umlauf zu bringen. Das durfte jetzt nur noch der Staat beziehungsweise eine ausdrücklich von ihm mit dem Monopol der Notenherstellung betraute Bank, die Notenbank. Von nun an war nicht nur die Münze, sondern auch das Papiergeld Staatsgeld.

Zu dieser Zeit entstand jene Finanzarchitektur, die sich in ihrer Grundstruktur bis heute gehalten hat. Sie besteht aus den Geschäftsbanken, die Einlagen entgegennehmen und Kredite vergeben, über Guthaben und Schulden Buch führen und auch Überweisungen tätigen, also das Guthaben des einen erhöhen und das eines anderen reduzieren und so eine Bezahlung erledigen. Sobald jemand danach fragt, müssen die Geschäftsbanken allerdings ein Guthaben in Papiergeld auszahlen. Sie müssen also darauf achten, immer genug in der Kasse zu haben, denn Papiergeld dürfen sie nicht selbst drucken. Für die Versorgung der Wirtschaft mit Papiergeld ist seither die Notenbank zuständig, die es den Geschäftsbanken zur Verfügung stellt und sich außerdem als *Lender of last Ressort*, also als

Notfall-Kreditgeber der Banken, darum zu bemühen hat, Bankenzusammenbrüche infolge von Liquiditätsproblemen zu verhindern.

Das im 19. Jahrhundert entstandene Währungssystem unterschied sich allerdings von unserem heutigen durch den sogenannten Goldstandard. Ihm lag die Theorie zugrunde, eine stabile Währung setze voraus, dass nur so viele Zahlungsmittel in Umlauf gebracht werden, wie Gold in den Tresoren der betreffenden Zentralbank lagert. Zu diesem Zweck wurde ein fester Kurs einer Währungseinheit zum Gold fixiert und man hätte jederzeit ein Pfund Sterling oder einen Dollar in eine bestimmte Menge Gold eintauschen können.

Formal war der US-Dollar – mit Unterbrechungen – bis zum Jahr 1971 mit einem festen Kurs an Gold gekoppelt. Allerdings hatte der normale Bürger da längst nicht mehr die Möglichkeit, seine Dollars in Gold zu tauschen. Dieses Recht war anderen Zentralbanken vorbehalten. Theoretisch hätte bei einer solchen Anforderung die US-amerikanische Notenbank (»Fed«) noch Anfang 1971 für 35 Dollar eine Unze Feingold herausrücken müssen. Natürlich wusste jeder, dass sie das nicht gekonnt hätte, weil in den drei Jahrzehnten nach dem Zweiten Weltkrieg ungleich mehr Dollars in Umlauf gebracht worden waren, als die amerikanische Zentralbank Goldbestände hatte. Als die französische Notenbank dann auf Initiative de Gaulles tatsächlich für ihre Dollars Gold sehen wollte, kündigte der damalige US-Präsident Nixon den Goldstandard kurzerhand auf.

Deflation und Krise

In der Zeit vor dem ersten Weltkrieg und auch noch in den zwanziger Jahren haben die Notenbanken die Goldbindung allerdings ziemlich ernst genommen. Es wurde also nicht versucht, die Versorgung der Wirtschaft mit Zahlungsmitteln im Einklang mit dem Wachstum und den ökonomischen Erfordernissen zu halten, sondern in erster Linie darauf geachtet, den festen Wechselkurs in Gold nicht zu gefährden. Die damaligen Wirtschaften kannten daher keine Inflation, das war die positive Seite. Allerdings hatten sie stattdessen mit häufiger Zahlungsmittelknappheit und fallenden Preisen zu kämpfen, die sich wirtschaftlich noch schädlicher auswirkten.

Allein zwischen 1873 und 1879 ging das britische Preisniveau um 18 Prozent zurück, bis 1886 dann noch einmal um 19 Prozent. Auch in den USA fiel der Preisindex von 1870 bis 1890 kontinuierlich. Für Konsumenten scheint das eine gute Welt zu sein, aber ökonomisch verstärken fallende Preise Krisen, weil dadurch zwar der Wert der Produktion, nicht aber der der Schulden sinkt. Damit wächst die Gefahr von Überschuldungen, und es gehen in einem solchen Umfeld deutlich mehr Unternehmen bankrott, als sie es bei konstanten oder leicht steigenden Preisen müssten.

Fixe Kurse

Ein noch größeres Problem war, dass der Goldstandard die politischen Gestaltungsmöglichkeiten massiv eingeschränkt hat. Weil die einzelnen Währungen in einem festen Verhältnis zum Gold standen, war auch ihr Verhältnis zueinander fixiert. Es gab also, zumindest zwischen den Industrieländern, nahezu keine Auf- oder Abwertungen. Die Situation war insofern mit der im heutigen Euroraum vergleichbar, in dem unterschiedliche Staaten eine gemeinsame Währung haben. Folgerichtig gab es auch damals schon ähnliche Probleme. Denn bereits vor dem ersten Weltkrieg standen die verschiedenen Länder in engen Handelsbeziehungen. Zudem war der Kapitalverkehr frei und unkontrolliert. England, das Land, in dem die Industrialisierung begonnen hatte, war nach wie vor das stärkste Industrieland und außerdem koloniale Großmacht. Die USA und Deutschland holten in schnellen Schritten auf. Die Wirtschaftsstruktur Frankreichs und anderer europäischer Länder war hingegen noch stark agrarisch geprägt.

Wenn Länder auf unterschiedlichem Entwicklungsstand und mit einem unterschiedlichen Entwicklungstempo miteinander Handel treiben, führt das normalerweise zu Ungleichgewichten. Der Produktivere erzielt Überschüsse, weil seine Produkte konkurrenzfähiger sind, andere machen Defizite. Es genügt schon, wenn die Löhne sich in einem Land schlechter entwickeln als in anderen. Der Lohndrücker kann dann billiger und also mehr exportieren, und er importiert weniger, weil die niedrigen Löhne den Konsum beschränken. Ein solches Land erzielt daher Exportüberschüsse, die anderen dagegen verschulden sich. Es passiert also genau das, was wir aus dem heutigen Euroraum kennen.

Wenn die Wechselkurse flexibel sind, wertet die Währung von Überschussländern auf und die von Defizitländern ab. Dadurch verteuern sich die Exporte des Produktiveren oder des Lohndrückers und seine Importe verbilligen sich. Am Ende kann so ein Ausgleich erzielt werden. Bei festen Wechselkursen oder bei einer Einheitswährung ist dieses Ventil verschlossen. Nicht zufällig hat Deutschland seit der Euroeinführung elf Jahre in Folge Leistungsbilanzüberschüsse von mehr als 4 Prozent des BIP erzielt, in acht Jahren waren es sogar über 6 Prozent. Deutschland hat also Jahr für Jahr deutlich mehr Waren ans Ausland verkauft, als es bei anderen eingekauft hat. Andere Länder hatten entsprechend dauerhafte, teils zweistellige Defizite. Solange Auf- und Abwertungen zwischen europäischen Währungen möglich waren, gab es solche Extremverhältnisse nicht. Stattdessen stieg der Außenwert der D-Mark.

Theoretisch hätten die Ungleichgewichte unter den Bedingungen des Goldstandards durch Goldbewegungen ausgeglichen werden müssen. Der freie Kapitalverkehr sorgte allerdings dafür, dass das Gold kaum die Tresore verließ. Statt ihre Defizite in Gold zahlen zu müssen, bekamen die Defizitländer, ähnlich wie heute, Kredite.

Goldstandard ohne Demokratie

Das funktionierte allerdings nur, weil damals jeder davon ausging, dass die Verteidigung des festen Wechselkurses und der Goldparität das oberste Ziel einer jeden Zentralbank war. Die Reaktion auf größere Handelsdefizite waren also drastische Zinssteigerungen, um Kapital anzuziehen. Im Grunde haben die einzelnen Staaten in einem solchen System die Hoheit über ihre Währung verloren. Sie können ihre Zinspolitik nicht mehr an der eigenen Konjunktur ausrichten, sondern müssen auf Ungleichgewichte in der internationalen Kapitalbilanz reagieren, auch wenn das bedeutet, durch hohe Zinsen eine handfeste Wirtschaftskrise auszulösen, mit Unternehmenszusammenbrüchen und in die Höhe schnellender Arbeitslosigkeit. Auch das führt dann zwar oft zu einem gewissen Ausgleich der Handelsbilanz, aber der Preis dafür ist hoch. Meist wurden damals bei Defiziten auch protektionistische Maßnahmen verstärkt, also der Schutz der eigenen Industrie durch Zollmauern. So konnte der Wechselkurs verteidigt werden.

Der amerikanische Wirtschaftswissenschaftler Barry Eichengreen vertritt die These, dass der Goldstandard mit seinen fixen, über Jahrzehnte unveränderten Kursen nur aufgrund der Abwesenheit demokratischer Strukturen und der Nichtexistenz eines allgemeinen und freien Wahlrechts in den meisten Industrieländern aufrechterhalten werden konnte. Für den Wirtschaftshistoriker Karl Polanyi bestand die Rolle des Goldstandards vor allem darin, eine Politik im Interesse der Kapitaleigentümer und zulasten der Arbeitenden zu erzwingen. Um den Widerstand der Gewerkschaften zu brechen und linke Parteien aus der Regierung zu entfernen, sei es immer wieder um die »Gefährdung der Währung« gegangen, wobei die Schuld dafür regelmäßig »den aufgeblähten Löhnen und defizitären Budgets«[94] zugeschrieben wurde.

»Gefährdung der Währung«

Polanyi verweist auf die kurze Ära der französischen Volksfrontregierung unter Leon Blum in den dreißiger Jahren, die die Wirtschaft mit keynesianischen Mitteln ankurbeln wollte, aber die Bedingung akzeptiert hatte, kein Ausfuhrverbot für Gold zu verhängen. Die Spielräume der Regierung, mit kreditfinanzierten Staatsausgaben für mehr Nachfrage zu sorgen, wurden daraufhin durch die sofort einsetzende Kapitalflucht zunichte gemacht. Schon vorher, in den zwanziger Jahren, hatte Frankreich erlebt, dass Debatten über die Einführung einer Vermögenssteuer genügten, um einen massiven Kapitalabzug und eine handfeste Franc-Krise auszulösen. Kaum wurde das Steuerprojekt beerdigt, erholte sich auch der Außenwert der französischen Währung.

Polanyi ist aus gutem Grund überzeugt, dass ohne Aufhebung des Goldstandards der amerikanische *New Deal,* mit dem schließlich Präsident Roosevelt die Wirtschaftskrise bekämpfte, niemals möglich gewesen wäre: »Die Entthronung der Wall Street [durch rechtzeitige Aufhebung des Goldstandards] in den dreißiger Jahren rettete die Vereinigten Staaten vor einer sozialen Katastrophe kontinentaleuropäischer Art.«[95]

Bargeldloser Kredit

Während der Goldstandard den Regierungen die Hände band, verhinderte er allerdings nicht, dass die Banken Mittel und Wege fanden, die Kreditvergabe auszuweiten, vor allem, um damit Finanzgeschäfte zu finanzieren. Dabei störte auch das Papiergeldmonopol der Notenbanken nicht, denn Bargeld wurde zur Finanzierung von Finanzgeschäften nicht gebraucht.

Die Börsenblase der zwanziger Jahre des 20. Jahrhunderts, die 1929 platzte, war von einer stetigen Ausweitung des Bankkredits begleitet und aufgepumpt worden. Damit Börsen boomen, braucht es zunehmender Kaufkraft derer, die Börsenwerte kaufen, und eine unerlässliche Droge zum Aufputschen dieser Kaufkraft ist der Finanzkredit der Banken. Natürlich spielt auch die Einkommensverteilung eine Rolle. Eine Gesellschaft, in der die Reichen immer mehr und normale Arbeiter und Angestellte weniger verdienen, wird mehr Aktien nachfragen und weniger Mittelklassewagen. Aber für eine echte Hausse genügt das nie. Dazu braucht es die beliebig vermehrbare Kaufkraft aus der Kreditschöpfung der Banken, die dann wiederum das Ihre dazu beiträgt, die Reichen, die sich an den Börsen tummeln, noch reicher zu machen.

Um diesen Kanal zu schließen, war eine der Konsequenzen aus dem Finanzcrash von 1929 in den USA und England die institutionelle Trennung von Kreditbanken und Investmentbanken. In Deutschland gab es zwar keine entsprechenden Gesetze, aber die zwei wichtigsten Säulen des deutschen Bankensektors nach 1945 waren die Sparkassen und die Genossenschaftsbanken, die sich als klassische Kreditbanken aus dem Wertpapiergeschäft weitgehend heraushielten. Daneben gab es zwar die Deutsche Bank, die Dresdner und die Commerzbank, die in großem Stil Unternehmensaktien besaßen, aber sie handelten nicht damit. Die meisten anderen Geschäfte, die das heutige Investmentbanking ausmachen, waren ohnehin verboten.

Das System von Bretton Woods

Auf internationaler Ebene wurde in der Nachkriegszeit der Goldstandard durch das System von Bretton Woods abgelöst. Dieses konstituierte den Dollar als internationale Leitwährung. Damit übernahm die amerikanische Währung faktisch die Rolle des Goldes. Der Dollar selbst wurde zwar formal mit einem festen Kurs an das Gold gebunden, das System funktionierte aber von Anfang an nur, weil die Fed das internationale Zahlungsmittel Dollar in großer Menge und weit über die vorhandenen Goldbestände hinaus zur Verfügung stellte. Das tat sie durchaus nicht selbstlos, denn der Leitwährungsstatus bedeutete natürlich den großen Vorteil, ohne Gegenleistung sogar im Ausland kaufen zu können. Wir hatten vorhin am Beispiel von Elli Gernereich gezeigt, wie privilegiert derjenige ist, der die Befugnis hat, eine bestimmte Währung zu drucken. Die Fed und die amerikanischen Geschäftsbanken »druckten« jetzt die Währung für die ganze Welt. Keynes hatte daher ein System empfohlen, das keine nationale Währung, sondern eine fiktive, den Bancor, als Leitwährung inthronisiert. Aber für die USA wäre das weit weniger vorteilhaft gewesen, und deshalb fiel Keynes' Vorschlag bei den Amerikanern durch.

Gegenüber dem Dollar wurden die Wechselkurse aller anderen Währungen fixiert, aber sie waren änderbar. Der IWF wurde gegründet, um Ländern mit Defiziten Überbrückungskredite zu gewähren, allerdings zugleich ihre Wirtschaftspolitik zu überwachen und so dazu beizutragen, dass Defizite möglichst ohne Änderung des Wechselkurses beseitigt werden konnten.

Auch in diesem System entstanden schnell Ungleichgewichte, also Defizite einiger und Überschüsse anderer Länder. Solange der Kapitalverkehr streng reguliert war, lagen diesen hauptsächlich realwirtschaftliche Ungleichgewichte zugrunde, später kamen spekulative Kapitalbewegungen hinzu und destabilisierten das System von Bretton Woods zusätzlich. 1971 wurde es zugunsten flexibler Wechselkurse aufgegeben.

Siegeszug des elektronischen Geldes

Aufgebrochen wurde die strenge gesetzliche Regulierung des Finanzsektors als Erstes durch die Euromärkte, die sich bereits in den späten fünfziger Jahren als internationale Handelszone für Finanztransaktionen zu etablieren begannen. Auf den Euromärkten wurde natürlich nicht mit Euros gehandelt, die es damals noch gar nicht gab, sondern allgemein mit Fremdwährungen, also Währungen, die nicht zum Hoheitsgebiet der betreffenden Finanzplätze gehörten. Die Regierungen hätten ihren Banken verbieten können, sich dort zu betätigen, aber aus unterschiedlichen Gründen taten sie das nicht.

Auf den Euromärkten, aber auch im streng regulierten nationalen Bankgeschäft setzten sich mehr und mehr elektronische Systeme zur Abwicklung von Zahlungen durch. In den meisten Industrieländern wurde Anfang der sechziger Jahre auch die Gehaltszahlung von der Lohntüte auf die Kontoüberweisung umgestellt. Von da an begannen digitale Einträge das Papiergeld als Zahlungsmittel mehr und mehr zu verdrängen. Für die Banken war das ein großer Vorteil. Denn der Siegeszug des elektronischen Geldes bedeutete, dass die Banken ihre Macht über die Geldschöpfung, die durch das Bargeldmonopol der Notenbanken zumindest begrenzt worden war, nahezu unumschränkt zurückgewannen. Außerdem war die Computerisierung und Digitalisierung die technische Voraussetzung für die meisten aberwitzigen Geschäftsideen und Finanzkonstrukte des heutigen Investmentbankings.

Millionen per Mausklick

Anders als Bargeld können die privaten Banken elektronisches Geld aus eigener Kraft schaffen. Das ist ihr großes Privileg gegenüber allen anderen Wirtschaftsteilnehmern. Für ihre Kreditvergabe brauchen die Banken weder Spargelder noch Zentralbankkredite. Elektronisches Geld entsteht, indem ein Bankmitarbeiter einem Girokonto einen beliebigen Betrag gutschreibt. Dieses Geld entsteht also aus dem Nichts, eben dadurch, dass es gutgeschrieben wird.[96]

Nehmen wir an, eine großzügige Bank möchte einem netten Kunden namens Max Faulbär einen Kredit in Höhe von 1 Million Euro einräumen. Indem der Betrag auf Maxens Konto erscheint, wächst der Posten »Forderungen an Kunden« auf der Aktivseite der Bilanz der betreffenden Bank um 1 Million Euro. Womit finanziert die Bank diese Forderung? Sie finanziert sich selbst, denn indem Maxens Kontostand um 1 Million Euro anwächst, erhöht sich auch der Posten »Verbindlichkeiten gegenüber Kunden« auf der Passivseite der Bankbilanz um 1 Million Euro. Rechtlich ist nämlich das Geld, das wir auf dem Konto haben, Geld, das wir der Bank *leihen*, auch wenn das den meisten von uns kaum bewusst ist. Aber das ist der spezielle Clou des heutigen Geldsystems.

Bilanztechnisch kann jede Bank daher Kredite einfach per Mausklick schaffen. Regulatorisch muss sie lediglich beachten, dass ihre Kredite in Höhe der vom Gesetz vorgeschriebenen Quote mit eigenem Kapital unterlegt sind. Die Quote ist aber äußerst lasch. Hat der Kreditnehmer ein gutes Rating, können mit jedem Euro Eigenkapital 62,5 Euro Kredit geschaffen werden. Ist der Kreditnehmer der Staat, gibt es gar keine Grenze. Am ehesten limitiert die vorgeschriebene Eigenkapitalunterlegung die realwirtschaftliche Kreditvergabe, vor allem gegenüber kleinen Unternehmen und Unternehmensgründern, die naturgemäß kein Spitzenrating vorweisen können. Bei Finanzgeschäften dagegen werden innovative Finanzinstrumente, die als Eigenkapital anerkannt sind, meist gleich mitgeschaffen.[97] Oder es werden Derivate genutzt, die die Unterlegungspflichten durch scheinbare Reduzierung des Risikos verringern. Diesem Aspekt verdanken etwa die Kreditausfallversicherungen ihren Boom. Mit ein bisschen Fantasie und Kreativität können heute die großen Finanzinstitute, die im Investmentbanking tätig sind, nahezu grenzenlos Geld schaffen. Auf diese Weise finanzieren sie das bis heute ungebremste Wachstum des Finanzsektors und immer größere Vermögens- und Schuldenblasen.

Der Vollständigkeit halber sei erwähnt, dass die Banken für bestimmte Einlagen eine vorgeschriebene Mindestreserve auf ihrem Konto bei der Zentralbank halten müssen. Diese Regel schränkt die Kreditvergabe allerdings noch weniger ein als die Eigenkapitalvorschrift, denn das dazu nötige Geld können sie sich jederzeit bei der Zentralbank selbst leihen. Sie müssen dafür nur irgendeines ihrer unzähligen Finanzpapiere verpfänden.

Lizenz zum Gelddrucken

Wenn ein Geschäft in großem Umfang risikolose Gewinne abwirft, sprechen wir davon, jemand habe die »Lizenz zum Gelddrucken«. Die privaten Banken haben diese Lizenz im Wortsinn: Sie dürfen aus eigener Kraft und ohne Autorisierung durch irgendwen elektronisches Geld »drucken«. Was sie nicht drucken dürfen, ist Bargeld. Deshalb passt es gut, dass Bargeld eine immer geringere Rolle spielt und Situationen wie in Griechenland, wo alle plötzlich nur noch Geldscheine wollen, die absolute Ausnahme sind.

Kommen wir noch einmal auf unseren glücklichen Max Faulbär und seinen Kredit über 1 Million Euro zu sprechen. Was passiert, wenn der Betrag dem Konto gutgeschrieben wurde? In der Regel will jemand einen Kredit, weil er irgendwelche Pläne hat. Es spricht daher wenig dafür, dass das Geld einfach auf seinem Konto bleibt. Nehmen wir an, Max Faulbär macht seinem Namen alle Ehre und gönnt sich einen Urlaub der Luxusklasse auf den Malediven, einschließlich Erste-Klasse-Flug und Privatjacht vor Ort. Dafür wird er die 1 Million Euro wohl kaum in bar abheben, sondern er überweist das Geld an das Reisebüro, bei dem er den ganzen Spaß gebucht hat. Hat dieses Reisebüro sein Konto bei der gleichen Bank wie er, ändert sich in der Bankbilanz gar nichts. Nur ist der Kunde, gegen den die Bank ihre Verbindlichkeit hat, dann eben nicht mehr Max, sondern das Reisebüro. Je größer die Bank, desto wahrscheinlicher ist es, dass auch das Reisebüro zu ihren Kunden gehört.

Geht die schöne Million dagegen auf ein Konto bei einer anderen Bank, muss Maxens Bank ihre Bilanz ausgleichen. Natürlich erst am Ende des Tages, an dem es ja sehr viele Überweisungen von seiner Bank zu anderen und zurückgegeben hat. Bleibt am Ende trotzdem ein Fehlbetrag, ist auch das nicht unbedingt ein Problem: dann holt sich Maxens Bank über den Interbankenmarkt einen Kredit in Höhe der benötigten Summe. Der einzige Unterschied zu dem Geld auf Girokonten der eigenen Kunden ist, dass sie für diesen Kredit einen geringen Zins bezahlen muss.

Bankenretter EZB

Schwieriger für Maxens Bank wird es, wenn sie einen schlechten Ruf hat oder wenn das ganze Bankensystem eines Landes einen schlechten Ruf hat und sein Reisebüro im Ausland sitzt. Dann könnte es sein, dass sich der Fehlbetrag nicht über den Interbankenmarkt ausgleichen lässt, weil die ausländischen Banken nicht bereit sind, der Bank von Max Faulbär Kredit zu geben. Aber auch das ist kein Beinbruch. Denn um Banken in solchen Schwierigkeiten unter die Arme zu greifen, dafür gibt es ja Mario Draghi, den Chef der Europäischen Zentralbank.

Die EZB hat seit der Finanzkrise Kredite in Höhe von Tausenden Milliarden Euro an europäische Banken vergeben, die am Interbankenmarkt kein Geld mehr bekamen oder für Geld von privaten Banken sehr viel höhere Zinsen hätten zahlen müssen. Die EZB behauptet zwar, dass sie das viele Geld nicht aus dem Nichts geschaffen, sondern nur gegen Sicherheiten an die Banken gegeben hat. Tatsächlich müssen die Banken Papiere verpfänden, um bei der EZB Kredit zu bekommen. Aber die Standards für solche Papiere sind während der Krise immer wieder abgesenkt worden. Mittlerweile wird nahezu alles akzeptiert, von der Staatsanleihe bis zum verpackten Immobilienkredit.

Ohne die EZB hätten die betroffenen Banken ihre Fähigkeit zum unlimitierten Gelddrucken eingebüßt. Sie hätten dann zusätzliche Kredite nur noch vergeben können, wenn jemand neues Geld zu ihnen gebracht hätte. Zusätzlich sorgt die EZB allerdings auch für dieses neue Geld, indem sie alle möglichen und auch unmöglichen Finanzpapiere nicht nur als Pfänder entgegennimmt, sondern auch selbst kauft. Ist der Verkäufer eine Bank, bekommt sie das Geld direkt auf ihrem Zentralbankkonto gutgeschrieben, ist der Verkäufer ein Finanzfonds oder ein Unternehmen, bekommt die Bank das Geld über die Gutschrift auf dessen Konto bei ihr. Aktuell werden auf diesem Wege stattliche 60 Milliarden Euro pro Monat den Banken zur Verfügung gestellt.

Theoretisch haben damit alle Banken europaweit genügend Möglichkeiten, ihre Kreditvergabe auszuweiten. Das tun sie auch, nur eben nicht da, wo es sinnvoll wäre, in der realen Wirtschaft. Diese hat, vor allem in den Krisenländern, unverändert große Schwierigkeiten, neue Kredite zu erhalten oder auch nur alte verlängert zu bekommen. Darüber wird immer wieder lauthals geklagt, aber die Gründe liegen auf der Hand. Jetzt sind wir an dem Punkt, an dem klar wird, warum auch Max Faulbär seinen schönen 1-Million-Euro-Kredit vermutlich gar nicht bekommen hätte und sein Urlaub auf den Malediven ausgefallen wäre. Die Bank hätte ihm nämlich mit einiger Sicherheit nicht zugetraut, dass er diesen Kredit jemals zurückzahlen kann.

Blase statt Mittelstandskredit

Natürlich ist es nicht so, dass auch alle Kleinunternehmer und Mittelständler ihre Kredite nicht zurückzahlen können. Aber das Risiko, dass der Geschäftsplan nicht aufgeht, ist gerade bei Investitionen in innovative Produkte und Technologien nicht klein. Wenn es ihnen dann noch an ausreichenden Sicherheiten fehlt, bekommen sie von ihrer Bank mutmaßlich keinen müden Euro. Denn die Bank kann zwar Geld aus eigener Kraft schaffen, wird der Kredit jedoch faul, muss sie ihn in voller Höhe von ihrem eigenen Kapital abschreiben. Kommt dann noch das Umfeld einer wirtschaftlichen Krise hinzu, wie sie in Spanien, Portugal oder Italien wütet, von Griechenland ganz zu schweigen, muss der Banker, der womöglich schon viele faule Kredite in seiner Bilanz versteckt, erst recht damit rechnen, dass dem kleinen Unternehmen irgendwann auch die Luft ausgeht. Also hält der Banker lieber gleich die Tasche zu.

Zusätzlich haben Mittelständler für große Banken den Nachteil, dass sie immer nur vergleichsweise kleine Summen nachfragen. Bei einem Finanzgeschäft in Milliardenhöhe ist das Verhältnis von Aufwand und Ertrag viel günstiger. Außerdem können die Banken sich hier darauf verlassen: Wenn der nächste Crash kommt, kommt er für alle. Dann werden sie also entweder wieder vom Staat gerettet, oder es ist eben vorbei. Aber solange die Musik spielt, solange muss man tanzen, wie der Chef der mächtigen US-Bank Citigroup noch im Juli 2007, also unmittelbar vor Ausbruch der letzten großen Finanzkrise, meinte.

Es gibt also Gründe, warum die Fähigkeit des heutigen Bankensystems, nahezu unbegrenzt Geld und Kredit zu erzeugen, vor allem neue und immer größere Blasen an den Finanzmärkten finanziert und eben nicht vernünftige Investitionen. Weil sich die

Kreditversorgung der realen Wirtschaft nicht relevant verbessert hat, wurde die EZB-Politik von verschiedenen Seiten kritisiert. Und richtig ist: Wäre die EZB nach dem Crash von 2008 und dem Ausfall des europäischen Interbankenmarktes nicht mit ihrer Milliardenflut eingesprungen, wären die aktuellen Blasen auf inzwischen fast allen Vermögensmärkten nicht entstanden. Es hätte dann allerdings auch in der realen Wirtschaft Südeuropas noch finsterer ausgesehen: Statt einer Kreditklemme hätten wir wohl einen kompletten Zusammenbruch der Kreditvergabe erlebt und damit noch mehr Konkurse und noch höhere Arbeitslosenzahlen.

Die Leiden der Zyprioten

Zudem hätte ein Zusammenbruch von Banken den Zahlungsverkehr massiv gestört. Gerade weil heute über 80 Prozent des Geldes, mit dem wir unsere täglichen Einkäufe und unsere Mieten bezahlen, elektronisches Geld ist, hängt die Reibungslosigkeit dieser Transaktionen an der Stabilität der Banken. Die Zyprioten haben bisher als Einzige in Europa erleben müssen, was es bedeutet, dass all unser elektronisches Geld rechtlich ein Kredit an die Bank ist: Es bedeutet nämlich, dass dieses Geld weg ist, wenn die Bank pleitegeht. In Zypern konnten dann selbst gesunde Unternehmen ihre Mitarbeiter nicht mehr bezahlen, weil ihr Gehaltskonto zur Sanierung des fallierenden Finanzhauses herangezogen wurde. Allein die Angst vor einem solchen Ereignis genügt, um eine ganze Volkswirtschaft aus dem Tritt zu bringen.

Und hier liegt der Grund für die unerhörte Macht der Banken. Weil wir es zulassen, dass dieselben Institute, in deren Hände wir lebenswichtige volkswirtschaftliche Funktionen wie die Abwicklung des Zahlungsverkehrs und die Kreditversorgung der Unternehmen legen, ihre größten Profite mit den Orgien wilder Finanzspekulation verdienen, und weil letztlich für beides ein und derselbe Rohstoff benötigt wird: elektronisches Geld, sind wir erpressbar geworden. Wir subventionieren obskure Wettbuden, weil sie sich nebenbei –

wenngleich leidenschaftslos und unzureichend – auch darum kümmern, dass unternehmerische Investitionen finanziert werden und wir unseren Einkauf im Supermarkt bezahlen können. Oder um im oben zitierten Bild von Martin Hellwig zu bleiben: Wir bezahlen Chemieinternehmen dafür, dass sie unsere Flüsse und Wälder vergiften, weil sie mit dem gleichen Gift auch geringe Mengen eines lebenswichtigen Medikaments herstellen.

Das kann man natürlich weiter so machen. Oder wir können überlegen, wie sich die Brunnenvergifter so umstrukturieren lassen, dass sie von dem Medikament deutlich mehr herstellen, aber keine Gelegenheit mehr erhalten, mit dem Vergiften unserer Umwelt ihre besten Geschäfte zu machen.

Geld ist ein öffentliches Gut

Kernaufgabe der Banken ist die Bereitstellung von Kaufkraft, um einer möglichst innovativen wirtschaftlichen Entwicklung, die unseren Wohlstand erhöht und ihn zugleich naturverträglich macht, den Weg zu bahnen. Nicht mehr, aber auch nicht weniger. Wie sähe ein Bankensystem aus, das diese Aufgabe erfüllt?

Wir haben gezeigt: Geld ist nicht knapp, denn Geld kostet nichts, auch wenn man alles damit kaufen kann. Wer die Lizenz zur Geldschöpfung hat, hat ein ungeheures Privileg gegenüber allen anderen Wirtschaftsteilnehmern. Allerdings muss das Geld, auch wenn es beliebig vermehrbar ist, knapp gehalten werden. Wird in eine Wirtschaft zu viel Geld hineingepumpt und wächst die Nachfrage dadurch schneller als das Angebot, steigen die Preise. Können dagegen wichtige Investitionen nicht finanziert werden, weil die Kreditvergabe stockt, löst das eine Krise aus. Letztlich ist entscheidend, wer einen Kredit erhält und für was. Fließt das Geld in nützliche Technologien und innovative Produkte, schafft es seinen eigenen Gegenwert. Fließt es in eine Ausweitung des Konsums, kann das zwar in einer Krise die Wirtschaft ankurbeln, es besteht bei zu hoher Dosis allerdings auch die Gefahr von Inflation. Geht zu viel Kredit an wenig zahlungskräftige Adressaten, entstehen Schuldenpyramiden, wie bei den amerikanischen Hypothekenkrediten, die irgendwann zusammenbrechen.

Was spricht dafür, die Versorgung der Wirtschaft mit einem Gut, das solche Eigenschaften hat, privaten profitorientierten Unternehmen zu überlassen? Nichts. Genau aus diesem Grund wurde den Banken im 19. Jahrhundert die Berechtigung zum Drucken von Bargeld entzogen. Die Geldschöpfung sei eine öffentliche Aufgabe, lautete die dahinter stehende These, die damals auch von ansonsten wenig staatsfreundlichen Ökonomen der liberalen Schule vertreten wurde.

Banken als Geldvermittler?

Viele sehen daher das zentrale Ziel einer vernünftigen Regulierung darin, die Banken zu dem zu machen, von dem die meisten Mitbürger ohnehin glauben, dass sie es wären: bloße Vermittler, die Geld von den Sparern einsammeln und es an Unternehmen weitergeben. Die Regulierung liefe dann darauf hinaus, den Banken die Möglichkeit zu nehmen, Kredit aus dem Nichts zu schaffen. Sie könnten nur noch weitergeben, was sie vorher von den Sparern bekommen haben.

Die Frage ist, wäre das sinnvoll? Kredit ist zusätzliche Kaufkraft, die in eine Wirtschaft hineingebracht wird. Ersparnisse bedeuten, dass jemand vorläufig auf seine Kaufkraft verzichtet. Setzt deshalb ein stabiles Geldsystem voraus, dass die Kreditvergabe den Ersparnissen folgt? Ganz sicher nicht. Wird mit einem Kredit eine wirtschaftlich sinnvolle Investition finanziert, entsteht der Gegenwert des Geldes durch die zusätzliche Produktion, die es ermöglicht hat. Es gibt keinen Grund, warum der Produktion Ersparnisse vorhergehen müssen. Volkswirtschaftlich *entsteht* Sparen durch Investieren, weil Geld, das für Investitionsgüter ausgegeben wird, eben nicht mehr für Konsum ausgegeben werden kann. Dafür muss niemand Geld zur Bank tragen.

Oft werden die, die mit ihrem Konsumverzicht letztlich die Investitionen finanzieren, gar nicht gefragt. So haben nahezu alle kapitalistischen Länder ihre Industrialisierung über den unfreiwilligen Konsumverzicht der Lohnempfänger finanziert: Ob in England im 19. Jahrhundert oder in Südkorea im 20., immer sorgte der Staat, und zwar nicht gerade mit demokratischen Mitteln, für längerfristig niedrige Löhne. Aus den hohen Gewinnen wie aus der zusätzlich von den Banken geschaffenen Kaufkraft – sprich den Krediten – konnte dann ein extrem großes Investitionsvolumen finanziert werden.

Die gleiche Dynamik gibt es natürlich auch in umgekehrter Richtung. Niedrige Investitionen verringern die Einkommen und ziehen letztlich die Ersparnis auf ihr Niveau herunter. Am Ende eines Jahres ist, vom Außenhandel abgesehen, Sparen und Investieren in einer Volkswirtschaft immer gleich. Entscheidend aber ist die Dynamik *während* des Jahres, denn sie bestimmt darüber, ob sie gleich hoch oder gleich niedrig sind. Und es spricht einiges dafür, dass sowohl die Investitionsleistung als auch die Ersparnis einer Volkswirtschaft umso höher ist, je mehr Kaufkraft für sinnvolle Investitionen bereitgestanden hat, unabhängig davon, ob jemand vorher Geld auf sein Sparkonto eingezahlt hat.

Kapital entsteht durch Arbeit

Diese Zusammenhänge zeigen auch noch einmal unter einem anderen Blickwinkel, wie absurd die These ist, leistungslose Kapitaleinkommen seien volkswirtschaftlich notwendig, um die Menschen zu Sparsamkeit und Konsumverzicht zu motivieren und so der Wirtschaft genügend Kapital zur Verfügung zu stellen. Soweit die Kapitalbildung auf Gewinne zurückgeht, die durch den unfreiwilligen Konsumverzicht, also die niedrigen Löhne der Arbeitenden hochgetrieben wurden, ist obige These offenkundiger Nonsens.

Aber auch wenn Kapital dadurch entsteht, dass Banken Kaufkraft aus dem Nichts schaffen und damit Investitionen finanzieren, ist schwer einsehbar, weshalb nach Rückzahlung des Kredits ein legitimer Anspruch auf leistungslose Einkommen in Form von Dividenden und anderen Ausschüttungen in Proportion zum neu gebildeten Kapital entstehen sollte. Der Gegenwert der von den Banken geschaffenen Kaufkraft entsteht in letzterem Fall mit der neuen Produktion und somit aus der Arbeit derer, die sie tragen, vom Geschäftsführer über den Ingenieur bis zum Hilfsarbeiter.

Kapital ist also, wie wir bereits im ersten Teil des Buches festgestellt haben, das Ergebnis von Arbeit, nicht von individueller Sparsamkeit. Voraussetzung zusätzlicher Kapitalbildung ist in den meisten Unternehmen die von den Banken geschaffene Kaufkraft, die die Investitionsprojekte überhaupt erst möglich macht. Heute gibt es solche Kaufkraft allerdings nur für die, die bereits Kapital haben, weil die Banken hohe Sicherheiten verlangen. Das ist es, was Kapitalbesitz im heutigen System exklusiv macht: Wer hat, dem wird gegeben, und zwar nicht, weil er ein sparsames, entbehrungsvolles und arbeitsreiches Leben führt.

Die Vollgeld-Theorie

Zurück zur Geldordnung. Heute wird das meiste, wozu man früher Bares brauchte, von elektronischem Geld erledigt. Es wird sogar darüber diskutiert, das Bargeld ganz abzuschaffen. Wer die Banken zu bloßen Geldvermittlern machen möchte, der muss ihnen – wie einst das Recht zum Drucken von Bargeld – zusätzlich das Recht entziehen, elektronisches Geld aus eigener Kraft herzustellen.

Technisch ist das nicht schwierig: Wir alle, Bürger und Unternehmen, würden dann unser Girokonto nicht mehr bei einer privaten Bank, sondern direkt bei der Zentralbank führen. Damit wäre das Geld auf dem Girokonto auch kein Kredit an eine private Bank mehr. Wenn eine Bank pleite ist, wären dann nur noch unsere Spargelder betroffen, aber nicht das, was zinsfrei auf unserem Girokonto liegt. Auch wären wir als Sparer plötzlich wieder heiß umworben, denn da die Banken dann tatsächlich nur noch Vermittler wären, also unser Geld brauchen, um Geschäfte zu machen, wäre die Ära der Nullzinssparbücher zu Ende. Immerhin müsste man uns ja motivieren, das sichere Geld vom Girokonto in weniger sicheres Geld auf einem Sparkonto bei einer privaten Bank zu verwandeln.

Bankkredite entstünden dann nur noch aus Ersparnissen. Die einzige Institution, die weiterhin das Recht hätte, Geld aus dem Nichts zu schaffen, wäre die Zentralbank. Dieses Modell vertritt eine Gruppe von Ökonomen, die sich Vollgeld-Theoretiker nennen. Die meisten von ihnen schlagen vor, dass die Zentralbank zusätzliches Geld dadurch in Umlauf bringt, dass sie es dem Staat gibt und er damit sinnvolle Dinge finanziert. Die Lizenz zum Gelddrucken beinhaltet immer, dass irgendjemand kostenlos oder nahezu kostenlos Gewinn macht. Das wären dann nicht mehr die Banken, sondern der Staat. Das ist der sympathischste Aspekt des Vorschlags der Vollgeldschule, und auf ihn kommen wir noch einmal zurück.

Die Finanzturbulenzen der jüngeren Vergangenheit haben dazu geführt, dass dieses Konzept den Raum akademischer Debatten verlassen und die reale Politik erreicht hat. Unter anderem die schwedische Reichsbank denkt inzwischen öffentlich über die Schaffung einer digitalen E-Krone nach, die ebenso wie das Bargeld von der Zentralbank emittiert und garantiert würde. Gerade wenn Bargeld nur noch eine marginale Rolle spiele, warnen die schwedischen Notenbanker, könne andernfalls die Marktmacht der Banken und Zahlungsverkehrsanbieter gegenüber den Konsumenten erdrückend werden.

Wahrscheinlich würden auch im Euro-Raum viele Bürger ruhiger schlafen, wenn sie eine Möglichkeit hätten, ihr Girokonto direkt bei der Zentralbank zu eröffnen und vielleicht auch einen Teil ihrer Ersparnisse dort sicher zu parken. Immerhin ist die aktuelle Sachlage, in der man auf seine Sparguthaben keine Zinsen mehr bekommt, aber als unfreiwilliger »Kreditgeber« im Falle einer Bankpleite sein Geld verliert, die schlechteste aller denkbaren Welten. Dass die Europäische Zentralbank kürzlich angeregt hat, die in der gesamten

EU gültige gesetzliche Einlagensicherung von 100 000 Euro im Falle einer schweren Finanzkrise auszusetzen – also dann, wenn man sie braucht! –, weil viele Staaten dieses Zahlungsversprechen ohnehin nicht einlösen könnten, dürfte kaum zur Beruhigung beigetragen haben. Am Ende liegt es unter solchen Umständen tatsächlich näher, sein Erspartes in einem einbruchsicheren Tresor im eigenen Keller zu bunkern, statt es weiterhin einer Bank anzuvertrauen.

Auf den ersten Blick wirkt das Vollgeldkonzept also überzeugend. Allein schon, weil dann jeder Zugang zu einem sicheren Konto hätte, wäre es eine Verbesserung gegenüber der heutigen Situation. Wenn man genauer hinschaut, sieht man allerdings auch Probleme. Es spricht vieles dafür, dass sich, wenn die Banken nur noch Spargelder weiterverleihen dürfen, die Kreditversorgung der realen Wirtschaft verschlechtert. Auf jeden Fall werden gewinnorientierte Banken die höheren Zinsen, die sie dem Sparer zahlen, mit einem zusätzlichen Aufschlag an ihre Kreditnehmer weitergeben. Auch wird die Auswahl dann noch strenger, weil enger. Es werden also im Vergleich zu heute voraussichtlich mehr Investitionsprojekte abgelehnt. Risikoreiche Innovationen hätten unter solchen Bedingungen eher noch schlechtere Aussichten auf Finanzierung, ähnlich wie kleine Unternehmen, bei denen die Ausfallwahrscheinlichkeit immer größer ist als bei alteingesessenen Konzernen.

Bankrun und Staatsgarantie

Auch das Argument, dass unter solchen Bedingungen private Banken wieder in die Pleite geschickt werden könnten, überzeugt nicht. Eine Bankpleite würde unverändert die bei der Bank deponierten Spargelder betreffen. Sobald eine Bank aufgrund irgendeines Anlasses in ein schiefes Licht gerät – sei es berechtigt oder unberechtigt –, würden die Leute beginnen, ihre Spargelder zu kündigen und aufs Girokonto zu holen. Genau das würde in dem geschilderten System genügen, um eine Bank zahlungsunfähig zu machen. Das heißt, eine bloße Umschichtung vom Spar- auf das Girokonto hätte dann den gleichen Effekt wie der Bankrun der Griechen im Juni 2015, als alle plötzlich Bargeld wollten. Und so wie eine Zentralbank unter normalen Umständen – Griechenland war kein Normalfall! – bei wachsender Bargeldnachfrage eben mehr Bargeld druckt, wäre sie in einem Vollgeldsystem fast schon gezwungen, den Abzug von Spargeldern durch höhere Kredite an die betreffende Bank auszugleichen. Tut die Zentralbank das nicht, bricht die Bank zusammen und die Sparer verlieren ihr Geld.

Warum sollten in einem solchen System überhaupt viele Leute bereit sein, ihr Geld auf unsicheren Sparkonten zu halten, wenn sie es auch sicher auf einem Konto bei der Zentralbank parken können? Wer 20 000 Euro anzulegen hat, verdient bei einem Zins von 3 Prozent 600 Euro im ersten Jahr. Das ist eine nette Summe, aber bei weitem nicht genug, um dafür seine für Notfälle zurückgelegten Ersparnisse zu riskieren. Natürlich könnte es sein, dass dann die Anlagezinsen auch noch höher steigen. Aber was heißt das für die Kreditversorgung der Unternehmen? Und spätestens nach der ersten echten Bankenpleite, bei der kleine Anleger ihr Erspartes verlieren, würden Millionen Bankkunden sich an ihre Rechner setzen oder in die Filialen laufen und ihre Sparkonten bei den privaten Banken räumen. Die einzige Möglichkeit, solche Runs zu verhindern, wäre eine gesetzliche Einlagensicherung, wie es sie heute bis zur Höhe von 100 000 Euro gibt. Aber was hat es mit Marktwirtschaft zu tun, wenn der Staat per Gesetz die Schulden privater Institute garantiert? Zudem kann man fest davon ausgehen, dass dann schon wegen der gesetzlichen Einlagensicherung der Anreiz mindestens so hoch wie heute wäre, auch völlig bankrotte Banken am Tropf der Zentralbankkredite am Leben zu erhalten.

Finanzalchemisten am Werk

Was vielleicht noch wichtiger ist: Wir erinnern uns, dass das Bargeldmonopol der Zentralbanken es nicht verhindert hat, dass die Banken bis 1929 einen gewaltigen Börsenboom mit ihrem Kredit finanziert haben, obwohl es damals noch kein elektronisches Geld im heutigen Verständnis gab. Das brauchten die Banken auch gar nicht. Selbst im Rahmen eines Vollgeldsystems wäre es für eine Bank möglich, Geld aus dem Nichts zu erzeugen, wenn der Empfänger die betreffende Summe auf einem Festgeldkonto statt einem Girokonto gutgeschrieben bekommt. Ein Zertifikat dieser Einlagen könnte dann für Finanzgeschäfte eingesetzt werden.

Es wäre naiv, zu glauben, dass Banken, denen die unübersehbare Vielfalt der heute möglichen Derivate zur Verfügung steht, keine Wege fänden, weiterhin Kreditgeld – und zwar gerade und vor allem für spekulative Verwendungen – aus dem Nichts zu schaffen und in Umlauf zu bringen. So, wie heute die Eigenkapitalregeln durch spezielle Derivate ausgehebelt werden, würden sich in einer Vollgeldwelt Scharen von Finanzalchemisten der Aufgabe zuwenden, neue Derivatekonstruktionen auszutüfteln, um exzessive Finanzgeschäfte auch unter den neuen Bedingungen finanzieren zu können. Und sie würden sie finden.

Die Ideen der Vollgeldtheoretiker gehen also in die richtige Richtung, aber sie gehen nicht weit genug. Man muss das Gespenst nicht nur durch Weihwasser und Beschwörungsrituale dazu bringen, sich vorübergehend kleinzumachen und in einem geschützten Winkel zu verstecken. Es muss in die Flasche zurück. Und diese sollte so verkorkt werden, dass es nie mehr entweichen kann. Weniger metaphorisch ausgedrückt: Eine Branche, in der Unternehmen nicht pleitegehen dürfen, weil das fatale volkswirtschaftliche Konsequenzen hätte, und deren Unternehmen zugleich nur mit staatlicher Haftungsgarantie überlebensfähig sind, gehört schlicht und ergreifend nicht in private Hand.

Öffentliche Güter taugen nicht für den Markt

Geld ist ein *öffentliches Gut*. Öffentliche Güter taugen nicht für den Markt, genauer: Es gibt für sie keinen funktionierenden Markt. Ein Konzern, der schlechte Autos baut, verschwindet irgendwann vom

Markt. Ein Konzern, der schlechte Finanzprodukte herstellt, wird immer mächtiger und stellt irgendwann den US-Finanzminister. Das ist der Unterschied. Die Geldversorgung der Wirtschaft gehört nicht in den Aufgabenbereich gewinnorientierter Privatunternehmen, sondern in die Hand gemeinwohlorientierter Institute, die in öffentlichem Auftrag arbeiten und strengen Regeln unterliegen. Im Grunde verhält es sich ähnlich wie bei der Wasserversorgung, den Krankenhäusern, dem Nahverkehr und vielen anderen öffentlichen Diensten: Man kann sie privatisieren, aber man sollte sich nicht wundern, wenn sie dann nicht mehr ordentlich funktionieren.

Das Gegenteil zum privaten Anbieter ist allerdings nicht einfach der staatliche. Es gab öffentliche Banken, die hatten ähnliche Geschäftsmodelle wie private, so, wie es auch in anderen Bereichen Unternehmen in Staatsbesitz gab und gibt, die sich aufführen wie private Renditejäger. Man könnte sagen, die Landesbanken waren im Finanzsektor, was die Deutsche Bahn auf der Schiene ist. Weder die Deutsche Bahn noch die Landesbanken waren allerdings von Anfang an so. Als die Deutsche Bahn noch Bundesbahn hieß, hatten auch kleinere Orte noch einen Bahnanschluss und die Mitarbeiter keinen Grund für Streiks. Als die Landesbanken noch schlicht die Clearingzentralen der Sparkassen waren und sich für größere Finanzierungen öffentlicher und privater Investitionsprojekte verantwortlich fühlten, leisteten sie einen wichtigen Beitrag zur Entwicklung der Wirtschaft. Irgendwann wurden in beiden Bereichen die Regeln gelockert und das Erwirtschaften höchstmöglicher Rendite wurde zum obersten Unternehmensziel. Und dann war es vorbei mit dem öffentlichen Auftrag und der Gemeinwohlorientierung.

Die 3-6-3-Regel

Das Geschäftsmodell der Sparkassen und Genossenschaftsbanken entspricht im Großen und Ganzen dem eines vernünftigen Finanzsektors. Sie finanzieren die regionale Wirtschaft und sie bieten dem Kleinsparer sichere Anlagemöglichkeiten. Früher wurde ihr Modell das 3-6-3-Modell genannt: Sie nehmen morgens Geld für 3 Prozent entgegen, geben mittags Kredit für 6 Prozent, und weil sie außer diesen Geschäften nichts zu tun haben, sind die Bankdirektoren nachmittags um drei auf dem Golfplatz. Im Grunde beschreibt dieses simple Modell, wie vernünftige Banken funktionieren, auch wenn es natürlich nicht unbedingt Golf sein muss, was am Nachmittag auf der Agenda steht.

Selbst die Sparkassen und Genossenschaftsbanken sind allerdings nicht abgeschirmt gegenüber den Fehlentwicklungen des gesamten Finanzsystems. Auch sie haben obskure Finanzprodukte an Kunden verkauft. Auch bei ihnen haben innovative Jungunternehmer schlechte Chancen auf Kredit. Und auch hier bekommt der Sparer heute auf neue Anlagen keine Zinsen mehr, während die Kreditzinsen bei kleineren Unternehmen und Kontoüberziehern deutlich oberhalb der 6-Prozent-Schwelle liegen. Diese Defizite lassen sich allerdings nur durch einen neuen Rahmen und veränderte Spielregeln für die gesamte Finanzbranche beheben.

Small is beautiful

Das Ziel ist also ein kleinteiliger, gemeinwohlorientierter Finanzsektor, der kostendeckend, aber nicht profitorientiert das öffentliche Gut *Geld* so bereitstellt, dass die Wirtschaft sich nach den gesellschaftlich gesetzten Prioritäten entwickeln kann. Zentraler Akteur der hier vorgeschlagenen Finanzordnung sind die *Gemeinwohlbanken*. Gemeinwohlbanken sind in erster Linie regionale Banken, die nur in einem eng begrenzten Raum Geschäfte machen und deshalb die Unternehmen und die Bedingungen vor Ort gut kennen. Darüber hinaus sollte es einige größere Institute geben, die als Clearingzentralen und zugleich als Finanzier größerer privater oder öffentlicher Investitionsprojekte bereitstehen. Auch sie sollten allerdings maximal einen nationalen Geschäftsradius haben. Geschäftsbeziehungen zu nicht gemeinwohlorientierten Finanzinstituten sind den Gemeinwohlbanken generell untersagt. Zum Gemeinwohl-Finanzsektor gehört schließlich die Zentralbank als letzter Kreditgeber der Gemeinwohlbanken, der ihre Zahlungsfähigkeit und die Bargeldversorgung aufrechterhält, sich zusätzlich als Staatsfinanzier betätigt und bei alledem neben stabilen Preisen auch eine stabile, innovative Wirtschaft mit hohen Investitionen und Vollbeschäftigung im Auge hat.

Die Verkleinerung der Banken und ihres Geschäftsradius' ist von zentraler Bedeutung. Wer Kettenreaktionen verhindern will, muss die Kette zerschlagen. Das ist wesentlich aussichtsreicher, als zu versuchen, sie über verschiedene Länder hinweg zu regulieren und dadurch zu stabilisieren. Die Geschichte hat gezeigt, dass der sicherste Weg, eine vernünftige Regulierung zu verhindern, darin besteht, nur das zu regeln, worin sich viele unterschiedliche Staaten einig sind. Der kleinste gemeinsame Nenner ist immer ein schwacher, wie schon Hayek wusste. Der EU-Finanzbinnenmarkt war deshalb von Anfang an ein Deregulierungsprojekt im Interesse der großen Banken. Aus dem gleichen Grund hat Europa in der Frage neuer Regeln als Konsequenz aus der letzten großen Krise noch schlimmer versagt als die USA, die zumindest einige Verschärfungen auf den Weg gebracht haben, auch wenn sie von Trump jetzt wieder zurückgenommen werden. Wer vernünftige Regeln will, kann sie am besten auf nationaler Ebene einführen. Wenn das nach und nach auch andere Länder tun, weil es sich einfach als die bessere Lösung erweist, gibt es irgendwann eine vernünftige Finanzarchitektur in ganz Europa. Wer dagegen nur regelt, wozu sich von vornherein eine EU-weite Übereinstimmung herstellen lässt, der wird dieses Ziel nie erreichen.

Notwendige Kapitalverkehrskontrollen

Eine gemeinwohlorientierte Geldordnung ist nur aufrechtzuerhalten, wenn im Austausch mit anderen Währungen strikte Kapitalverkehrskontrollen gelten. Wir haben gesehen, wie der Goldstandard die Spielräume der Politik eingeschränkt und sie letztlich auf die Interessen derer verpflichtet hat, die im internationalen Maßstab das große Geld bewegen. Auch ohne Goldstandard bedeutet freier Kapitalverkehr, dass der Wert einer Währung völlig unabhängig von realwirtschaftlichen Entwicklungen nach oben oder nach unten getrieben werden kann, je nachdem, ob die Politik in dem betreffenden Land den großen Geldspielern gefällt oder missfällt. Schon der Wirtschaftsnobelpreisträger Joseph Stiglitz hat darauf hingewiesen, dass die globale Freizügigkeit des Kapitals im Grunde nicht die geringsten Effizienzgewinne bringt. Der einzige »Gewinn« sei der einer deutlichen Schwächung der Arbeitnehmerposition, denn sinkende Löhne könnten ebenso wie niedrige Kapitalsteuern jederzeit mit Drohung eines Kapitalabzugs erpresst werden.

Dafür gibt es viele Beispiele. Der französische Präsident Mitterrand, der in der schweren Wirtschaftskrise Anfang der achtziger Jahre eine keynesianische Politik betreiben wollte und mit dem Einsatz solcher Instrumente immerhin erreichte, dass die französische Wirtschaft im Unterschied zu vielen anderen keine negativen Wachstumszahlen aufwies, scheiterte letztlich an der Spekulation gegen den französischen Franc. Er hätte entweder eine radikale Abwertung akzeptieren und aus dem Europäischen Währungssystem austreten müssen – oder er musste seine Nachfragepolitik abbrechen. Mitterrand entschied sich für Letzteres.

Weltweit finden seit vielen Jahren massive Kapitalbewegungen statt, die nichts mit der Finanzierung des Welthandels zu tun haben, sondern beispielsweise aus Zinsdifferenzen resultieren. Währungen mit höheren Zinsen werden durch solche *carry trades* unter einen Aufwertungsdruck gebracht, der die Exporte der betreffenden Länder verteuert und damit ihrer Wirtschaft schadet. Plötzliche Richtungswechsel wiederum führen zu einem extremen Verfall des Wechselkurses, Kreditverknappung und Bankenpleiten und können erst recht große Krisen auslösen.

Technokratengang und Euro-Diktatur

Die Wechselkurse nicht länger der Spekulation zu überlassen war eine der Begründungen für die Einführung des Euro in Europa. Aber auch die Idee einer transnationalen Gemeinschaftswährung hat sich nicht bewährt. Eine gemeinwohlorientierte Geldordnung setzt voraus, dass es ein Gemeinwesen gibt, das die Hoheit über sein Geld hat und frei über dessen Verwendung entscheiden kann. Mit anderen Worten, eine Währung sollte auf einen demokratisch gestaltbaren Raum begrenzt sein. Die Eurozone ist nicht demokratisch gestaltbar, sie verfügt nicht einmal über demokratische Institutionen. Wir haben erlebt, wie im Krisenfall Euro-Länder von einer Technokratengang aus EU-Kommission, EZB und IWF entmündigt wurden und ihnen eine Politik diktiert wurde, die die Krise verschärft und die Ungleichheit massiv erhöht hat. Diese Gang konnte viel rücksichtsloser vorgehen als jede gewählte Regierung, weil sie von der Bevölkerung des betreffenden Landes in keiner Weise kontrollierbar oder absetzbar war. Normalerweise nennen wir solche Verhältnisse Diktatur.

Das gilt nicht nur für Griechenland. Auch Spanien, Portugal und Irland, ja selbst Italien und Frankreich haben seit langem keine echten politischen Gestaltungsspielräume mehr. Die Ereignisse vom Frühsommer 2015 könnten sich in jedem anderen Euro-Land wiederholen, sobald wieder einmal eine Regierung gewählt wird, die andere als neoliberale Prioritäten setzen will. Die aktuellen Pläne der EU-Kommission zur Stabilisierung der Eurozone laufen auf eine noch stärkere Entdemokratisierung hinaus. In Zukunft sollen die Brüsseler Technokraten die Möglichkeit erhalten, auch ohne akuten Krisenfall in die Haushalts- und Steuerpolitik, ja sogar in die Lohnfindung der einzelnen Euroländer hineinzuregieren. Auch die gern als »pro-europäisch« gefeierten Vorschläge des französischen Präsidenten Macron zur Reform der Eurozone beinhalten vor allem eine stärkere Zentralisierung, also einen Abbau der Entscheidungsrechte gewählter Parlamente in den einzelnen Mitgliedsstaaten.

Von wem beispielsweise der von Macron geforderte Euro-Finanzminister seine demokratische Legitimation erhalten soll, ist eine bisher unbeantwortete Frage.

»Die Handlungsfreiheit einschränken ...«

Schon der neoliberale Fundamentalist Friedrich August von Hayek sah genau das – die Einschränkung demokratischer Gestaltungsfähigkeit – als den großen Vorzug einer transnationalen Währung an. »Mit einer gemeinsamen Währungseinheit wird die Handlungsfreiheit, die den nationalen Zentralbanken gegeben ist, zumindest so beschränkt sein wie unter einer strengen Goldwährung – vielleicht sogar noch mehr ...«, schrieb er in seinem Essay *Individualismus und wirtschaftliche Ordnung*. Tatsächlich standen im 19. Jahrhundert zur Verringerung von Defiziten immerhin noch Zölle und andere protektionistische Maßnahmen zur Verfügung, die im Rahmen der EU heute ebenfalls ausgeschlossen sind. Eine Währung ohne Staat bei gleichzeitiger Handels- und Kapitalverkehrsfreiheit macht Demokratie letztlich unmöglich.

Manche fordern daher, die Eurozone zu demokratisieren. Aber es sieht nicht danach aus, dass das ein erfolgversprechendes Projekt sein könnte. Alle bisherigen Versuche, in Europa überstaatliche Institutionen zu verankern, die demokratisch legitimiert und funktionsfähig sind, können als gescheitert gelten. Auf Brüsseler Ebene fehlen schlicht elementare Voraussetzungen für eine demokratische Entscheidungsfindung. Es gibt genau genommen weder eine europäische Öffentlichkeit noch echte europäische Politiker in Sinne von Persönlichkeiten, die europaweit Ansehen und Popularität besitzen. Der Brüsseler Lobbyistenclub ist für die Bürgerinnen und Bürger Europas einfach viel zu weit weg und wenig durchschaubar. Man kennt die Leute kaum, die dort agieren, und spricht ihre Sprache nicht. Ein Parlament, das von rund 30 Prozent der Bürger gewählt wird, wird schwerlich zu einer demokratischen Autorität werden. Der Brüsseler Lobbyistenclub ist für die Bürgerinnen und

Bürger Europas viel zu weit weg und wenig durchschaubar. Man kennt die Leute kaum, die dort agieren, und spricht ihre Sprache nicht. Ein Parlament, das von rund 30 Prozent der Bürger gewählt wird, wird schwerlich zu einer demokratischen Autorität werden.

Deindustrialisierung und eine verlorene Generation

Eine bessere Idee wäre es daher, den demokratischen Staaten ihre eigene Währung zurückzugeben und im Austausch mit anderen Währungen Kapitalverkehrskontrollen einzuführen. Das bedeutet: Handel wird finanziert, Spekulation nicht. Unter solchen Bedingungen würden Wechselkurse nur noch bei tatsächlichen realwirtschaftlichen Ungleichgewichten unter Druck geraten. Dann allerdings wäre die Möglichkeit zu einer Anpassung in Form von Aufwertung oder Abwertung gegeben. Das wäre ganz sicher besser als die Zwangsjacke des Euro, der ein solches Ventil nicht mehr zulässt.

Die Alternative ist die Fortschreibung der jetzigen Situation: Deindustrialisierung, Massenarbeitslosigkeit und eine extrem hohe Jugendarbeitslosigkeit mit Quoten von 40 bis 60 Prozent in nahezu dem gesamten Süden Europas, einschließlich Italien. Sinkende Löhne, stagnierende Wirtschaftsleistung, wachsende Armut und die Auswanderung der qualifiziertesten Arbeitskräfte. Wer Volkswirtschaften im Korsett einer dauerhaft überbewerteten Währung die Chance nimmt, jemals wieder auf die Beine zu kommen, muss sich nicht wundern, wenn eine erstarkende Rechte, wie in Frankreich, das Problem irgendwann auf ihre nationalistische Weise lösen wird. Aber dann wäre nicht nur der Euro, sondern auch Europa am Ende.

Keynes' Bancor-Plan als europäisches Währungssystem

Ein funktionierendes europäisches Währungssystem könnte an den Bancor-Plan anknüpfen, den Keynes einst als Entwurf für das System von Bretton Woods entwickelt hatte. In einem solchen System wäre der Euro die Ankerwährung, zu der alle anderen Währungen in festen, aber bei Bedarf veränderbaren Wechselkursen fixiert werden. Die nationalen Zentralbanken garantieren den Umtausch zu diesen Kursen. Kapitalverkehrskontrollen verhindern Kapitalbewegungen, denen keine realen Handelsgeschäfte zugrunde liegen.

Längerfristige Defizite und Überschüsse können in einem solchen System dann entstehen, wenn die Produktivität oder die Löhne sich unterschiedlich entwickeln. Das ist wahrscheinlich. Immerhin haben die europäischen Länder nicht nur eine unterschiedliche Kultur und Mentalität, sondern auch unterschiedliche Systeme gewerkschaftlicher Organisation und abweichende Traditionen in ihren Arbeits- und Lohnkämpfen. Die Jahre seit der Euro-Einführung haben gezeigt, dass sich diese Vielfalt selbst durch den Druck einer gemeinsamen Währung nicht nivellieren lässt, und es wäre auch ganz sicher kein Gewinn.

Ein funktionierendes europäisches Währungssystem mit festen Wechselkursen braucht eine Institution, die kurzfristig und in bestimmten Grenzen Überschüsse und Defizite finanziert, so wie der IWF das in Keynes' ursprünglichem Plan hatte tun sollen. Diese Aufgabe könnte die EZB übernehmen. Bei zu großer und längerfristiger Abweichung vom Gleichgewicht sollten, wie von Keynes vorgeschlagen, sowohl Länder mit Überschüssen als auch solche mit Defiziten mit Strafzahlungen belegt werden. Diese Strafzahlungen steigen mit der Höhe der Ungleichgewichte. Sie lassen sich allerdings vermeiden, wenn das betreffende Land seine Währung auf- beziehungsweise abwertet. Ein solches System würde die demokratische Souveränität über das eigene Geld mit hinreichender Stabilität der Wechselkurse verbinden.

Wer meint, ein solcher binnenorientierter Finanzsektor würde die Perspektiven einer exportstarken Wirtschaft wie der deutschen ruinieren, schaue sich die Nachkriegszeit an. Zur Finanzierung von Exportunternehmen braucht es keiner Bankrepräsentanzen in Singapur, Panama oder Delaware. Und da eine exportstarke Wirtschaft sich ohnehin um ebenso große Importe bemühen sollte, bedarf es auch keines ausgedehnten Kapitalverkehrs mit dem Ausland, denn eine ausgeglichene Handelsbilanz bedeutet ja, dass sich Aus- und Eingänge weitgehend die Waage halten. Im Unterschied zu den meisten heutigen Ökonomen wusste der Kopf der Freiburger Schule Walter Eucken noch: »Jeder Export schädigt die Güterversorgung, der nicht die Einfuhr mindestens gleichwertiger Güter ermöglicht.«[98] Es wäre also im wohlverstandenen Eigeninteresse von Überschussländern wie Deutschland, ihre Importe zu erhöhen.

Finanz-TÜV

Alle Arten von Finanzgeschäften und Finanzpapieren unterliegen einem Finanz-TÜV. Zugelassen wird nur, was einen nachweisbaren realwirtschaftlichen Nutzen hat. Alles andere ist verboten. Über die Zulassung sollte ein gemeinnütziges Institut von der Art der Stiftung Warentest entscheiden, dessen Experten besser bezahlt werden als die Spitzenbanker und die deshalb nicht durch Aussicht auf lukrative Bankenjobs korrumpierbar sind. Das ist nicht unerschwinglich, denn in Gemeinwohlbanken wird niemand mehr verdienen als ein Sparkassendirektor heute. Ein Finanzsystem, das keine unverschämten Gewinne mehr macht, kann sich auch keine Millionengehälter mehr leisten. Das mag vorsintflutlich, altbacken und totlangweilig klingen, aber genau das ist es, was wir brauchen: keine hektischen Spielcasinos, sondern solide, unaufgeregte Banken.

Entscheidend ist, dass die Gesellschaft die Hoheit über die Prioritäten der Kreditgewährung wieder in ihre eigenen Hände nimmt. Es ist Aufgabe der Demokratie, darüber zu entscheiden, welche Branchen, welche Technologien und welche Innovationen bevorzugt finanziert werden sollen. Wer jetzt entsetzt angesichts solchen Misstrauens in »den Markt« die Hände über dem Kopf zusammenschlägt, dem sei empfohlen, sich mit der Geschichte von Ländern wie Japan, Südkorea oder auch China zu beschäftigen. Erfolgreiche Wirtschaften haben zentrale Kreditentscheidungen nie den Bankern überlassen, sondern immer einen Rahmen vorgegeben. Als sie damit aufgehört haben, war das meist auch das Ende ihrer Erfolgsphase.

Erfolgreiche Kreditlenkung

Bis zum Beginn der achtziger Jahre existierte in Japan nicht nur eine Art Planwirtschaft über das Ministerium für Internationalen Handel und Industrie (MITI), das den Großunternehmen ziemlich genaue Vorgaben zu Schwerpunkten und Produktentwicklungen machte. Es gab auch eine direkte Kreditsteuerung durch die Zentralbank, die den einzelnen Banken den Kreditrahmen und die bevorzugt zu finanzierenden Bereiche vorgab. So wurden etwa die Exportwirtschaft und die Halbleiterindustrie gezielt gefördert. Südkorea kopierte das Modell in den sechziger und siebziger Jahren, mit ähnlichem Erfolg. 1993 kam die Weltbank in einer Studie über das Wirtschaftswunder im Fernen Osten zu dem Schluss, »dass Staatsinterventionen zum Zweck der Kreditlenkung eine wesentliche Rolle bei der Erringung überlegener Wirtschaftsstärke gespielt haben«.[99] Allerdings hatten zu diesem Zeitpunkt die südostasiatischen Länder und auch Japan das Modell bereits weitgehend aufgegeben. In China dagegen spielen staatliche Entwicklungsbanken bis heute eine Schlüsselrolle bei der Auswahl von besonders geförderten Technologien und Wirtschaftsbereichen.

Wenn wir irgendwann eine Wirtschaft mit grüner Energie und Kreislaufprozessen haben wollen, spricht viel dafür, für die Erforschung und Anwendung innovativer Technologien, die uns diesem Ziel näher bringen, bevorzugt und in großem Umfang Mittel bereitzustellen. Und wenn wir eine wettbewerbsintensive, flexible Wirtschaft wollen, ist es angebracht, den Banken eine Mindestquote vorzugeben, in deren Umfang Kredite an Unternehmensgründer, und eine weitere, in deren Höhe Kredite an kleine und mittlere Unternehmen fließen müssen. Dass der Markt das nicht im Selbstlauf leistet, hat er hinreichend unter Beweis gestellt. Die letzte Entscheidung darüber, wer Kredit bekommt und wer nicht, liegt natürlich dann immer noch bei der Hausbank, die allerdings wieder eine echte Hausbank mit Kenntnis der Unternehmen in ihrer Region werden muss, statt die Entscheidungen an irgendeine ferne Zentrale oder an einen Algorithmus, der nach undurchsichtigen Maßstäben Unternehmens-Ratings erstellt, abzugeben.

Floprate 90 Prozent

Werden viele junge und viele innovative Unternehmen finanziert, heißt das natürlich, dass es auch mehr Kreditausfälle geben wird. Der Wagniskapitalmarkt im Silicon Valley geht bei Start-ups von einer Floprate von 90 Prozent aus. Bei neun von zehn finanzierten Unternehmen wird also erwartet, dass sie nicht erfolgreich sind. Das Problem bei innovativen Projekten ist: Niemand kann im Vorfeld wissen, wer die neun Flops und wer der eine Erfolgreiche sein wird. Die Kalkulation dort ist, dass das eine Unternehmen, das nicht bankrottgeht, dem Investor innerhalb von zehn Jahren eine Verzwanzigfachung seiner Investition einbringt. Damit hat er sein eingesetztes Geld trotz der Flops verdoppelt. Aufgrund der Besonderheiten digitaler Geschäftsmodelle ist diese Rechnung nicht selten aufgegangen. Für andere Branchen wäre das jedoch eine absurde Kalkulation, zumal ein Bankkredit ohnehin keine Rückzahlung in Höhe des Zwanzigfachen in zehn Jahren einspielen kann. Andererseits ist ein kalkuliertes Scheitern von 90 Prozent selbst bei innovativen Projekten extrem hoch. Nehmen wir an, die Ausfallrate liegt bei 50 Prozent, dann wäre ein Kreditfonds mit einer Laufzeit von 10 Jahren (ohne Tilgung) bereits bei einem Zinssatz von 7 Prozent kostendeckend.

Wichtiger noch ist: Auch wenn die Banken in dem vorgeschlagenen Modell mehr Investitionskredite abschreiben müssten als heute, würde das mehr als ausgeglichen dadurch, dass es keine platzenden Finanzkredite und keine sonstigen absurden Finanzierungen – etwa von Immobilienblasen – mehr gäbe. Denn auch für Letzteres wäre die Kreditsteuerung hilfreich, sie könnte etwa die

Kreditgewährung an die Immobilienwirtschaft schon limitieren, bevor der Boom richtig begonnen hat. Oder sie könnte auch hier steuernd eingreifen, etwa Einfamilienhäuser und Wohnungen mit preisgebundenen Mieten bevorzugt finanzieren lassen. Und letztlich können Banken, die sich mit niedrigen Gewinnen zufriedengeben, auch mehr geplatzte Kredite verkraften. Wenn wir dafür eine innovativere und produktivere Wirtschaft bekommen, sollte uns das diesen Preis wert sein.

Verlustrisiko Innovation

Man muss sich immer wieder vergegenwärtigen: Geld kostet nichts. Geld ist Kaufkraft, und letztlich kann eine Gesellschaft entscheiden, wofür sie Kaufkraft bereitstellen will und wofür nicht. Ein geplatzter Kredit bedeutet, dass zusätzliche Kaufkraft in Umlauf gebracht wurde, die sich ihren Gegenwert nicht geschaffen hat. Die Investition hat den gesellschaftlichen Wohlstand nicht vergrößert. Wenn das in großem Umfang geschieht, kann Inflation die Folge sein. Aber da die Banken immer auch erfolgreiche Finanzierungen haben, bei denen mit der verzinsten Rückzahlung des Kredits mehr Kaufkraft wieder abgeschöpft als vorher geschaffen wurde, besteht durchaus Spielraum, auch die Finanzierung von Pleiten zu riskieren.

Ein solches Modell bedeutet, dass es bei den Banken Geschäftsfelder geben kann, in denen Verluste einkalkuliert sind, so wie die alte Bundesbahn kleinere Orte nur um den Preis verbinden konnte, dass diese Strecken nicht gewinnbringend waren. Aufgabe eines guten Managements wäre es dann, die Verluste solcher Geschäfte in Grenzen zu halten. Für eine Bank bedeutet das, sich bei der Kreditvergabe um eine möglichst gute Auswahl zu kümmern, nur eben in einem sehr viel weiteren Rahmen als heute. Es kann kein Finanzsystem geben, in dem jede Idee auch eine Finanzierung erhält, aber es muss erreicht werden, dass ungleich mehr innovative Projekte eine Chance haben. Im Einzelfall mag es dann immer noch vorkommen, dass eine Bank sich bei der Auswahl vergriffen hat und in Schwierigkeiten gerät. Wenn sie dann mit Staatshilfe stabilisiert werden muss, würden wir allerdings mit Steuergeld für die Innovationskraft unserer Wirtschaft zahlen und nicht für die unersättlichen Finanzwetten von Investmentbankern. Das wäre ein beträchtlicher Unterschied. Zumal die Gewinne der Gemeinwohlbanken, soweit sie anfallen, ebenso der Allgemeinheit gehören.

Zentralbanken als Staatsfinanziers

Wir haben in den vorangegangen Abschnitten gesehen, dass die Innovationsfähigkeit einer Wirtschaft nicht allein von der Gründer-Finanzierung innovativer Jungunternehmer, sondern mindestens in gleichem Maße von öffentlichen Forschungs- und Entwicklungsleistungen abhängt. Viele Innovationen, die junge Unternehmen an den Markt gebracht haben, wurden zuvor in öffentlichen Forschungseinrichtungen entwickelt. Aber erfolgreiche öffentliche Forschung setzt voraus, dass Universitäten und Forschungseinrichtungen nicht zur Niedriglohnzone degenerieren. Auch befördert es Kreativität nicht, wenn Mitarbeiter alle zwei Jahre um die Verlängerung ihres Vertrages bangen müssen. Die Grundbedingung für eine innovative Wirtschaft ist daher ein Staat, der über gute und stabile Finanzquellen verfügt. Während Steuern die normalen Staatsausgaben vom Sozialetat bis zur öffentlichen Verwaltung finanzieren sollten, bietet sich für wirtschaftsrelevante Forschung und für öffentliche Investitionen die Schaffung zusätzlicher Kaufkraft an.

Eine Zentralbank hat im Unterschied zu den anderen Banken nicht nur die Möglichkeit, Kredite zu vergeben. Sie kann Geld auch ohne Kredit in Umlauf bringen. Von diesem Recht sollte sie – in Maßen und nach festen Regeln – zugunsten der Finanzierung des Staates Gebrauch machen. Im Grunde gilt hier das Gleiche wie für den realwirtschaftlichen Kredit: Sofern der Staat mit dem Geld der Zentralbank Investitionen finanziert, die unseren Wohlstand erhöhen, schafft das Geld seinen eigenen Gegenwert, und dann droht auch keine Inflation. Im Unterschied zum Kredit entstehen bei direkter Geldschöpfung der Zentralbank aber keine Schulden und es müssen auch keine Zinsen bezahlt werden. Es wird einfach mehr Geld in Umlauf gebracht. Auch in wirtschaftlichen Krisen kann das sinnvoll sein, denn Geld, das an die öffentliche Hand geht, würde im Unterschied zu den milliardenschweren Krediten der Europäischen Zentralbank heute, die nur die Banken füttern, unmittelbar als Nachfrage in der realen Wirtschaft ankommen.

Free Lunch

Auf den ersten Blick mag die Vorstellung, dass der Staat Geld bekommt, für das niemand zahlt, ungewohnt sein. »There is no such thing as a free lunch«, predigt die Volkswirtschaftslehre, will heißen: Es gibt in der Wirtschaft nichts für umsonst. Das stimmt auch für alle wirtschaftlichen Güter. Aber es stimmt nicht für das Geld. Weil Geld nichts kostet, kann der, der es bereitstellt, Güter nachfragen, ohne dass ihm vorher jemand Kaufkraft überlassen hat. Die alten Könige und Fürsten haben davon gern Gebrauch gemacht, indem sie Münzen in Umlauf brachten, deren Materialwert deutlich niedriger war als die Zahl, die der Fürst aufprägen ließ. Probleme traten immer dann auf, wenn der Fürst sein Privileg der Münzprägung allzu freudig wahrgenommen hat und immer mehr Münzgeld einer stagnierenden Wirtschaft gegenüberstand. Dann wurden die Münzen entwertet, zunächst im internationalen Austausch und dann auch in ihrer Kaufkraft im betreffenden Land. Neue Geldschöpfung funktioniert also nur in engen Grenzen, wenn das Geld einigermaßen stabil sein soll.

Gefährlich würde es etwa, wenn die Zentralbank in Krise wie Hochkonjunktur die gleiche Menge Geld in die Wirtschaft pumpt oder wenn der Staat das Geld für Bereiche verwendet, die keine zusätzliche Produktion und keinen zusätzlichen Nutzen bringen. Wenn sich etwa die politisch Herrschenden selbst die Taschen füllen oder Kriegsschiffe kaufen. Aber solcher Missbrauch ließe sich durch entsprechende Regeln besser beaufsichtigen und verhindern als heute. Heute darf zwar die Zentralbank dem Staat keine Kredite geben, die privaten Banken aber machen genau damit schöne Geschäfte, indem sie für ihr aus dem Nichts geschaffenes Geld den Staaten Zinsen abverlangen. Solange sie an die Zahlungsfähigkeit des betreffenden Staates glauben, werden daher auch korrupte politische Eliten und Kriegsschiffe großzügig finanziert. Der Markt hat das noch nirgends verhindert.

Schatzbriefe statt Spielgeld

Neben neuem Zentralbankgeld, das immer nur in Maßen verfügbar ist, wäre es natürlich sinnvoll, staatliche Investitionen dadurch zu finanzieren, dass Sparern direkte Anlagemöglichkeiten von der Art der Bundesschatzbriefe angeboten werden. Für die Bürger wären das sichere Anlagemöglichkeiten bei moderaten Zinsen und für die Demokratie wäre es eine sehr viel bessere Variante der Finanzierung staatlicher Defizite als die heutigen Staatsanleihen. An Letzteren verdienen bereits bei der Platzierung die Investmentbanken, und sie geben ihnen die Macht, unliebsame Regierungen durch steigende Zinssätze unter Druck zu setzen. Niemand außer den Finanzzockern braucht Schuldtitel der Staaten, die zum Spielgeld auf den internationalen Finanzmärkten taugen. Wie andere Verbriefungen sind auch handelbare Staatsanleihen vollkommen überflüssig. Wenn ein Staat sich nicht mehr im Ausland verschulden kann, verringert das nicht nur seine Abhängigkeit, sondern auch die Chance, sich über die Möglichkeiten der eigenen Wirtschaft hinaus in Schulden zu stürzen. Beides wäre ein Fortschritt.

Bleibt die wichtige Frage: Wie kann der Übergang von der gegenwärtigen in die hier skizzierte Geldordnung funktionieren? Wie kommen wir von dem heutigen Casino und seinen Wettbuden zu einem gemeinwohlorientierten Bankensystem?

Es ist sehr viel einfacher, als es auf den ersten Blick scheint. Jeder Bank sollte es freistehen, sich als Gemeinwohlbank zu reorganisieren und sich den Regeln gemeinwohlorientierter Banken zu unterwerfen. Als Rechtsform bietet sich die im nächsten Kapitel vorgeschlagene Gemeinwohlgesellschaft an. Unter heutigen Bedingungen wären öffentlich-rechtliche wie genossenschaftliche Institute mit diesem Modell vereinbar, Kapitalgesellschaften hingegen nicht.

Marktwirtschaftliche Regeln

Alle Banken, die privat bleiben und weiterhin renditeorientiert arbeiten wollen, werden an den freien Markt entlassen. Das heißt, es gibt für ihre Kapitaleigner keine Staatshaftung mehr und für ihre Einleger auch keine gesetzlich garantierte Einlagenversicherung. Private Banken haben auch keinen Zugang mehr zu Krediten der Notenbank und es wird ihnen das Recht zur elektronischen Geldschöpfung entzogen. Wenn sie Kredite vergeben wollen, brauchen sie Spargelder, die mit einer Mindestanlagefrist bei ihnen deponiert sind, oder sie müssen Anleihen auflegen und verkaufen. Für ihre Geschäfte haftet das Vermögen ihrer Eigentümer. Wer ihnen sein Geld anvertrauen möchte, kann es tun, und sie können damit im Rahmen der Gesetze auch machen, was sie wollen.

Diese Regeln sind nicht besonders unvorteilhaft, sie sind einfach marktwirtschaftlich. Sie würden im Bankensektor zu ähnlichen Geschäftsbedingungen führen, wie sie in der normalen Wirtschaft für alle anderen Unternehmen auch gelten. Es wird Privatbanken geben, die in diesem Umfeld überleben. In den USA und in England existierten früher Investmentbanken, die als Partnerschaften mit voller Haftung organisiert waren, dementsprechend auch nie ein zu großes Rad drehten und einen bestimmten Bereich von Finanzgeschäften, etwa die Emission von Aktien und Anleihen, erledigten. Wer so überlebt, den sollte der Staat nicht stören.

Modell Island

Alle Banken, die unter solchen Bedingungen nicht überlebensfähig sind – und dazu dürften die meisten Großbanken von der Art der Deutschen Bank gehören – müssen nach dem Konkurs restrukturiert, entgiftet und verkleinert werden. Hier empfiehlt sich das Modell, das der kleine Staat Island im Interschied zu allen anderen europäischen Ländern nach Ausbruch der Finanzkrise angewandt und damit die öffentliche Verschuldung in engen Grenzen gehalten hat. Nach diesem Modell vorzugehen hieße, die Banken aufzuteilen in eine *Good Bank*, auf die alle Girokonten, Spargelder und sonstigen Einlagen übertragen werden, ebenso alle werthaltigen Kredite und Forderungen, und eine *Bad Bank*, auf die die faulen Kredite und die fragwürdigen Finanzpapiere übergehen.

Für die Abschreibung der Letzteren haften zunächst die Aktionäre der alten Bank, dann die Inhaber eigenkapitalähnlicher Instrumente und schließlich die Halter von Bankanleihen. So können die Verluste abgetragen werden. Über Bankanleihen und andere Finanzinstrumente werden auch Offshore-Vermögen in die Haftung einbezogen, denn solche Instrumente werden bevorzugt von internationalen Finanzhäusern und Fonds gehalten, hinter denen dann nicht zuletzt das in den Steueroasen dieser Welt versteckte Geld der globalen Geldelite steht.

Im Grunde bedeutet dieses Modell, die Vermögen der Mittelschicht zu sichern und die der Oberschicht für die Fehlentwicklungen des Finanzsektors in den letzten Jahrzehnten zahlen zu lassen. Das ist schon deshalb gerecht, weil auch nur die Oberschicht von diesen Fehlentwicklungen profitiert hat. Es ist davon auszugehen, dass das Vermögen der Reichsten als Haftungsmasse mehr als ausreicht. Immerhin gehören 50 Prozent des gesamten Finanzvermögens, unter Einschluss der Offshore-Vermögen sogar über 80 Prozent, heute den reichsten 1 Prozent.[100] Um das Geldvermögen von 99 Prozent der Bevölkerung abzusichern, einschließlich aller Lebensversicherungen und Pensionsersparnisse, müssten also lediglich 20 Prozent der Kredite, Papiere und sonstigen Forderungen des heutigen Finanzsystems werthaltig sein. Trotz der obskuren Geschäfte, die die Branche in den letzten Jahrzehnten getätigt hat, liegt der Anteil des Finanzschrotts mit Sicherheit weit unter 80 Prozent.

Aus der *Good* Bank würden dann neue Gemeinwohlbanken entstehen. Der Übergang wäre für die öffentliche Hand weitgehend kostenfrei. Je mehr Länder sich zu einem gemeinwohlorientierten Bankensektor entschließen, desto besser wäre das natürlich. Theoretisch könnte das hier vorgeschlagene Modell aber auch allein in Deutschland oder in wenigen Ländern Europas eingeführt werden. Für alle Länder, die diesen Weg gehen, wäre das nicht nur ein bedeutender Zugewinn an wirtschaftlicher Innovationskraft und Effizienz, sondern auch an Demokratie. Denn nur eine souveräne Geldordnung erlaubt auch staatliche Souveränität. Und nur ein souveräner Staat ist auch demokratisch gestaltbar.

EIGENTUM NEU DENKEN

Eigentumstheorien von Aristoteles bis zum Grundgesetz

»Der erste, der ein Stück Land eingezäunt hatte und es sich einfallen ließ zu sagen: *dies ist mein* und der Leute fand, die einfältig genug waren, ihm zu glauben, war der wahre Gründer der bürgerlichen Gesellschaft. Wie viele Verbrechen, Kriege, Morde, wie viel Not und Elend und wie viele Schrecken hätte derjenige dem Menschengeschlecht erspart, der die Pfähle herausgerissen oder den Graben zugeschüttet und seinen Mitmenschen zugerufen hätte: ›Hütet euch, auf diesen Betrüger zu hören; ihr seid verloren, wenn ihr vergesst, dass die Früchte allen gehören und die Erde niemandem.«[101]

Jean-Jacques Rousseau, aus dessen *Abhandlung über den Ursprung und die Grundlagen der Ungleichheit unter den Menschen* dieser engagierte Ausruf stammt, war kein Gegner des Privateigentums. Dass es sich besser in einer Gesellschaft lebt, in der nicht jeder unser mühsam gepflegtes Erdbeerbeet abernten, unser Pferd reiten oder sich den Erbschmuck unserer Großmutter aneignen darf, wusste auch der große französische Philosoph. Aber er kannte eben auch den Unterschied zwischen Eigentum an unseren täglichen Gebrauchsgegenständen und dem Eigentum an Grund und Boden. Ackerland war zu Rousseaus Zeiten die wichtigste Ressource der Volkswirtschaft. Wer über viel Land verfügte, hatte die Macht, andere für sich arbeiten zu lassen, weil sie auf diese Ressource angewiesen waren. Er konnte damit ohne eigene Leistung hohe Gewinne einfahren. Diese Art von Eigentum, die Gewinnerzielung zulasten anderer ermöglicht, war Rousseau ein Dorn im Auge.

Erwerb des rechten Maßes

Mit dieser Sicht steht Rousseau in einer langen Tradition abendländischen Denkens. Schon Aristoteles hatte die Legitimität von Privateigentum zwar prinzipiell verteidigt, allerdings nur, sofern es der Sicherheit und der Persönlichkeitsentfaltung dient. In diesem Sinne gab es für Aristoteles eine Größenordnung von Eigentum, oberhalb deren es aufhört, ein *Gut* zu sein. Die wahre Aufgabe der ökonomischen Kunst bestehe im Erwerb des rechten Maßes und der richtigen Arten von Eigentum. Wer dagegen Güter vor allem nach ihrem Geldwert beurteilt und sein Wirtschaften unter das Ziel einer potentiell unbegrenzten Steigerung seines Besitzes stellt, den hielt der griechische Philosoph – nicht anders als der französische Aufklärer Rousseau – für eine ziemlich armselige Kreatur.

Rousseau hat die Französische Revolution nicht mehr erlebt, aber er hätte sich bestätigt fühlen können. Fragen des Landeigentums, der Rechte der Eigentümer und der Legitimität oder Illegitimität staatlicher Eingriffe in die Eigentumsfreiheit standen in den Jahren nach dem Sturm auf die Bastille im Zentrum der politischen Auseinandersetzungen. Im August 1789 verkündete die französische Nationalversammlung ihre *Erklärung der Menschen- und Bürgerrechte*. Als »natürliche und unantastbare Menschenrechte« wurden darin definiert »das Recht auf Freiheit, das Recht auf Eigentum, das Recht auf Sicherheit und das Recht auf Widerstand gegen Unterdrückung«. Dem Eigentum ist noch ein gesonderter Artikel gewidmet, der siebzehnte, in dem das Eigentum als »ein unverletzliches und geheiligtes Recht« hervorgehoben wird, das »niemandem genommen werden« dürfe, es sei denn gegen »gerechte Entschädigung«.

Die Befreiung des Landeigentums von feudalen Fesseln war eine der ersten Handlungen der Französischen Revolution. Befreiung des Landeigentums, das hieß: Fortan stand es jedem frei, Land zu kaufen, zu verkaufen oder zu verpfänden. Es gab keine feudalherrliche Rechtsprechung mehr und auch keine sonstigen feudalen Bindungen, allerdings auch keine Verantwortung mehr für Abhängige, die jetzt freie Bauern waren. Die alten Feudalabgaben entfielen allerdings nicht, sondern wurden großenteils in Grundrenten umgewandelt. Lediglich die Kirchengüter und die adeliger Emigranten wurden staatlich konfisziert und später an den Meistbietenden verkauft.

Recht zu Gebrauch und Missbrauch

Erst diese Gesetze der französischen Nationalversammlung haben Eigentum an Grund und Boden im Sinne des später in Artikel 544 des Code Napoléon definierten Eigentumsbegriffs möglich gemacht: als das Recht, eine Sache völlig unbeschränkt zu benützen und über sie zu verfügen. Das schloss ausdrücklich das Recht ein, mit seinem Eigentum Missbrauch zu treiben, es zu Wucher, Monopolbildung und Spekulation einzusetzen oder auch zu zerstören.

Privates Eigentum als solches hatte es schon lange gegeben. Selbst im tiefsten Mittelalter konnte jeder ein Huhn oder eine Axt kaufen, die dadurch sein Eigentum wurden und ihm auch nicht einfach von anderen entwendet werden durften. Auch wenn der Bauer das Huhn schlachten oder die Axt in den See werfen wollte, stand ihm das frei. Lediglich für die entscheidende produktive Ressource jener Zeit, das Land, galten andere Regeln.

Historisch waren die Römer die Ersten, die Grund und Boden als etwas angesehen hatten, das man wie bewegliche Sachen oder eben auch wie Sklaven nach Belieben kaufen und verkaufen kann. Eigentum wird bereits bei ihnen als ein Bündel von Rechten definiert. Die wichtigsten bestehen darin, dass ein Eigentümer »mit der Sache nach Belieben verfahren« und »andere von jeder Einwirkung ausschließen« kann. Ein Eigentümer kann sein Eigentum nutzen, verkaufen, verpfänden und vererben. Niemand hat das Recht, ihm dabei hineinzureden, auch der Staat nicht. Ursprünglich sahen die Römer, ähnlich wie einige amerikanische Neocons heute noch, sogar in der Erhebung von Steuern einen unzulässigen Eingriff in das Eigentumsrecht. Das heutige bürgerliche Recht geht in vieler Hinsicht auf das alte römische Recht zurück. Interessanterweise hatten die Römer für Eigentum das gleiche Wort wie für Herrschaft: *dominium*, abgeleitet von *dominus*, der Herr. Ein Eigentümer war also ein Herrscher.

Neue Herren

Genau so, als Herrscher, führten sich auch die von allen Bindungen und Rücksichten befreiten Landeigentümer im nachrevolutionären Frankreich auf. Ganz im Gegensatz zu den Hoffnungen der Bauern hatte die neue Eigentumsfreiheit nämlich vor allem zu einer massiven Konzentration des Landbesitzes geführt. Zwar hatten die französischen Bauern jetzt das Recht, ihren Grund und Boden bei den bisherigen Feudalherren auszulösen und in eigenes Eigentum zu verwandeln. Aber dafür mussten sie eine Ablösesumme in Höhe des 20-Fachen der jährlichen Abgaben zahlen. Für die meisten stand die neue Eigentumsfreiheit daher nur auf dem Papier, weil sie keine Chance hatten, das Geld aufzubringen, das sie zu Eigentümern gemacht hätte.

1792 und 1793 hielten Großproduzenten und Großhändler massenhaft Lebensmittel zurück, um die Preise hochzutreiben, und verursachten Hungersnöte und Revolten in den Städten. In der Nationalversammlung begann eine Kontroverse, was höher zu bewerten sei: das Recht auf Leben oder die Unverletzlichkeit des Eigentums. Die Girondisten verteidigten Letztere, während die Jakobiner staatlich festgelegte Preisobergrenzen für Nahrungsmittel forderten, einen Lieferzwang und Gesetze, die die Gesellschaft vor dem Missbrauch des Privateigentums schützen. Einige gingen noch weiter und verlangten Gleichheit des Eigentums, Umverteilung des Bodens und ein generelles Verbot, mehr zu besitzen, als zur eigenen Bedürfnisbefriedigung notwendig ist.

Die Fragen, die die französischen Politiker jener Zeit umtrieben, sind bis heute aktuell: Ist Eigentum ein unverletzliches Menschenrecht, das in erster Linie vor staatlichen Eingriffen geschützt werden muss? Oder ist ein freier Staat im Gegenteil verpflichtet, die Freiheit der Bürger gegen die Willkür von Großeigentümern zu verteidigen? Wann ist Eigentum ein unerlässliches Mittel der Persönlichkeitsentfaltung und wann bedeutet es »die Macht zu produzieren, ohne zu arbeiten«,[102] wie der französische Soziologe Pierre-Joseph Proudhon in seinem Buch *Eigentum ist Diebstahl* meinte? Welches Eigentum ist legitim, welches nicht? Und weshalb hat eigentlich der eine so viel mehr als der andere?

Eigentum als Naturrecht

Einer der Ersten, der auf die Idee kam, das Recht auf Eigentum als ein von allen Staatsgesetzen unabhängiges, dem Menschen *von Natur* aus zukommendes Menschenrecht zu definieren, war der englische Philosoph John Locke. Locke lebte im 17. Jahrhundert und gilt als einer der Väter des politischen Liberalismus. Sein Ausgangspunkt ist die These, dass jeder Mensch ein natürliches Eigentum an seinem Körper, also auch an seinen Fähigkeiten und seiner Kraftanstrengung habe. Dieses Recht setze sich *naturgemäß* im Eigentum an den Ergebnissen seiner Arbeit fort. Will heißen: Wer aus einer Wiese, die niemandem gehört, einen Acker macht und den Boden mit Mühe und harter Arbeit bestellt, der hat auch das Recht, diesen Acker sein Eigentum zu nennen und dessen Früchte zu genießen.

Legitimes Eigentum entsteht also durch Arbeit. Das klingt sympathisch und revolutionär, zumal für einen Liberalen. Immerhin schufteten zu Lockes Lebzeiten in Europa die meisten Menschen auf Äckern, die ihnen nicht gehörten und deren Früchte sie nicht genießen konnten, so wie heute die Mehrheit in Unternehmen arbeitet, die ihnen nicht gehören und deren Erträge andere kassieren. Und schon zu Lockes Zeiten lag auf der Hand, dass Großeigentum wie etwa die riesigen Ländereien des Adels nie dadurch entstanden war, dass ihre Eigentümer oder auch nur deren Vorfahren Niemandsland durch persönliche Arbeit in Besitz genommen hatten.

Forderte Locke mit seiner Theorie also die Enteignung des Adels und die Übergabe des Landes an die Bauern?

Geh doch nach drüben!

Das tat er nicht. Er lieferte stattdessen eine besonders trickreiche Legitimierung der damaligen Eigentumsverhältnisse, eine Art Frühversion des »Geh doch nach drüben!«, das mancher Kapitalismuskritiker aus der Altbundesrepublik noch in Erinnerung haben dürfte. Die Arbeitstheorie des Eigentums gilt nämlich bei Locke ausdrücklich nur für das, was er den *Naturzustand* nennt. Dieser Naturzustand wird mit der Einführung des Geldes verlassen. Mittels Geld hat jeder die Möglichkeit, weit mehr Eigentum zu erwerben, als er bearbeiten kann, denn er kann sein Eigentum durch bezahlte Arbeiter vermehren lassen. Je mehr er hat, desto mehr Leute kann er beschäftigen und desto schneller wächst sein Vermögen.

Dieses Eigentum ist nach Locke trotzdem legitim, weil es jedem, dem diese Ordnung und die mit ihr verbundene große Ungleichheit nicht passt, ja freistehe, in Weltgegenden auszuwandern, in denen es noch eigentümerlose Wiesen gibt, die man mit seiner Hände Arbeit in einen eigenen Acker verwandeln kann. Es muss also niemand auf anderer Leute Land schuften; wer es trotzdem tut, tut es also freiwillig und hat damit die bestehende Ordnung anerkannt. So weit die Beweisführung Lockes, der damit ein Problem gelöst zu haben glaubte, an dem der Aufklärer Hugo Grotius noch gescheitert war: dass Verträge nur diejenigen binden, die ihnen zugestimmt haben. Um die Eigentumsordnung zu legitimieren, musste daher gezeigt werden, dass der ihr zugrunde liegende Vertrag über das *Haben* und *Nichthaben* von allen, auch von denen, die in ihm am schlechtesten abschnitten, freiwillig geschlossen worden war.

Die vermeintlich eigentümerlosen Wiesen gab es damals vor allem in Amerika, wo das den Indianern abgenommene Land an die Siedler verteilt wurde. Dass Eigentum durch eigene Arbeit entsteht, wurde hier als Lebenserfahrung wahrgenommen. Allerdings gab es noch einen weiteren Grund, weshalb Lockes Theorie auf dem nordamerikanischen Kontinent so populär war. Sie lieferte eine willkommene Rechtfertigung für die Vertreibung der Indianer. Wenn Eigentum erst dadurch entsteht, dass jemand einen Acker systematisch bewirtschaftet, dann hatten die Indianer – wie die Ureinwohner anderer Kontinente – gar kein Eigentum. Es war deshalb auch keine Verletzung eines heiligen Menschenrechts, ihnen den Grund und Boden, auf dem sie gelebt und sich ernährt hatten, einfach wegzunehmen.

Die eigentümerlosen Wiesen verschwinden

Bereits im frühen 19. Jahrhundert indessen war in den USA alles Land von irgendwem in Besitz genommen, und das Gleiche galt auch für alle anderen Winkel dieser Erde. Eigentlich war von da an auch die Locke'sche Legitimierung der bestehenden Eigentumsordnung und ihrer großen Ungleichheit hinfällig. Jetzt gab es ja kein »Drüben« mehr, in das landlose Bauern oder Arbeiter ohne Kapital hätten auswandern können, statt ihre Arbeit für magere Löhne zu verkaufen.

Streng genommen wäre die Konsequenz der Locke'schen Theorie, dass sich unter solchen Bedingungen nur noch das Eigentum, das auf eigene Arbeit zurückgeht, auf eine naturrechtliche Legitimität berufen kann. Das wäre durchaus im Sinne der ursprünglichen Begründung der Menschenrechte, mit denen immerhin nicht gesellschaftliche Macht, sondern der persönliche Lebensbereich vor staatlichem Zugriff und hoheitlicher Willkür geschützt werden sollte. In der Realität dagegen wurde die Theorie vom Eigentum als einem jeder Staatlichkeit und Gesetzgebung vorgeordneten Menschenrecht als Hebel genutzt, um genau jenes Eigentum zu schützen und zu verteidigen, das sich mitnichten auf die eigene Arbeitsleistung des Eigentümers zurückführen ließ.

Eigentumsfreiheit versus Demokratie

Bereits im 19. Jahrhundert wurden unter Verweis auf die Unverletzlichkeit des Eigentums und die Vertragsfreiheit Parlamenten die Hände gebunden und demokratische Entscheidungen außer Kraft gesetzt. So hat der oberste Gerichtshof der USA in spektakulären Verfahren immer wieder Gesetze amerikanischer Bundesstaaten oder auch der Bundesregierung aufgehoben, die nach Ansicht der Richter die Freiheitsrechte von Wirtschaftseigentümern verletzten.

Für unwirksam erklärt wurden auf diesem Wege etwa gesetzliche Maßnahmen gegen ein Schlachthausmonopol, das die Fleischpreise hochtrieb, oder der Versuch mehrerer Bundesstaaten, die schamlose Ausnutzung des Eisenbahnmonopols zu begrenzen und die Eisenbahntarife zu regulieren. Keine Gnade fand auch ein Bundesgesetz, das den Unternehmen verbieten wollte, Arbeitnehmer wegen ihrer Mitgliedschaft in Gewerkschaften zu benachteiligen. Das sei ein unzulässiger Eingriff in die Vertragsfreiheit, befanden die Richter. Eine Vorschrift, die die Arbeitszeit von Bäckern auf maximal zehn Stunden beschränken sollte, und ein Mindestlohngesetz für Frauen wurden aus den gleichen Gründen verworfen.

Persönliches Eigentum und Wirtschaftseigentum

Erst im zwanzigsten Jahrhundert veränderte sich das Verständnis von wirtschaftlichem Eigentum und mit ihm auch die Rechtsprechung. Die alte Unverletzlichkeitsklausel wurde durch die Formel von der *Gewährleistung von Eigentum* und den Grundsatz der *Sozialbindung* abgelöst. »*Eigentum verpflichtet, sein Gebrauch soll zugleich dem Wohle der Allgemeinheit dienen*«, heißt es im Grundgesetz.

In einer Entscheidung aus dem Jahr 1979 anerkennt das Bundesverfassungsgericht ausdrücklich einen unterschiedlichen Grad an Schutzwürdigkeit, je nachdem, ob es sich um persönliches Gebrauchseigentum oder um großes Wirtschaftseigentum handelt. In seinem Urteil zur Frage der Mitbestimmung in Unternehmen führen die Richter aus: »Soweit es um die Funktion des Eigentums als Element der Sicherung der persönlichen Freiheit des Einzelnen geht, genießt dieses einen besonders ausgeprägten Schutz ... Dagegen ist die Befugnis des Gesetzgebers zu Inhalts- und Schrankenbestimmungen umso weiter, je mehr das Eigentumsobjekt in einem sozialen Bezug und einer sozialen Funktion steht.«

Es gibt also einen Unterschied zwischen persönlichem Eigentum und dessen Schutz als individuellem Freiheitsrecht und *Eigentumsobjekten in sozialen Bezügen*, die die Freiheitsrechte sehr vieler Menschen berühren. Eigentum sollte verpflichten, es kann aber auch vernichten. Ist diesem Fall wäre laut Grundgesetz eigentlich der Staat angehalten, dem einen Riegel vorzuschieben.

Geschützte Macht

In der jüngeren Geschichte tut er allerdings häufig das Gegenteil, und auch die Rechtsprechung macht sich wieder vor allem für die Rechte der Wirtschaftsmächtigen stark. Mit Verweis auf die Eigentums- und Binnenmarktfreiheit hat der Europäische Gerichtshof in den letzten zwei Jahrzehnten unzählige Male soziale Gesetze in den einzelnen Mitgliedsstaaten ausgehebelt. Auch in Deutschland wird die Freiheit der Wirtschaftseigentümer wieder großgeschrieben.

Als der damalige FDP-Wirtschaftsminister Rainer Brüderle 2009 eine Debatte über ein Entflechtungsgesetz anstoßen wollte, um die massiven Konzentrationsprozesse in der Wirtschaft zu begrenzen, erstellten eilfertige Juristen ein Gutachten, das ein solches Gesetz kurzerhand für verfassungswidrig erklärte. »Staatliche Maßnahmen, die die *unternehmerischen Entscheidungskompetenzen* der Anteilseigner beschneiden«, lautete die Begründung, ließen sich »als Eingriff in Art. 14 GG begreifen.«[103] Das Recht auf wirtschaftliche Machtbildung als verfassungsrechtlich garantiertes Grundrecht? Die Väter des Grundgesetzes und die Ökonomen der ordoliberalen Schule dürften im Grabe rotieren. Das Projekt des Entflechtungsgesetzes jedenfalls verschwand schnell wieder in den Schubladen.

Legitime Gewinnerwartungen?

Wenn in jüngerer Zeit vom Schutz des Eigentums geredet wird, ist meist der Schutz von Konzernwillkür gegen die Beschäftigten oder gegen die Demokratie gemeint. Etwa wenn ein Streik der Lufthansapiloten mit dem Argument verboten wird, er sei nicht auf Lohntarife, sondern gegen die Unternehmensstrategie gerichtet, wie im Herbst 2015 geschehen. In die Strategie eines Unternehmens haben sich Mitarbeiter gefälligst nicht einzumischen, selbst wenn diese Strategie im genannten Fall darin bestand, eine Billigtochter zu gründen, um die Lohnkosten zu senken.

Mit den Freihandelsabkommen CETA und TTIP soll wirtschaftlichen Eigentümerrechten noch rücksichtsloser Vorrang vor staatlicher Gesetzgebung eingeräumt werden. Denn in diesen Verträgen wird die Schutzwürdigkeit des Eigentums mal eben auf die »legitimen Gewinnerwartungen« der Eigentümer ausgeweitet. Jedes Gesetz, das Gewinnerwartungen beeinträchtigt, wird damit zu einem Fall von »Enteignung« und damit faktisch unzulässig. Das beträfe eine Verschärfung von Regeln für den Umwelt- oder Verbraucherschutz ebenso wie eine Stärkung des Kündigungsschutzes oder eine deutliche Erhöhung des Mindestlohns. Zwar muss der Staat das entsprechende Gesetz nicht unbedingt aufheben, er muss aber den klagenden Unternehmen teure Entschädigungen zahlen. Das absehbare Ergebnis wird – und soll! – natürlich sein, dass kein Staat, egal mit welcher Regierung, sich noch derart teure Gesetze leisten kann.

Menschenrecht auf Lohndumping?

Wenn ein Gericht Gesetze mit Verweis auf Freiheitsrechte aufheben kann, setzt das voraus, dass es sich dabei um universelle Rechte handelt, die unabhängig von jedem staatlichen Rahmen existieren. Selbstverständlich gibt es solche Rechte, das Recht auf Leben, Freiheit, Unversehrtheit und Sicherheit gehört dazu. Aber ist es tatsächlich ein universelles Menschenrecht, einen profitablen Betrieb in der Stadt X schließen zu dürfen, um die Produktion in der Stadt Y mit billigeren Arbeitnehmern wiederaufzunehmen? Oder ein Unternehmen mit immer höheren Schulden zu belasten, um die Ausschüttungen an die Anteilseigner zu erhöhen? Oder gar, davor bewahrt zu werden, dass ein Staat den Kündigungsschutz stärkt oder die Umweltschutzauflagen verschärft?

In Wahrheit kann das Recht auf Eigentum schon deshalb kein vorstaatliches Recht sein, weil das, was wir unter Eigentum verstehen, erst durch unsere Gesetze definiert wird. Der schutzwürdige Gegenstand entsteht also erst durch den Gesetzgeber, und er hat sich daher auch immer wieder verändert. Heute gibt es rechtlich geschützte Formen »geistigen Eigentums«, die unseren Vorfahren gänzlich absurd vorgekommen wären. Hat man im 19. Jahrhundert noch darüber gestritten, ob Patente auf technische Erfindungen sinnvoll sind oder nicht (die deutschen Handelskammern waren damals ausdrücklich gegen Patente), kann man heute Mikroorganismen oder Gensequenzen patentieren lassen. Solche Eigentumsrechte entstehen durch Rechtsprechung und Gesetze, und selbstverständlich wären ebenso gut Gesetze denkbar, die es ausdrücklich verbieten, die lebende Natur zum kommerziellen Eigentum bestimmter Unternehmen zu machen.

Ähnliches gilt auch für die Finanzbranche. In den USA waren Derivategeschäfte, die die Banken *over the counter* miteinander schließen, lange Zeit nicht rechtlich einklagbar. Heute sind sie es, und deshalb handelt es sich jetzt um Eigentumsrechte. Wer solche Geschäfte für überflüssig hält, könnte ihnen daher auch einfach wieder den Rechtsschutz entziehen. Was Eigentum ist und was als Gegenstand von Eigentum taugt, ist also hochumstritten, und das Verständnis dafür ebenso wie die entsprechenden Gesetze haben sich immer wieder verändert.

Eigentum als Konvention

Aus gutem Grund wurde in der Europäischen Konvention zum Schutz der Menschenrechte und Grundfreiheiten von 1950 das Eigentumsrecht in einen bloßen Zusatzartikel verbannt. In der Menschenrechtskonvention der UN von 1966 fehlt es ganz. Eine gegensätzliche Konzeption zu Lockes *naturrechtlicher* Eigentumsbegründung vertrat schon im 18. Jahrhundert der schottische Philosoph und Freund Adam Smith', David Hume. Für Hume ist das Eigentumsrecht schlicht Ergebnis gesellschaftlicher Konventionen. Es ist im Rahmen geschichtlicher Auseinandersetzungen entstanden und jederzeit änderbar. Für Hume gibt es also kein Naturrecht, sondern einen gesellschaftlichen Gestaltungsauftrag.

Der Schotte plädiert dafür, die Eigentumsordnung so zu gestalten, dass sie das Gemeinwohl fördert. Hume war kein besonders rebellischer Denker, deshalb verstand er darunter, die gewachsenen Eigentumsverhältnisse so weit wie möglich zu respektieren. Sein Ansatz jedoch ist richtig: Was jemand legitim sein Eigentum nennen und wie er es mehren kann, ist das Ergebnis von Gesetzen. Dazu gehören auch die Steuergesetze. In einem Land mit hoher Vermögensteuer hat ein Vermögensbesitzer nach 10 Jahren vermutlich weniger Eigentum als in einem Land ohne Vermögenssteuer. Schon deshalb können Steuergesetze gar nicht mit dem Eigentumsrecht kollidieren, sie sind ein Teil davon.

Eigentum als Leistungsmotivation

Die entscheidende Frage ist daher: Welche Eigentumsordnung erhöht unseren Wohlstand und welche Eigentumsrechte schädigen ihn? Es spricht viel dafür, Eigentum, das durch eigene Arbeit entsteht und den persönlichen Lebensbereich eines Menschen ausmacht, als ein Grundrecht zu garantieren und zu schützen. Das betrifft auch die freie und willkürliche Verfügung über dieses Eigentum, soweit nicht Dritte geschädigt werden.

Zum einen geht es dabei um die Privatsphäre eines jeden, in die sich der Staat nicht einzumischen hat. Zum anderen gibt es genügend Beispiele, dass Menschen, die sich nicht darauf verlassen können, dass die Früchte ihrer Arbeit vor dem willkürlichen Zugriff anderer geschützt werden, schnell jede Leistungsmotivation verlieren. Adam Smith hat das drastisch, aber nicht falsch ausgedrückt: »Ein Mensch, der kein Eigentum erwerben darf, kann auch kein anderes Interesse haben, als so viel wie möglich zu essen und so wenig wie möglich zu arbeiten.«[104]

Das Eigentumsrecht sollte also den privaten Lebensbereich schützen, nicht aber gesellschaftliche Machtstellungen. Es sollte zu Anstrengung, Kreativität und Leistung motivieren, aber kein Instrument der Bereicherung zulasten anderer sein. Schauen wir uns an, inwiefern die heutige Eigentumsordnung mit diesem Anspruch vereinbar ist.

Eigentum ohne Haftung: Der Clou des Kapitalismus

Eine der häufigsten Begründungen für die Dynamik und Unersetzlichkeit des Kapitalismus stützt sich auf das Argument, dass sich Menschen um nichts so couragiert kümmern wie um ihr persönliches Eigentum. Was ihnen gehört, ohne dass ihnen ein anderer reinreden kann, was sie zum persönlichen Vorteil mehren, auf eigenes Risiko mit Schulden belasten und schließlich ihren Kindern vererben können, das ist Gegenstand ihrer anhaltendsten Bemühungen, ihrer gewissenhaftesten Sorgfalt und ihres größten Engagements. Wer also gut gemanagte erfolgreiche Unternehmen wolle, der dürfe privates Wirtschaftseigentum unter keinen Bedingungen infrage stellen. Man habe doch bis 1989 im Osten Europas und in der Sowjetunion gesehen, wohin es führe, wenn der Staat oder andere Formen des Kollektiveigentums an die Stelle des persönlich verantwortlichen, haftenden Eigentümers treten: zu Schlamperei,

Lotterwirtschaft und technologischer Stagnation. Und dahin wolle doch wohl niemand zurück!

Nein, dahin wollen wir nicht zurück. Aber das ändert nichts daran, dass das Argument, allein der haftende Unternehmereigentümer garantiere erfolgreiche Unternehmensführung und wirtschaftliche Dynamik, in Bezug auf den Kapitalismus nicht sticht. Denn wenn es stimmen würde, wäre der Kapitalismus ein großer wirtschaftlicher Fehlschlag geworden. Es ist zwar richtig, dass dem kapitalistischen Zeitalter die Befreiung des Eigentums von altfeudalen Lasten und Abhängigkeiten und die gesetzliche Garantie der Gewerbefreiheit vorangingen. Aber die originäre Erfindung des Kapitalismus war nicht das freie, voll haftende Eigentum. Das kannte auch schon das alte römische Recht. Die originäre eigentumsrechtliche Erfindung des Kapitalismus war das haftungsbeschränkte Eigentum, wie wir es von der GmbH und der Aktiengesellschaft kennen, jene seltsame eigentumsrechtliche Konstruktion, die den Eigentümern zwar vollen Zugriff auf alle in einem Unternehmen erwirtschafteten Gewinne garantiert, sie aber für die eingegangenen Risiken nur in Höhe ihres anfänglich investierten Kapitals haften lässt.

Persönliche Haftung

Diese Rechtsform, die unter dem Oberbegriff der Kapitalgesellschaft firmiert, ist genau besehen eine merkwürdige Sache. Wer in einer Marktwirtschaft unterwegs ist, haftet normalerweise für alle vertraglichen Verpflichtungen, die er eingeht, mit seinem gesamten Vermögen. (Eine moderne Errungenschaft ist, dass es Pfändungsgrenzen gibt, unterhalb deren das Vermögen nicht zur Schuldentilgung herangezogen werden darf, aber das ist eine andere Frage und hat mit der hier diskutierten Haftungsbeschränkung nichts zu tun.) Wenn ich also Schulden mache und die Tilgungen nicht mehr zahlen kann, kommt irgendwann der Gerichtsvollzieher und schaut sich bei mir zu Hause um, ob ich einen Perserteppich oder einen schönen alten Sekretär besitze, die zugunsten der Gläubiger verkauft werden können. Selbst der Verweis darauf, dass es sich womöglich um ein Erbstück mit hohem ideellem Wert für mich handelt, hilft da wenig.

Wenn ich mich als Einzelunternehmer betätige oder mit anderen gemeinsam eine Personengesellschaft gründe, gilt das Gleiche. Nehmen wir an, ein ideenreicher junger Mann namens Guido Cleverle will sich als Restaurantbesitzer versuchen. Er mietet eine angemessene Räumlichkeit, kauft das Mobiliar und stellt einen Koch und drei Kellner ein. Dafür kratzt er seine Ersparnisse aus mehreren Jahren zusammen und überbrückt seine anfänglichen Ausgaben zusätzlich mit einem Bankkredit, den er auch deshalb erhält, weil er stolzer Eigentümer eines von einem Onkel geerbten Einfamilienhauses ist. Floppt die Unternehmung, endet das für unseren Guido bitter. Er verliert nicht nur die Ersparnisse, die er investiert hat, sondern vom eigenen Auto bis zum Einfamilienhaus haftet sein gesamtes Vermögen für die aufgenommenen Schulden. Reicht selbst das nicht, muss er noch auf Jahre für die Bank arbeiten, bis ihm die Privatinsolvenz endlich einen Neuanfang ermöglicht.

Das Risiko, das er eingeht, ist also sehr hoch. Die Kehrseite ist: Hat unser Guido Cleverle mit dem Koch einen Glücksgriff getan und brummt der Laden, gehört ihm alles, was er abwirft. Der Koch und die Kellner bekommen ihr Gehalt, aber er als der Eigentümer wird unter Umständen richtig reich. Er kann die Gewinne nehmen, zusätzlich noch einen Kredit von der Bank, und damit ein zweites, drittes und viertes Restaurant eröffnen. Auch diese gehören dann natürlich ihm, einschließlich aller Gewinne, die sie abwerfen. Und das, obwohl ihr Erfolg, mindestens ebenso sehr wie von seinen Managementqualitäten, von der Leistung seines Personals abhängt. Was wäre ein Restaurant ohne geschickte Köche und freundliche Kellner? Guido Cleverle freilich hatte die Idee, er hat die Marktlücke aufgespürt und das Personal ausgewählt, er hält das Unternehmen zusammen und er haftet für dessen gesamte Schulden. Geht seine Erfolgssträhne zu Ende, kann er ganz schnell alles wieder verlieren, nicht nur seine Restaurants, auch seine gesamten übrigen Vermögen. Wenn unser Guido keine Spielernatur ist, wird er deshalb darauf achten, in Bezug auf die Verschuldung kein unverantwortlich großes Rad zu drehen.

Begrenztes Risiko, unbegrenzte Gewinne

Anders, wenn Guido Cleverle wirklich clever ist und eine Kapitalgesellschaft gründet. Dann hat er genau die gleichen Vorteile. Sein Restaurant gehört zwar jetzt streng genommen nicht mehr ihm, sondern seiner Kapitalgesellschaft. Aber als deren einziger Gesellschafter hat er trotzdem Zugriff auf alles, was seine Köche und Kellner nach Abzug der Kosten erwirtschaften, und das gilt auch für das zweite, dritte und vierte Restaurant. Er kann also sein persönliches Vermögen mehren, indem er sich Gewinne ausschüttet, er ersetzt sein bescheidenes Häuschen durch eine Villa mit Seezugang und Jacht, kauft sich teure Gemälde und führt ein luxuriöses Leben. Und wenn irgendwann seine Restaurantkette zusammenbricht, verliert er: nichts! Lediglich der vergleichsweise kleine Betrag, mit dem er einst in Vorleistung getreten war, um das allererste Restaurant zu eröffnen, der ist weg. Aber den hat er sich natürlich in der Zwischenzeit um ein Vielfaches zurückgeholt. Eine tolle Sache also.

Bei Kapitalgesellschaften – dazu gehören Aktiengesellschaften, GmbHs oder auch die englische Limited – steht dem unbegrenzten Zugriff auf den im Unternehmen erwirtschafteten Gewinn also das begrenzte Risiko gegenüber, im Falle einer Pleite das anfangs investierte Kapital zu verlieren. Deshalb gibt es in solchen Unternehmen einen großen Anreiz, Gewinne auszuschütten. Haben sich die Kapitalgeber ihre Anfangsinvestition einmal zurückgeholt, gibt es im Grunde kein Risiko mehr. Das Schlimmste, was ihnen passieren kann, ist, dass sie den Goldesel verlieren, der ihnen immer neue Erträge in die Taschen spült. Aber was die Aktionäre oder Gesellschafter einmal auf dem privaten Konto haben, kann im Falle späterer Verluste nicht mehr haftbar gemacht werden. Da haben Zulieferer, Gläubiger und womöglich die Allgemeinheit dann eben das Nachsehen. Man stelle sich vor, in der letzten Finanzkrise hätte die globale Finanzelite mit ihrem privaten Vermögen haften müssen! Das hätte den Reichtum der oberen 1 Prozent weit heftiger eingedampft als jede Vermögensteuer, und es hätte die Staaten vor Milliardenschulden bewahrt.

Wir haben uns heute an die beschränkte Haftung für Wirtschaftseigentum so sehr gewöhnt, dass sie kaum noch hinterfragt, geschweige denn infrage gestellt wird. Aber genau besehen ist sie ein Widerspruch in sich. Daher wurde diese Rechtsform von allen konsequenten Marktwirtschaftlern von Adam Smith bis Walter Eucken abgelehnt.

Parlamentsvorbehalt für Aktiengesellschaften

Tatsächlich hat es auch ziemlich lange gedauert, bis sich die Kapitalgesellschaft als allgemein zugängliche Rechtsform für Unternehmen durchsetzen konnte. Die weltweit erste Aktiengesellschaft war die Niederländische Ostindien-Kompanie, die 1602 gegründet wurde. Das war aber durchaus kein normales kommerzielles Unternehmen, sondern ein halbstaatliches Gebilde mit einem öffentlich garantierten Handelsmonopol und quasi-staatlichen Gewalt-Kompetenzen in den Kolonien. Nach dem Vorbild der VOC wurden im 16. und 17. Jahrhundert weitere Aktiengesellschaften zum Zwecke des Kolonialhandels gegründet. Sie hatten eine Sonderstellung und deshalb auch eine besondere Rechtsform.

Generell waren Aktiengesellschaften bis ins 19. Jahrhundert nur für wirklich oder vermeintlich »öffentliche Zwecke« zugelassen. Dazu gehörte neben dem Fernhandel mit den Kolonien auch der Bau von Transportwegen wie Kanälen und Eisenbahnstrecken. In England musste bis 1844 das Parlament über die Zulassung jeder AG abstimmen. Auch in den Vereinigten Staaten behielt sich die Legislative das Kontrollrecht vor. Sie erteilte einer Kapitalgesellschaft Konzessionen für ein bestimmtes gewerbliches Projekt, etwa den Bau eines Kanals. Das Unternehmen durfte sich in keinem anderen

Bereich betätigen, und nach einer bestimmten Zahl von Jahren lief die Konzession aus.

Von den Inhabern aufgegeben

Erst im 19. Jahrhundert wurde es allgemein erlaubt, Kapitalgesellschaften zu gründen. In den USA wurden die entsprechenden Gesetze 1811 beschlossen, in England 1844. Auch in Deutschland wurde die Aktiengesellschaft im 19. Jahrhundert liberalisiert und 1892 zusätzlich die Rechtsform der GmbH geschaffen. Gebraucht wurde das haftungsbeschränkte Eigentum, weil – anders, als die Legende uns weismachen will – der Eigentümerunternehmer gerade nicht der typische Repräsentant des Kapitalismus ist.

Wir haben im Kapitel über die »Räuberbarone« gesehen, dass die Industrialisierung das Kapitalminimum, das Unternehmen brauchen, um wirtschaftlich zu arbeiten, schnell nach oben getrieben hat. Dieser rasant wachsende Kapitalbedarf konnte nur durch externe Kapitalbeschaffung finanziert werden. Kapital von Dritten einzuwerben aber ist bei voller Haftung schwierig, da das Risiko für die Kapitalgeber unter diesen Bedingungen sehr hoch ist. Hinzu kam ein wachsender Kredithunger der immer größer werdenden Unternehmen, der bei persönlicher Haftung die Gefahr in sich barg, dass die Eigentümer im Falle einer Pleite vollständig und auf Lebenszeit ruiniert sein würden.

Ernst Abbe, der Gründer und geistige Kopf der Carl-Zeiss-Stiftung, auf die wir im folgenden Abschnitt näher zu sprechen kommen, hat in der zweiten Hälfte des 19. Jahrhunderts die Reaktion auf diese Herausforderungen registriert: »Es ist eine fast typische Erscheinung der neueren Wirtschaftsentwicklung geworden, dass Industrieunternehmen, wenn sie eine gewisse Größe überschritten haben, von den persönlichen Inhabern aufgegeben und ... gewöhnlich in Aktiengesellschaften oder ähnliche Formen übergeleitet werden.«[105]

Trennung von Anleger und Unternehmer

Heute werden in den USA fünfmal so hohe Umsätze in Kapitalgesellschaften erwirtschaftet wie in Unternehmen mit voller Haftung der Eigentümer. Auch in Deutschland übersteigt die Wertschöpfung der Kapitalgesellschaften die der Personenunternehmen um ein Vielfaches. Die Kapitalgesellschaft ist die typische Eigentumsform des Kapitalismus, weil die Trennung von Anleger und Unternehmer die für diese Ordnung typische Form des Wirtschaftens ist.

Natürlich wird nicht jede Kapitalgesellschaft von einem Nicht-Eigentümer gemanagt. Es gibt im kleinen und mittelständischen Bereich auch viele inhabergeführte Unternehmen, die die – auch steuerlichen – Vorteile dieser Rechtsform nutzen. Die beschränkte Haftung allerdings bringt den meisten Kleinunternehmern nicht viel, weil die Bank ihnen in der Regel nur Kredite gibt, wenn auch mit eigenem Vermögen gehaftet wird. Erst wenn das Unternehmen wächst und die ersten Kredite abbezahlt sind, profitiert dann der Eigentümer von dem seltsamen Rechtskonstrukt, das ihm unbegrenzte Gewinnmöglichkeiten bei begrenztem Verlustrisiko gewährleistet.

Die Arbeit anderen überlassen

Große Unternehmen gibt es weltweit nahezu ausschließlich in der Rechtsform von Kapitalgesellschaften. Und in den meisten von ihnen beschränken sich die großen Anteilseigner auf die Kontrollfunktion: Sie sitzen in der Gesellschafterversammlung oder dominieren den Aufsichtsrat. Dort bestimmen sie über die Unternehmensstrategie, geben dem Management die Richtung und die Ziele vor und wechseln bei unzureichender Erfüllung das Personal aus. Die eigentliche Arbeit der operativen Unternehmensführung überlassen sie anderen.

Auch wenn der in Deutschland beliebte Begriff »Familienunternehmen« Nähe und patriarchale Fürsorge suggeriert: Vieles, was unter diesem Namen firmiert, hat mit einer tatsächlich familiengeführten Firma wenig zu tun. Beispiele für Letztere finden wir im Handwerk, beim Italiener um die Ecke oder im Kleinbetrieb. Die Vorstandsvorsitzenden der 80 größten deutschen Unternehmen dagegen, die mehrheitlich einer Familie gehören, stammen bis auf drei Ausnahmen nicht aus dem familiären Kreis. Vielmehr halten sich gerade in großen Familienkonzernen die Eigentümer in der Regel aus dem unmittelbaren Management heraus. Erst ab Platz 86 kommt der Vorsitzende des Vorstands beziehungsweise der Geschäftsführung etwas häufiger aus der Eigentümerfamilie. Aber die Regel ist das auch dann nicht. Selbst von den *Hidden Champions* der deutschen Wirtschaft, also mittelständischen Marktführern in globalen Nischenmärkten, wird heute weniger als die Hälfte vom Eigentümer geführt.

Unternehmensrisiko Familienknatsch

Dass Erben sich auf die Kontrollfunktion beschränken und die operative Unternehmensführung professionellen Managern überlassen, ist meist von Vorteil für den Fortbestand des Unternehmens. So wenig sinnvoll es wäre, wenn hoch begabte Mathematiker ihren Lehrstuhl an ihre Kinder vererben könnten, so unwahrscheinlich ist es, dass ein genialer Unternehmensgründer Kinder mit den gleichen Fähigkeiten großgezogen hat. In Ausnahmefällen mag es das geben, aber die zum Niedergang führende Buddenbrooks-Variante dürfte ungleich häufiger sein. Und je größer das Unternehmen, desto anspruchsvoller wird sein Management. Wer die entsprechende Begabung nicht mitbringt, kann das nicht erlernen.

Problematisch ist es daher, wenn Unternehmen an Erben gehen, die das nicht einsehen wollen, oder solche, die sich bekriegen, weil jeder sich zum neuen Geschäftsführer berufen sieht. Unfähige Erben oder Familienstreitereien können das Ende für Hunderte oder auch Tausende Arbeitsplätze bedeuten. Tom A. Rüsen vom Wittener Institut für Familienunternehmen etwa stellt fest, dass »etwa 90 Prozent aller Krisen in Familienunternehmen ... ihre Grundlage nicht in der jeweiligen Marktsituation oder im wirtschaftlichen Wettbewerb [haben], sie gehen stattdessen auf Familienkonflikte zurück«.[106] Etwa 80 Prozent davon seien Nachfolgekonflikte.

Kontrolle aus Eigennutz

Solche können natürlich auch in der Gesellschafterversammlung oder im Aufsichtsrat auftreten. Und auch dann können die Folgen schlimm sein. Denn der Verzicht auf die Managementarbeit bedeutet natürlich nicht, dass die Eigentümer ihren Einfluss auf das Unternehmen verlieren. Im Gegenteil, sie können ihn dank der Rechtsform der Kapitalgesellschaft über weit größere Unternehmen ausüben, als es selbst ihre Milliardenvermögen erlauben würden.

In einem Aufmacher über die »neue Deutschland AG« befasste sich das *Handelsblatt* vor einiger Zeit mit dem Umstand, dass Großaktionäre aus Familiendynastien nach wie vor viele deutsche Konzerne steuern. »Bei knapp der Hälfte der 30 DAX-Konzerne«, stellten die Autoren fest, »gibt es Ankeraktionäre, die praktisch allein die Geschicke des Konzerns bestimmen.« Das belege eine Studie der Beratung Barkow Consulting. Dass dieser Feudal-Kapitalismus seine Schattenseiten hat, ist auch dem *Handelsblatt* aufgefallen. Denn ob das Modell dem Unternehmen nütze oder schade, vermerkt die Zeitung, hänge davon ab, ob Firma und Familie die gleichen Interessen haben. Wenn ja, funktioniere das Ganze. »Wenn Großaktionäre aber aus reinem Eigennutz handeln, ist es ein Fluch.«[107] Tja, das war bei den alten Feudalherren auch schon so.

Auch in anderen EU-Ländern bestimmen Familien über wichtige Teile der Industrie. So kontrolliert allein die Wallenberg-Familie fast jeden dritten der 25 größten schwedischen Konzerne und insgesamt etwa 40 Prozent der Marktkapitalisierung der schwedischen Industrie. Dabei tut sie das durchweg durch die ihr zur Hälfte gehörende Gesellschaft Investor. Die Rechtsform der Kapitalgesellschaft hat also für die Eigentümer nicht nur den Vorteil beschränkter Haftung, sondern auch den, über verschachtelte Konstruktionen weit größere Teile der Wirtschaft beherrschen zu können, als es das eigene Kapital unmittelbar erlauben würde.

Eigentümer Aladdin

Viele Unternehmen heute gehören Konzernen, anonymen Aktionären oder Private-Equity-Firmen. Auch daran haben wir uns mittlerweile gewöhnt: dass nicht nur Personen und Familien, sondern auch Hedgefonds und andere Finanzinvestoren Eigentümer von Unternehmen werden, ja mit ihnen handeln, sie nach Lust und Laune kaufen und verkaufen oder auch zerteilen und filetieren können. Auch das ist nur dank der Rechtsform von Kapitalgesellschaften möglich und durchaus keine Selbstverständlichkeit.

Insgesamt werden heute nur noch 15 Prozent der DAX-Aktien von privaten Personen gehalten. 70 Prozent gehören sogenannten »institutionellen Anlegern«, hinter denen sich natürlich auch das Vermögen von Familiendynastien verstecken kann. Es können aber auch bloße renditewütige Finanzvehikel aus aller Welt sein. Ein Großinvestor, der an fast jedem DAX-Unternehmen beteiligt ist, ist der US-Vermögensverwalter BlackRock, der seine Portfolioentscheidungen von 6000 Hochleistungsrechnern und einem Datenanalysesystem namens Aladdin steuern lässt.

So sehen also die verantwortungsbewussten Eigentümer des kapitalistischen Zeitalters aus, die wir angeblich im Interesse von Innovation und erfolgreicher Unternehmensführung nicht missen können. Schon Schumpeter hat beklagt, dass mit der Kapitalgesellschaft »die Gestalt des Eigentümers und mit ihr das spezifische Eigentumsinteresse von der Bildfläche verschwunden«[108] sei. Wir sollten daher auch aufhören, den Kapitalismus mit dem falschen Argument von der Unersetzbarkeit des Eigentümerunternehmers zu rechtfertigen, den er in weiten Teilen der Wirtschaft längst abgeschafft hat.

Wachsende Konzentration von Wirtschaftsmacht

Das Rechtskonstrukt der Kapitalgesellschaft ist auch für die wachsende Konzentration von Wirtschaftsmacht verantwortlich, denn es ermöglicht die Bildung von Konzernen und die Beherrschung vieler Unternehmen von einer zentralen Kontrollstelle aus. Ohne diesen Effekt wären die wirtschaftlichen Einheiten heute sehr viel kleiner und der Wettbewerb zwischen ihnen deutlich intensiver. Es ist zwar richtig, dass die industrielle Produktion ebenso wie die Bereitstellung vieler Dienstleistungen heute eine beachtliche Betriebsgröße verlangt. Aber die Reichweite der heutigen globalen Unternehmensgiganten geht erheblich über das technologisch Notwendige hinaus. Vor allem die Rechtsform der Aktiengesellschaft begünstigt die Unternehmenskonzentration durch die schlichte Möglichkeit des Aktientauschs. Eine Personengesellschaft dürfte Mühe haben, das Kapital aufzubringen, um sich ein Unternehmen mit Milliardenumsätzen einzuverleiben.

Auch Steuerflucht und Geldwäsche sind nicht zuletzt deshalb so einfach, weil es dank der Rechtsform von Kapitalgesellschaften möglich ist, Eigentumsstrukturen bewusst zu verschleiern und gesichtslose Stiftungen, Investmentgesellschaften oder Briefkastenfirmen zu gründen. Bis heute ist selbst die Einrichtung eines europäischen Unternehmensregisters, bei dem die »wirtschaftlich Berechtigten« auch nur aufgelistet werden, gescheitert – unter anderem an der Blockade der Bundesregierung. So werden natürlich auch wirtschaftliche Machtverhältnisse verdunkelt und unkenntlich gemacht, und auch das entspricht den Interessen der Industrie-, Finanz- und Dienstleistungs-Oligarchen.

Aber ist das alles wünschenswert? Sind solche Eigentumsverhältnisse tatsächlich die Bedingung einer dynamischen, innovativen Wirtschaft, die den Wohlstand aller hebt, oder sind sie nicht ein entscheidender Hinderungsgrund? Wie sähen die Alternativen dazu aus? Mit diesen Fragen wollen wir uns im letzten Abschnitt auseinandersetzen.

Unabhängiges Wirtschaftseigentum: Innovativ, sozial, individuell

Der Kapitalismus hält also auch in Bezug auf die in ihm dominierende Form des Wirtschaftseigentums nicht, was er verspricht beziehungsweise was sich die meisten von ihm versprechen. Wenn man unter Privatwirtschaft versteht, dass Betriebe sich im persönlichen, voll haftenden Eigentum privater Personen befinden, ist der privatwirtschaftliche Anteil an der Wertschöpfung unserer heutigen Wirtschaft ziemlich klein. Die meisten größeren und großen Unternehmen gehören nicht Privatpersonen, sondern Kapitalgesellschaften. Diese Gesellschaften befinden sich dann entweder im Eigentum privater Leute und Familien oder in dem anderer Kapitalgesellschaften. Ein spezieller und immer häufigerer Fall sind Unternehmen, deren Anteile in Gänze oder zu großen Teilen von Stiftungen gehalten werden.

Unternehmen in Stiftungshand

Eine Stiftung hat eine Satzung und verwaltet ein bestimmtes Vermögen zu einem bestimmten Zweck. Aber eine Stiftung hat keine Eigentümer. Unternehmen, die sich vollständig in Stiftungshand befinden, sind also Unternehmen ohne externe Eigentümer. Auch solche Unternehmen werden von irgendjemandem beaufsichtigt, der ihnen die Richtung vorgibt und das leitende Personal bestimmt. Oft sind das die Erben der früheren Eigentümer, die jetzt von dem Geld leben, das die Stiftung ihnen überweist. In solchen Fällen zementiert die Stiftungskonstruktion nur die alten feudalen Macht- und Einkommensverhältnisse. Manchmal ist es aber auch anders, wie wir noch näher erläutern werden. Wichtig ist: Die Stiftungen zeigen uns, dass Kontrolle – im Guten wie im Schlechten – auch ohne Eigentum funktioniert.

Gerade große milliardenschwere Konzerne befinden sich heute in der Hand von Stiftungen. Schon älteren Datums ist die Alfried

Krupp von Bohlen und Halbach-Stiftung, der 25 Prozent der ThyssenKrupp AG gehören, oder die Robert Bosch Stiftung, die 92 Prozent der Anteile des Bosch-Konzerns hält. Bekannt ist die Bertelsmann Stiftung als Hauptaktionär des Bertelsmann-Konzerns und vielleicht noch die Else Kröner-Fresenius-Stiftung, die knapp ein Drittel der Anteile an dem europäischen Medizintechnik- und Krankenhauskonzern Fresenius besitzt.

Aber auch weniger bekannten Stiftungen gehören Unternehmen mit Milliardenumsätzen. Die Zeppelin-Stiftung etwa ist Großaktionär des drittgrößten deutschen Automobilzulieferers ZF, und der Mahle-Stiftung gehört mit der Mahle GmbH einer der zwanzig größten Autozulieferkonzerne der Welt. Es gibt die Carl-Zeiss-Stiftung, die bereits 1889 als Träger der feinoptischen Werkstätten in Jena gegründet wurde, die Montan Stiftung Saar, die die saarländische Stahlindustrie steuert, die Diehl-Stiftung, in deren Eigentum sich ein großes Rüstungsunternehmen befindet, die Körber Stiftung, die einen internationalen Technologiekonzern betreibt, und viele andere. Auch im Handel floriert das Modell. Aldi Süd und Aldi Nord gehören heute Stiftungen, ebenso der Discounter Lidl und die Drogeriekette dm.

Eigennutz statt Gemeinnutz

Ein Teil dieser Stiftungen trägt das Label »gemeinnützig«, und einigen wenigen Gründern ging es tatsächlich um Gemeinwohlzwecke. In der Mehrzahl allerdings sind auch die gemeinnützigen Stiftungen nicht aus dem altruistischen Anliegen entstanden, die Erträge des Unternehmens der Allgemeinheit zukommen zu lassen. Oft ging es eher um den netten »Nebeneffekt«, dass die an eine gemeinnützige Stiftung fließenden Unternehmenserträge von den meisten Steuern befreit sind und vor allem keine Erbschaftsteuer anfällt, wenn die nächste Generation die Kontrolle über die Firma übernimmt.

Es gibt bei der Gründung solcher gemeinnützigen Stiftungen ein einfaches Kalkül: bei großen Unternehmen bewegen sich die jährlichen Erträge selbst bei Anteilen von nur 5 oder 10 Prozent im zwei- bis dreistelligen Millionenbereich. Das genügt, um einer Familiendynastie, wenn sie nicht allzu ausgedehnt ist, auf Lebenszeit einen luxuriösen Lebensstil zu garantieren. Die meisten gemeinnützigen Unternehmensträgerstiftungen sind so verfasst, dass sie entweder keine Stimmrechte am Unternehmen erhalten oder selbst von der Familie kontrolliert werden. Wer in einer solchen Konstruktion einen Großteil des Unternehmens an eine gemeinnützige Stiftung überträgt, schlägt also drei Fliegen mit einer Klappe: Er sorgt dafür, dass ein Teil der Unternehmenserträge nicht versteuert werden muss; er stellt sicher, dass die Familie die volle Kontrolle über das Unternehmen behält und ihm ihre Interessen diktieren kann; und er gewährleistet eine nahezu steuerfreie Übertragung des Unternehmens an die Erben. Wenn dann noch über die Stiftung Dinge angestoßen und gefördert werden, die dem Unternehmen selbst beim Geldverdienen helfen, schließt sich der Kreis.

Perfekt beherrscht etwa die Bertelsmann Stiftung den Trick, Stiftungsgelder so einzusetzen, dass sie sich für das Unternehmen auszahlen. Beispielsweise wurden durch Liz Mohns Stiftung Konzepte für die Privatisierung von Kommunalverwaltungen erarbeitet, deren Realisierung dann die Auftragsbücher der Unternehmens-Tochter Arvato füllten. Aber selbst wenn das Geld »nur« für die Finanzierung von Kampagnen, Think Tanks und anderen Dienstleistungen zur Beeinflussung der öffentlichen Meinung ausgegeben wird, erfüllt es seinen Zweck. Denn dass die Interessen der reichsten 1 Prozent heute in den meisten Ländern die Agenda der Politik bestimmen, hat natürlich auch damit zu tun, wer in diesen Ländern zur Finanzierung von Kampagnen fähig ist und wer nicht.

Zuwendungen an die Erben

Viele Inhaber übertragen ihre Anteile auch an Stiftungen, ohne sich um den Status der Gemeinnützigkeit zu bemühen. Auch das kann steuerliche Vorteile bringen, etwa im Erbfall. Steuerersparnis ist aber in solchen Fällen meist nicht der Hauptzweck. Oft geht es darum, zu verhindern, dass das Unternehmen später von den Erben zerfleddert, zerlegt oder verkauft werden kann. Die Vorteile des Wirtschaftsfeudalismus sollen sie allerdings dennoch genießen. Deshalb regeln die Statuten solcher Stiftungen, dass die Unternehmenserträge an die Erbengeneration zu fließen haben. Über die Siepmann-Stiftung, der der Handelskonzern Aldi Süd gehört, heißt es etwa im bayerischen Stiftungsverzeichnis: »Zweck der Stiftung ist es, das Vermögen der Stiftung und die Erträge hieraus entsprechend dem Stifterwillen zu verwalten, um laufende und einmalige Zuwendungen ... an die Destinatäre vorzunehmen ...« Die *Destinatäre*, das sind die Erben von Aldi-Gründer Karl Albrecht.

Insofern bedeutet die wachsende Zahl von Stiftungen natürlich auch keine Überwindung der kapitalistischen Managementphilosophie, Unternehmen unter dem Gesichtspunkt maximaler Renditen zu führen, und schon gar kein Ende leistungsloser Kapitaleinkommen. Ihr Zweck ist mehrheitlich sogar das genaue Gegenteil: diese Einkommen und die Macht über das Unternehmen für die nachfolgenden Generationen steueroptimiert abzusichern.

Abbe gründet die Zeiss-Stiftung

Wie erwähnt gibt es auch einige wenige Beispiele von Stiftungen, die anders aufgebaut sind und deren Gründer einen anderen Zweck verfolgten. Eine davon ist die älteste deutsche Unternehmensträger-Stiftung, die Carl-Zeiss-Stiftung. Der Physiker Ernst Abbe, auf den die Stiftungsgründung und auch die Festlegungen des Stiftungsstatuts zurückgehen, war 1866 in die feinmechanisch-optische Werkstatt des Inhabers Carl Zeiss in Jena eingetreten. Abbes technische

Leistung bestand in der Konstruktion einer neuen Generation von Mikroskopen von bis dahin unerreichter Präzision, die dem Unternehmen ein schnelles Wachstum bescherten. 1876 machte Carl Zeiss seinen fähigsten Konstrukteur zum Teilhaber der Firma. Als der Unternehmensgründer zwölf Jahre später starb, waren Ernst Abbe und natürlich auch die Erben von Zeiss reiche Leute.

Im darauffolgenden Jahr gründete Abbe die Carl-Zeiss-Stiftung, auf die er seine und auch die Anteile der anderen Gesellschafter (im letzteren Fall gegen eine höhere Ablösesumme) übertrug. Mit der Zeiss-Stiftung als Unternehmensträger, deren Statut Prioritäten der Unternehmensführung und viele Details in der Gestaltung der Arbeitsbeziehungen im Unternehmen regelte, schuf Abbe eines der erfolgreichsten und zugleich sozial verantwortungsvollsten Unternehmen der damaligen Zeit.

Gewinne als »öffentliches Gut«

Abbes Ideen sind verblüffend aktuell für unsere Überlegungen, wie die Grundzüge einer modernen Unternehmensverfassung aussehen könnten. Ausgehend von der damaligen Gründungswelle von Aktiengesellschaften dachte natürlich auch Abbe über die mit dem schnellen Unternehmenswachstum verbundene »Entpersönlichung des Unternehmens«, wie er es nannte, nach und über eine dieser Situation angemessene Rechtsform. Sowohl die Genossenschaft als auch die Aktiengesellschaft schienen ihm ungeeignet. Denn: »Das eine [die Genossenschaft] würde die Zukunft unter die Herrschaft der augenblicklichen, ephemeren und zum Teil disparaten Interessen der zufällig mittätigen Personen gestellt haben, das andere [die Aktiengesellschaft] unter die Herrschaft des sich mehrenden Geldes.«[109] Beides hielt er für falsch.

Abbe sah, dass im Erfolg eines Unternehmens die Arbeit vieler zusammenfließt, die aktueller und früherer Mitarbeiter, die Managementqualitäten leitender Angestellter und das technische Wissen und Können der Facharbeiter, schließlich die Ergebnisse universitärer Forschungsleistungen sowie gesellschaftlich angesammelte Kenntnisse und Erfahrungen aus vielen Jahrzehnten. Deshalb war er überzeugt, dass der Gewinn eines Unternehmens »vor einem strengen Sittlichkeitsideen genügenden Eigentumsbegriff als ›öffentliches Gut‹ betrachtet und behandelt« werden sollte. Der Anspruch des Gründers und Unternehmenslenkers sollte sich auf »das Maß des angemessenen Lohnes für die persönliche Tätigkeit«[110] beschränken.

Die Unternehmenserträge stehen in Abbes Augen der Gesamtbelegschaft zu. Sie sollten darüber hinaus den naturwissenschaftlichen Fächern der Jenaer Universität zugutekommen, von deren Forschungen die optische Industrie profitierte. Deshalb entschied sich Abbe, das Unternehmen an eine Stiftung zu übertragen und mit ihr »diesen dritten Wirtschaftsfaktor, die Organisation als solche«,[111] zum Träger des Unternehmens zu machen.

Mit der Gründung der Carl-Zeiss-Stiftung verloren die Erben der Gründer jeden Einfluss im Unternehmen und auch jeden Anspruch auf leistungslose Einkommen aus den Erträgen des Unternehmens. Zugleich lagen mit der Stiftung das unternehmerische Risiko und auch die Unternehmenskontrolle bei einer selbstständigen Einrichtung und nicht etwa beim Staat. Das Statut sorgte allerdings dafür, dass nicht nur die Jenaer Universität, sondern auch viele soziale Einrichtungen der Stadt von den Erträgen profitierten. So finanzierte die Carl-Zeiss-Stiftung in Jena neben dem Neubau des Unigebäudes das Phyletische Museum, ein Anatomisches Institut, mehrere Kliniken und das Volkshaus mit großer öffentlicher Bibliothek.

Spannendes Stiftungsstatut

Im von Ernst Abbe verfassten Statut der Carl-Zeiss-Stiftung finden sich eine Reihe spannender Festlegungen, die uns interessieren sollten und die ganz sicher zum Erfolg des Unternehmens beigetragen haben. Paragraf 40 des Stiftungsstatuts etwa legte als Unternehmensziel fest, es gehe nicht um einen möglichst hohen

Gewinn, sondern um »die Steigerung des wirtschaftlichen Gesamtertrages, welchen diese Unternehmungen dem ganzen in ihnen vereinigten Personenkreis, die Stiftung als Unternehmer einbegriffen, mit Aussicht auf längeren Fortbestand noch zu gewähren vermögen«.[112] Durch das Stiftungsstatut wurde das Unternehmen auf Reservebildung, Innenfinanzierung und äußerst begrenzte Schuldenaufnahme festgelegt. Die Ausschüttungen für gemeinnützige Zwecke hielten sich im Vergleich zum Gesamtgewinn in Grenzen und waren deutlich niedriger als die Ausschüttungen normaler Aktiengesellschaften an ihre Aktionäre. Dieses Modell bewährte sich in wirtschaftlichen Krisensituationen, im Speziellen während der Weltwirtschaftskrise, die die Carl-Zeiss-Werke dank ihrer Reserven relativ unbeschadet und sogar mit kaum verringerter Belegschaft überstehen konnten.

Bei unternehmensinternen Erfindungen, die wesentlichen Zwecken des Studiums und der wissenschaftlichen Forschung dienen, untersagte das Statut eine Patentanmeldung. Der Eintritt der Stiftung in Unternehmen außerhalb der feinoptischen Industrie oder die Beteiligung an solchen Firmen wurde ausgeschlossen. Interessant ist auch, dass das Statut die Vergütung der Führungskräfte auf das Zehnfache des durchschnittlichen Arbeitslohns im Unternehmen beschränkte. Die Geschäftsleitung konnte also nur höhere Gehälter erzielen, wenn es ihr gelang, die Gehaltstarife aller im Unternehmen beschäftigten Mitarbeiter zu heben. Darüber hinaus gab es eine Reihe von Regelungen zur Begrenzung der Arbeitszeit, zu Urlaubs- und Pensionsansprüchen, die zumindest für die damalige Zeit revolutionär waren.

Ein erfolgreiches Unternehmen

Abbe verstand sich nicht als Linker, er sympathisierte noch nicht einmal mit der Sozialdemokratie. Sein Ziel war schlicht, ein erfolgreiches Unternehmen auf den Weg zu bringen, in dem die Erträge gerecht und leistungsorientiert statt nach feudalem Muster verteilt werden. Bereits zu seinen Lebzeiten funktionierte das Modell bestens. Hatten die Carl-Zeiss-Werke 1875 gerade 60 Mitarbeiter, waren es zum Zeitpunkt von Abbes Tod im Jahr 1905 über 1 400. In den folgenden Jahrzehnten wuchs das Unternehmen ungebrochen weiter, bis es infolge des Kalten Krieges aufgespalten werden musste. Aber weder die Abwesenheit externer Eigentümer noch die relativ enge Spanne der Einkommensunterschiede im Unternehmen behinderte den Unternehmenserfolg, im Gegenteil.

Auch VW begann übrigens seinen Wiederaufstieg nach dem zweiten Weltkrieg als eigentümerloses Unternehmen unter öffentlicher Treuhandschaft und mit starker Mitbestimmung. Erst 1960 wurde der Autobauer in eine Aktiengesellschaft umgewandelt und, mit Ausnahme der verbliebenen Sperrminorität des Landes Niedersachsen, privatisiert. Es gibt keinen Grund, anzunehmen, dass VW heute schlechtere Autos bauen würde, wenn diese Umwandlung unterblieben wäre.

Wir haben uns mit der zunehmenden Rolle von Stiftungsunternehmen in der heutigen Wirtschaft und speziell mit dem Erbe Ernst Abbes so ausführlich beschäftigt, weil beides zeigt, dass es sehr viele andere Möglichkeiten für die Gestaltung wirtschaftlichen Eigentums und die Verfassung von Unternehmen gibt als die unergiebige Alternative zwischen Privat- und Staatswirtschaft, die oft genug die Debatte bestimmt. Weder ist der private Eigentümerunternehmer der Hauptakteur unserer heutigen kapitalistischen Wirtschaft, noch liegt der Schlüssel für eine innovativere, produktivere und zugleich gerechtere Ökonomie in der Überführung kommerzieller Unternehmen in Staatseigentum.

Kapitalneutralisierung

Unmittelbar nach dem Zweiten Weltkrieg diskutierten einige bundesdeutsche Ökonomen – etwa Alfred Weber – die Frage, ob die Carl-Zeiss-Stiftung sich nicht als generelles Muster für eine moderne, Demokratie-konforme Ausgestaltung von Wirtschaftseigentum eignen würde. Diese Diskussion, die später auch der tschechische Reformer Ota Šik und sogar Teile der FDP aufgegriffen haben, lief teilweise unter dem Stichwort »*Kapitalneutralisierung*«. Für Ota Šik bedeutet die Neutralisierung des Kapitals »die Überführung des sich ständig neu bildenden Geld- und Produktivkapitals in ein unteilbares Vermögen«,[113] das dem Unternehmen als Gesamtheit gehört und von niemandem gekauft, verkauft, vererbt oder mutwillig zerstört werden darf. Dieses Kapital wäre also nicht mehr Gegenstand von Eigentum im üblichen Sinne, die Eigentümerrechte wären vielmehr *neutralisiert*.

Dahinter steht der bereits von Ernst Abbe formulierte Grundgedanke, dass ein Unternehmen etwas grundsätzlich anderes ist als ein Auto oder auch ein Eigenheim. Unternehmen sind keine *Sachen*, sondern *Organisationen*, die dank der Arbeitsleistung und der Kenntnisse vieler Menschen wachsen und von deren Fortbestand das Schicksal dieser Menschen, eventuell sogar die Perspektive ganzer Regionen abhängt. Bei normalen Gebrauchsdingen ist es naheliegend und ein Freiheitsrecht, es der Lust und Laune des Eigentümers zu überlassen, sie zu verkaufen, zu vererben, zu verschenken oder auch kaputt zu machen. Gegenüber einem größeren Unternehmen sind solche Rechte Einzelner schwer vertretbar. Völlig abwegig wird es, wenn solche Eigentümerrechte gegenüber Unternehmen in Anspruch genommen werden, die von öffentlichen Geldern unterschiedlichster Art profitieren.

Internes Unternehmenswachstum

Unternehmen – und mit ihnen das Unternehmenskapital – wachsen hauptsächlich aus der Wiederanlage der Gewinne und dank zusätzlicher Kaufkraft aus Krediten. Externe Eigenkapitalspritzen mögen bei schnellem Wachstum oder in Krisensituationen vorkommen. Aber bei einem größeren Unternehmen geht in der Regel nur ein minimaler Anteil des Gesamtkapitals auf Kapitaleinlagen von außen zurück. Der Rest entsteht im Unternehmen aus der dort geleisteten Arbeit und teils eben auch dank diverser Beihilfen des Staates.

Die Forderung nach »Kapitalneutralisierung« bezieht sich auf dieses neu gebildete Kapital, das nach heutigem Recht automatisch ins Eigentum der externen Kapitalgeber übergeht. »Kapitalneutralisierung« würde stattdessen bedeuten, dass dieses neu gebildete Kapital originäres Eigentum des Unternehmens wird, während externe Kapitalgeber – ebenso wie Kreditgeber – mit einer Verzinsung ihres Kapitals abgefunden werden, die wegen des höheren Risikos etwas höher ausfällt. Eine solche Regelung wäre das logische Pendant zur begrenzten Haftung.

Unternehmerische Freiheit ohne Neofeudalismus

Wir werden bei unserem Modell einer modernen Wirtschaftsordnung an diese Vorschläge anknüpfen. Aber stellen wir zunächst noch einmal die Grundsatzfrage: Was muss eine produktive, innovative und zugleich gerechte ökonomische Ordnung leisten? Das kann man kurz in einem Satz zusammenfassen: Sie sollte die Freiheit unternehmerischer Initiative sichern, aber zugleich die neofeudalen Konsequenzen des heutigen Wirtschaftseigentums – leistungslose Einkommen und die Vererbbarkeit der Kontrolle über Unternehmen – vermeiden. Im Konkreten bedeutet das, dass fähige Gründer mit tragfähigen Ideen unabhängig von ihrer Herkunft eine Chance bekommen, also der Zugang zu Kapital demokratisiert wird. Wenn Kapital kein Monopolgut einer kleinen Schicht mehr ist, entfallen auch die Kapitaleinkommen. Darüber hinaus braucht eine moderne Ordnung Barrieren, die verhindern, dass aus ökonomischen Eigentumsrechten Machtinstrumente werden, mittels derer die Demokratie ausgehebelt und der Allgemeinheit das Interesse einer privilegierten Gruppe aufgezwungen werden kann.

Nach diesen Kriterien wollen wir vier Rechtsformen für Unternehmen vorschlagen, die als Grundtypen die Kapitalgesellschaft ablösen und ersetzen sollten: die Personengesellschaft, die Mitarbeitergesellschaft, die Öffentliche Gesellschaft und die Gemeinwohlgesellschaft. Sie unterscheiden sich, weil unterschiedliche Branchen unterschiedliche Anforderungen an die Betriebsgröße und das öffentliche Engagement stellen.

Personengesellschaft: mit vollem Risiko reich werden

Personengesellschaften gibt es bereits heute. Es handelt sich um Unternehmen, deren Inhaber normalerweise mit eigenem Geld starten und voll für alle vom Unternehmen eingegangenen Verbindlichkeiten haften. Wer ein Café eröffnen, einen Handwerksbetrieb gründen oder haushaltsnahe Dienstleistungen vermitteln will, braucht in der Regel kein externes Wagniskapital und auch keine öffentliche Förderung. Oft reichen eigene Ersparnisse plus Bankkredite, erst recht, wenn sich mehrere zusammentun. Wer diesen Weg der Unternehmensgründung wählt, geht voll ins Risiko. Scheitert die Gründung, verliert er meist alles, was er hat. Wer das in Kauf nimmt und am Ende Erfolg hat, muss damit auch reich werden können. Der freie Unternehmer bleibt allerdings auch frei von allen öffentlichen Zuschüssen, Kreditgarantien, Fördergeldern und sonstigen Subventionen, solange er das Unternehmen als Personengesellschaft in privatem Eigentum führt.

Möchte der Inhaber irgendwann doch öffentliche Unterstützung in Anspruch nehmen, ist die Umwandlung in eine Mitarbeitergesellschaft notwendig. Diese kann bei einem gesunden Unternehmen jederzeit auch aus anderen Gründen vorgenommen werden, etwa weil der Gründer das Risiko der persönlichen Haftung bei einem größer werdenden Betrieb nicht mehr tragen möchte oder weil er zusätzlichen Kapitalbedarf hat, da das Unternehmen sehr schnell wächst. Denkbar ist natürlich auch das Motiv, das heute bei den Stiftungsgründungen eine Rolle spielt: die Firma vor Zerfledderung durch die Erben zu schützen oder ihre Substanz nicht mit einer hohen Erbschaftsteuer zu belasten. Wird aus einer Personengesellschaft eine Mitarbeitergesellschaft, bekommt der ursprüngliche Eigentümer das bei der Gründung investierte Kapital (nicht dessen Wachstum im Unternehmen) einschließlich einer Verzinsung schrittweise aus den Erträgen ausbezahlt.

Mitarbeitergesellschaft: unverkäuflich und nicht melkbar

Die Mitarbeitergesellschaft ist kein Unternehmen, an dem die Mitarbeiter private Anteile halten. Eine Mitarbeitergesellschaft hat keine externen Eigentümer, sie gehört – wie eine Stiftung – niemandem. Ein Unternehmen in der Rechtsform einer Mitarbeitergesellschaft gehört also sich selbst, und in diesem Sinne gehört es der Gesamtheit seiner Belegschaft, aber eben nicht als individuelles Eigentum in dem heutigen Verständnis verkäuflicher oder vererbbarer Eigentumsrechte.

Wenn ein Unternehmen keine externen Eigentümer hat, ändern sich unmittelbar nur drei Dinge: Es gibt niemanden, der das Unternehmen oder Teile von ihm verkaufen, also auch niemanden, der es kaufen kann. Es hört also auf, ein Handels- und Übernahmeobjekt zu sein, das sich Finanzinvestoren oder Wettbewerber unter den Nagel reißen und filetieren könnten. Es gibt, zweitens, auch niemanden mehr, der aufgrund des Eigentumsrechts Anspruch auf die Unternehmenserträge erheben kann. Damit verschwindet der Druck, Gewinne auszuschütten, die besser für Investitionen in eine langfristige Wachstumsstrategie verwandt werden können. Der dritte Unterschied ist, dass in einem Unternehmen ohne externe Eigentümer eine neue Lösung dafür gefunden werden muss, wer die Geschäftsleitung bestimmt, ihr die Ziele vorgibt und sie kontrolliert. Denn genau das erledigen heute ja die, denen das Unternehmen gehört, beziehungsweise ihre Vertreter im Aufsichtsrat.

Kontrolle als einziges Eigentümerrecht

Um zu verhindern, dass die Führungsetage eines Unternehmens nachlässig, schlampig oder einfach schlecht arbeitet, braucht es keine externen Eigentümer, wie wir an erfolgreichen Unternehmen im hundertprozentigen Besitz von Stiftungen sehen können. Was es braucht, sind Kontrollorgane, die mit Leuten besetzt sind, deren Schicksal eng mit dem Unternehmen verbunden ist und deren Interesse sich möglichst mit einer langfristig guten, stabilen und erfolgreichen Unternehmensentwicklung deckt.

Bei den heutigen Eigentümern von Unternehmen ist das oft nicht der Fall. Finanzfonds, Private Equity und andere institutionelle Anleger, die von einem Unternehmen zum nächsten wandern, wollen in erster Linie kurzfristig Kasse machen. Familienerben sind zwar im Idealfall am langfristigen Unternehmenserfolg interessiert, oft machen aber auch sie Druck, die Ausschüttungen zu erhöhen, wollen sich auszahlen lassen, was die Unternehmenssubstanz belastet, oder sorgen für Unsicherheit durch ausgedehnte Familienfehden.

Wenn stattdessen die verschiedenen Teile der Belegschaft – von den Hilfsarbeitern über das technische Personal bis hin zu den höheren Angestellten – gewählte Vertreter in das Kontrollgremium entsenden, ist gewährleistet, dass sich die Interessen der Gesamtheit der Belegschaft dort wiederfinden. Bei kleinen Unternehmen bis zu 50 Beschäftigten kann die Vertreterwahl auch entfallen. Dann *ist* die Belegschaft schlicht die Gesellschafterversammlung, die über die Besetzung der Unternehmensleitung entscheidet und ihr die Ziele vorgibt.

Größere Unternehmen brauchen natürlich, was sie heute auch haben: klare Weisungsbefugnisse und Kompetenzhierarchien. Die operative Leitung muss, wie jede andere professionelle Tätigkeit, von Leuten übernommen werden, die die nötigen Fähigkeiten und Kenntnisse mitbringen. Aber das hat mit der Frage des Unternehmenseigentums unmittelbar nichts zu tun. Dass Belegschaften nicht per Mehrheitsentscheid in täglichen Vollversammlungen ihre Unternehmen managen können, ist eine Binsenweisheit.

Von den klassischen Eigentümerrechten bleibt also in einer Mitarbeitergesellschaft ein einziges erhalten: das Recht auf Kontrolle des Unternehmens und seiner Geschäftsführung. Während dieses

Kontrollrecht heute bei den externen Eigentümern liegt, steht es in einer Mitarbeitergesellschaft der Belegschaft zu.

Am langfristigen Erfolg interessiert

Da alle Mitarbeiter mehr verdienen, wenn das Unternehmen gut läuft, und weniger, wenn die Umsätze einbrechen, und weil sie alle ein Interesse an der langfristigen Sicherung ihrer Arbeitsplätze haben, dürfte der Auftrag an das Management so aussehen: gute Geschäftszahlen, solide Gewinne, allerdings nicht um den Preis mieser Löhne und prekärer Jobs, hohe Investitionen, langfristiges Unternehmenswachstum und keine kurzfristig orientierte Renditejagd.

Ein Manager, der die Eigenkapitalrendite verdoppelt und die Belegschaft halbiert, ist dann vermutlich kein in der Gesellschafterversammlung gefeierter Held mehr. Der Geschäftsführer dagegen, der den Einsatz arbeitssparender Technologien durch kürzere Arbeitszeiten oder Umqualifizierung von Mitarbeitern und neue Wachstumsideen ausgleicht, kann auf Vertragsverlängerung hoffen.

Das bedeutet nicht, dass eine Mitarbeitergesellschaft, die längerfristig in den roten Zahlen ist, nicht im Notfall auch Stellen abbauen muss. Aber Stellenstreichungen wären unter solchen Bedingungen das letzte und nicht, wie heute, das erste und beliebteste Mittel zur Unternehmenssanierung. Und dort, wo sie heute nur dem schnöden Zweck dienen, die Kapitalrendite hochzutreiben, wären sie in Zukunft ausgeschlossen. Das Gleiche gilt für die Ersetzung gut bezahlter, regulärer Arbeitsplätze durch Leiharbeit und Werkverträge oder die Verlagerung von Standorten, um Lohnkosten zu sparen.

Motivierte Mitarbeiter

Es spricht einiges dafür, dass diese Form der Unternehmensverfassung die Mitarbeiter wesentlich stärker motivieren würde, gute Arbeit abzuliefern, als die heutige. »Wenn eine Firma durch größere Mitbestimmung zu einer Gemeinschaft verwandelt wird, steigt auch die Produktivität«, hat Ungleichheitsforscher Richard Wilkinson anhand zahlloser Studien selbst für die heutigen Verhältnisse herausgefunden. In einer Mitarbeitergesellschaft würden die Mitarbeiter nicht nur mitbestimmen, sondern auch ausschließlich für sich selbst arbeiten statt für den Porsche des Unternehmenserben.

Dass Mitarbeitergesellschaften sogar innerhalb der heutigen, für dieses Modell ausgesprochen widrigen Rechtsformen funktionieren können, dafür gibt es Beispiele. Überwiegend sind es Fälle mit besonders schlechten Startbedingungen. Belegschaftsübernahmen finden heutzutage meistens statt, wenn das Unternehmen von den ehemaligen Eigentümern in den Konkurs gewirtschaftet wurde und die verzweifelten Mitarbeiter dann versuchen, zu retten, was noch zu retten ist. In den achtziger Jahren beispielsweise gab es 40 Fälle solcher Belegschaftsübernahmen, von denen immerhin 15 trotz der schlechten Ausgangslage das Unternehmen und die Arbeitsplätze dauerhaft sichern konnten.

Insgesamt gibt es in Deutschland rund 7 000 Betriebe, die ganz oder mehrheitlich ihren Mitarbeitern gehören, unter ihnen 1 800 *Genossenschaften*. Die Schwierigkeit der heutigen Rechtsformen ist, dass das Eigentum in der Regel nicht an die Mitarbeit im Unternehmen gebunden, sondern persönlich ist. So kann man Genossenschaftsanteile mitnehmen, wenn man aus dem Unternehmen ausscheidet, und sie auch vererben. Das Gleiche gilt, wenn Mitarbeiter Gesellschafteranteile an einer GmbH oder Belegschaftsaktien erhalten. Zudem gibt es in all diesen Eigentumsformen die Möglichkeit, sich Teile des Gewinns ausschütten zu lassen, und deshalb meist auch einen gewissen Druck, genau das zu tun. Mit unserem Modell hat das also nur begrenzt zu tun. Das Einzige, was solche Beispiele zeigen: Erfolgreiche Unternehmensführung funktioniert auch in Unternehmen, die den Mitarbeitern gehören, sogar wenn die Umstände und die Rechtsformen eher nachteilig sind.

Öffentlicher Wagniskapitalfonds

Wer allein oder mit anderen die Initiative ergreift, eine Mitarbeitergesellschaft zu gründen, hat die Chance, das dafür benötigte Startkapital aus einem öffentlichen Wagniskapitalfonds zu erhalten. Dieser Fonds sollte in Höhe von mindestens 1 Prozent des Bruttoinlandsprodukts zur Verfügung stehen und sich aus einer Gewinnabgabe des gesamten Unternehmenssektors finanzieren. Zusätzlich oder ausschließlich kann man eine Mitarbeitergesellschaft auch mit eigenem Geld gründen, das man sich dann, wenn das Unternehmen läuft, aus den Erträgen verzinst wieder zurückzahlen lässt. Das Recht darauf ist von Entscheidungen der Gesellschafterversammlung ebenso unabhängig wie das der Banken, ihren Kredit verzinst zurückzuerhalten.

Je größer ein Unternehmen wird, desto stärker tangiert es allerdings auch Interessen der Allgemeinheit und nicht nur die der eigenen Mitarbeiter. Ab einer gewissen Unternehmensgröße sollten daher neben den Vertretern der Belegschaft auch Kommunalvertreter, später auch von Länderparlamenten benannte Leute Mitsprache- und Stimmrecht in der Gesellschafterversammlung bekommen. Vor allem, wenn Unternehmen in erheblichem Umfang von öffentlichen Fördergeldern profitieren, sollte das mit einer Ausweitung des Einflusses öffentlicher Interessen einhergehen.

Die Öffentliche Gesellschaft: Mitsprache der Allgemeinheit

Für Großunternehmen, die auf Oligopolmärkten anbieten und damit nahezu unvermeidlich über wirtschaftliche Macht verfügen, eignet sich die Mitarbeitergesellschaft nicht. Für solche Unternehmen wird hier die Rechtsform der Öffentlichen Gesellschaft vorgeschlagen. Die Öffentliche Gesellschaft hat ebenso wie die Mitarbeitergesellschaft keine externen Eigentümer. Auch hier gehört das Unternehmen sich selbst (und nicht etwa dem Staat). Der Unterschied zur Mitarbeitergesellschaft besteht in der Zusammensetzung des

Kontrollgremiums. Dieses heißt jetzt Aufsichtsrat und wird nur noch hälftig von Belegschaftsvertretern besetzt. Die andere Hälfte besteht aus Vertretern der Öffentlichkeit, benannt von den Städten, Gemeinden und Regionen, in denen das Unternehmen Produktionsstätten betreibt.

Natürlich sind Grenzziehungen, ab welcher Größe ein Unternehmen beginnt, eine öffentliche Angelegenheit zu werden, immer schwierig und bis zu einem gewissen Grade willkürlich. Aber dass es einen qualitativen Unterschied gibt zwischen einer Fensterbaufirma und dem VW-Konzern oder zwischen einem Café in der Düsseldorfer Innenstadt und der Kaffeehaus-Kette Starbucks, dürfte niemand bestreiten. Ein Unternehmen mit 2 000 Beschäftigten ist in seiner Gemeinde eine zentrale Größe. Um auf der Ebene eines ganzen Landes eine Schlüsselrolle zu spielen, muss das Unternehmen dagegen deutlich größer sein.

Denkbar wäre es, dass Mitarbeitergesellschaften ab 1 000 Beschäftigten einen Gemeindevertreter in die Gesellschafterversammlung aufnehmen müssen, größere Unternehmen oder solche mit öffentlicher Förderung entsprechend mehr. Spätestens bei Unternehmen mit mehr als 20 000 Beschäftigten endet die Reichweite der Rechtsformen der Mitarbeitergesellschaft wie der Personengesellschaft (Letztere gibt es bei Betrieben dieser Größe ohnehin nur in seltenen Ausnahmen). Ab hier beginnt die Domäne der Öffentlichen Gesellschaft. Auch das sind kommerzielle Unternehmen, die unter Ertragsgesichtspunkten von einem professionellen Management geführt werden. Im Unterschied zur Mitarbeitergesellschaft können hier allerdings keine Ziele und Investitionsschwerpunkte mehr gegen die Stimmen der öffentlichen Vertreter und damit der Allgemeinheit festgelegt werden. So wird dem öffentlichen Gewicht solcher Unternehmen Rechnung getragen.

Aktuell gibt es eine Reihe von Unternehmen, die aufgrund öffentlicher Anteile auch Vertreter der Öffentlichkeit in ihren Aufsichtsräten haben. Das bekannteste Beispiel ist der VW-Konzern mit einer Sperrminorität des Landes Niedersachsen. Man kann nicht behaupten, dass dieser öffentliche Einfluss einer erfolgreichen Unternehmensführung je im Wege stand. Er ist freilich auch keine Garantie für gute Unternehmensführung, wie der Abgasskandal zeigt.

Gemeinwohlgesellschaft: gemeinnützige Dienste

Die vierte Rechtsform, die wir vorschlagen, ist die Gemeinwohlgesellschaft. Sie bietet sich für alle Bereiche an, die sich nicht für eine kommerzielle Unternehmensführung eignen: sei es, weil sie aufgrund der Bindung an Netze oder des Auftretens von Netzwerkeffekten (oder beidem) zum Monopol tendieren, sei es, weil die erbrachten Güter und Leistungen elementare Lebensbedürfnisse betreffen, die nicht nach persönlicher Kaufkraft, sondern für alle Menschen gleichermaßen zugänglich sein sollten.

Gemeinwohlgesellschaften werden mit öffentlichem Geld gegründet und arbeiten – ähnlich wie gemeinnützige Träger heute und ein Teil der kommunalen Unternehmen – nicht gewinnorientiert. Sie haben einen Versorgungsauftrag, den sie nach Möglichkeit kostendeckend erfüllen. Auch Gemeinwohlgesellschaften gehören nicht dem Staat, sondern sich selbst. Sie arbeiten nach bestimmten Regeln und unter öffentlicher Kontrolle, aber niemand kann willkürlich in sie hineinregieren. Weil sie dem Staat nicht gehören, kann er sie selbstverständlich auch nicht verkaufen, sie sind also nicht privatisierbar.

Wir erleben seit Jahren, wie viele negative Auswirkungen damit verbunden sind, wenn die Wasserversorgung einer Kommune oder Krankenhäuser kommerziellen, vor allem an Rendite interessierten Unternehmen überlassen werden. Wo Märkte nicht funktionieren und wo es auch keinen ernsthaften Wettbewerb geben kann, müssen andere Regeln des Wirtschaftens gelten. Auch der Bankensektor sollte, wie im Kapitel über Gemeinwohlbanken dargestellt, aufgrund seiner wirtschaftlichen Schlüsselstellung von Instituten in der Rechtsform der Gemeinwohlgesellschaft dominiert werden.

Schnelle Netze für alle

Das Gleiche gilt für die Kommunikationsdienste und vor allem für die Infrastruktur der digitalen Ökonomie. Wir erleben, wie behäbig und langsam der Ausbau mit schnellen Netzen in Deutschland und anderen Ländern vorangeht, weil er sich in relativ gering besiedelten Gebieten für gewinnorientierte Anbieter nicht rechnet. Auch Funkverbindungen sind an vielen Orten schwach oder überlastet. Tatsächlich ist dieser Bereich ein exemplarisches Beispiel für die Theorie des Ökonomen Harold Hotelling: Die billigste Variante der Versorgung mit Internet, Telefondiensten und Fernsehen ist der öffentliche Netzausbau in den Händen einer nicht gewinnorientierten Gemeinwohlgesellschaft. Der Netzzugang müsste unter solchen Konditionen auch nicht mehr verschlüsselt werden, sondern könnte für jeden jederzeit und überall verfügbar sein. Dafür würde jeder Haushalt eine monatliche Gebühr bezahlen, die sehr viel niedriger wäre als die Kommunikationsausgaben eines Durchschnittshaushalts heute und die trotzdem eine kostendeckende Wartung und ständige Erneuerung der Netzstruktur gewährleisten würde.

Auch die digitale Welt braucht gemeinwohlorientierte Anbieter. Wir haben gesehen, dass mit digitalen Informationen auf zwei Wegen Geschäfte zu machen sind: entweder – bislang nicht sehr erfolgreich – durch künstliche Verknappung und Verkauf der Information oder durch Speicherung persönlicher Daten von Käufern oder Nutzern, die sich dann gewinnbringend verwerten lassen. Wenn etwas, das sich kostenlos vervielfältigen lässt, künstlich knapp gehalten wird, ist das nicht unbedingt eine gute Lösung. (Auch wenn es in bestimmten Bereichen, etwa zur Aufrechterhaltung von Qualitätsjournalismus im Netz, alternativlos sein kann.) Wenn dagegen unser Leben in Form von Big Data immer umfassender und vollständiger auf den Servern von Datenmonopolisten gespeichert wird, verlieren wir noch mehr: unsere Freiheit und unsere Privatsphäre.

Kein Entrinnen ...

»Es gibt kein Entrinnen mehr, wenn Überwachungssysteme von unseren Häusern, Autos und Elektrogeräten Besitz ergreifen«,[114] sagt die IT-Expertin Yvonne Hofstetter. Solche Überwachung lässt sich nur durch strikte Regeln zur automatischen und zeitnahen Löschung aller Daten verhindern. Gesetze, was auf den Servern der Datenkraken wie lange gespeichert werden darf, sind überfällig. Denkbar wäre etwa die Verpflichtung, unsere digitalen Spuren – mit Ausnahme dessen, was wir selbst ausdrücklich speichern wollen – nach wenigen Tagen automatisch und vollständig zu löschen. Allerdings wäre damit dem kommerziellen Geschäftsmodell in vielen Bereichen der digitalen Ökonomie die Grundlage entzogen. An seine Stelle müssten daher öffentlich finanzierte, nicht gewinnorientierte Anbieter treten. Andernfalls dürfte uns in Zukunft für jedes Anklicken einer Suchmaschine oder die Eröffnung eines Accounts in einem sozialen Netzwerk Geld abverlangt werden, denn das wäre die kommerzielle Alternative zur Verwertung unserer Daten.

Es geht auch um die Vermeidung von Abhängigkeit und Macht. Die digitalen Netze sind die wichtigste Infrastruktur der Industrie der Zukunft. Mit jedem weiteren Schritt bei der Digitalisierung der Wertschöpfungskette wird es wichtiger, wer diese Netze kontrolliert. Bleiben sie privaten Monopolisten überlassen, kann die mit ihnen verbundene Machtstellung in einer für jede Marktwirtschaft tödlichen Weise ausgenutzt werden. Auch hier existiert faktisch keine vernünftige Alternative zu streng regulierten gemeinnützigen Anbietern. Weshalb sollte beispielsweise der Internethandel nicht über ein öffentliches Portal vermittelt werden, das schlicht eine intelligente Software bereitstellt, die Anbieter und Kunden zueinander bringt, ohne dabei saftig mitverdienen und unsere Daten verwerten zu wollen. Je mehr die Digitalisierung in unsere Autos, unsere Häuser und in unser gesamtes Leben vordringt, desto dringender ist ein gemeinwohlorientierter Neuanfang im Umgang mit den digitalen Technologien.

Auf die kleinste Größe reduziert

Die hier vorgeschlagene Wirtschaftsordnung wäre also, in Abhängigkeit von der Marktverfassung und der öffentlichen Relevanz der jeweiligen Branchen, von vier Grundtypen von Unternehmen geprägt: Personengesellschaften, Mitarbeitergesellschaften, Öffentlichen Gesellschaften und Gemeinwohlgesellschaften. Die Umwandlung der heutigen Kapitalgesellschaften in diese Rechtsformen ist relativ einfach: Es wird das extern eingebrachte Kapital mit einer gewissen Verzinsung hochgerechnet. Davon werden die im Laufe der Jahre angefallenen Ausschüttungen abgezogen. Ergibt sich bei dieser Rechnung, dass ein Kapitalgeber mehr Geld in das Unternehmen hineingesteckt als herausgezogen hat, wird der fehlende Betrag aus den Erträgen ausbezahlt. Die interne Kapitalbildung gehört dem Unternehmen. In der Realität dürfte es nicht allzu viele Fälle geben, bei denen Nachzahlungen anfallen, weil normalerweise – gerade bei älteren Unternehmen – die Ausschüttungen das extern eingebrachte Kapital bei weitem übersteigen.

Alle Unternehmen mit Ausnahme der Gemeinwohlgesellschaft arbeiten kommerziell und ertragsorientiert. Eine moderne Wirtschaftsordnung muss deshalb eine Marktverfassung anstreben, die die Unternehmen auf ihre kleinste technologisch sinnvolle Größe reduziert. Selbstverständlich können in vielen Industriebranchen nur Großunternehmen überleben. Aber niemand braucht eigentumsrechtlich verflochtene globale Industrie- oder auch Handelsgiganten, die sich vor allem deshalb für ihre Anteilseigner rechnen, weil sie Wettbewerb außer Kraft setzen, Zulieferer in die Abhängigkeit zwingen und die Auswahlmöglichkeiten von Kunden beschneiden.

Um Unternehmen zum Einsatz innovativer, kostensparender und produktiverer Technologien zu bewegen, braucht es möglichst offene Märkte und intensiven Wettbewerb. Wer die Konkurrenz auf Abstand halten will, sollte das durch technologische Überlegenheit, besondere Qualität oder schlicht die Entdeckung einer Marktlücke, auf die vorher noch keiner gekommen ist, tun. Zugleich sollten strikte (anstelle der heutigen windelweichen) Umwelt- und Verbraucherschutzgesetze dafür sorgen, dass kostensparende Technologien, deren Einsparungen zulasten der Allgemeinheit gehen, nicht zum Einsatz kommen. Diese Steuerung können Markt und Wettbewerb nicht leisten.

Entflechtung

Die Umwandlung von Kapitalgesellschaften in Mitarbeitergesellschaften oder Öffentliche Gesellschaften sollte daher unmittelbar mit einer Entflechtung verbunden sein. So würde endlich eingelöst, was der Kopf der Freiburger Schule, Walter Eucken, schon unmittelbar nach dem Ende des Zweiten Weltkriegs gefordert hatte: »Konzerne, Trusts und monopolistische Einzelunternehmen sind zu entflechten oder aufzulösen, soweit nicht technische oder volkswirtschaftliche Sachverhalte eine solche Entflechtung oder Auflösung unmöglich machen.«[115] Der erste Entwurf für ein deutsches Kartellgesetz, der unter Ludwig Erhard zwischen 1946 und 1949 ausgearbeitete *Josten-Entwurf*, forderte ausdrücklich Entflechtungsmaßnahmen. »Einzelunternehmen, die wirtschaftliche Macht besitzen«, sollten in sich selbst tragende Unternehmen aufgespalten werden. Wie nicht anders zu erwarten, liefen die Wirtschaftslobbyisten Sturm gegen diese Idee. Erfolgreich: Im 1952 veröffentlichten Regierungsentwurf gab es keine Entflechtungsregeln mehr. Hier war Ludwig Erhard vor der geballten Wirtschaftsmacht eingeknickt, sehr zur Enttäuschung seiner früheren ordoliberalen Freunde und Unterstützer. Aber das Problem bleibt aktuell, heute noch um vieles mehr als in den fünfziger Jahren. Immerhin waren die damals größten Unternehmen im Vergleich zu den heutigen Weltgiganten kaum mehr als große Mittelständler.

Die Reduzierung der Unternehmensgröße und der Wegfall verschachtelter Kapitalverflechtungen in der Eigentümerstruktur würde auch die Besteuerung von Unternehmen erheblich vereinfachen.

Die Gewinnsteuern sollten dabei hoch genug sein, um zur Finanzierung der Gemeinwohlgesellschaften beizutragen und beispielsweise zu erreichen, dass Menschen, die sich in Krankenhäusern und Pflegeeinrichtungen um andere Menschen kümmern, nicht länger weniger verdienen als solche, die gute Maschinen konstruieren.

Man muss sich keine Sorgen machen, dass solche verkleinerten Unternehmen im Wettbewerb gegen die verbliebenen globalen Riesen, mit denen sie ja so lange konkurrieren, bis andere Länder ähnliche Veränderungen vorgenommen haben, etwa nicht bestehen könnten. Gerade weil sie keine Shareholder im Nacken haben, die das Geld herausziehen, und weil sie keine Mindestrenditen von 16 Prozent vorweisen müssen, können sie mit höheren Investitionen in Qualität und Innovation bessere und haltbarere Produkte auf den Markt bringen als ihre Wettbewerber. Das in der Stahlbranche vergleichsweise kleine Unternehmen Saarstahl, das sich in der Hand einer Stiftung befindet und genau deshalb mehr Geld für Investitionen zur Verfügung hat, vermochte bisher den Großen der Stahlbranche relativ problemlos zu trotzen. Die geschilderte neue Geldordnung wäre ein weiterer großer Wettbewerbsvorteil aufgrund der mit ihr verbundenen besseren Finanzierungsbedingungen.

Eigentum nur noch durch eigene Arbeit

Das hier vorgeschlagene Modell einer modernen Wirtschaftsordnung würde den Weg in eine Ökonomie eröffnen, in der Eigentum tatsächlich nur noch durch eigene Arbeit entstehen kann und in der feudale Strukturen und leistungslose Einkommen der Vergangenheit angehören. Wir würden unser Wirtschaftsleben innovativer, flexibler und zugleich sozial gerechter gestalten. Niemand wäre mehr in der Lage, von fremder Arbeit und zulasten anderer reich zu werden. Echte Märkte und freier Wettbewerb hätten eine weit größere Relevanz als heute, freilich nur dort, wo sie funktionieren und ethisch vertretbar sind. Unsere Gemeinwesen wären wieder demokratisch gestaltbar, ohne dass unkontrollierbare Unternehmensgiganten uns ständig dazwischengrätschen.

Der Kapitalismus ist nicht ohne Alternative. Im Gegenteil: Wenn wir in einer freien, demokratischen, innovativen, wohlhabenden und gerechten Gesellschaft leben wollen, müssen wir den kapitalistischen Wirtschaftsfeudalismus überwinden. Mit einem neuen Wirtschaftseigentum, das der Gier Grenzen setzt und die hemmungslose Selbstbereicherung zulasten anderer schlicht unmöglich macht, werden wir letztlich alle reicher. Nur im Rahmen einer neuen Wirtschaftsordnung wird es uns gelingen, die digitalen Technologien tatsächlich für ein besseres Leben für uns alle nutzbar zu machen und dem Ziel näher zu kommen, unseren Wohlstand im Einklang mit unserer natürlichen Umwelt zu produzieren.

ANMERKUNGEN

1 Oxfam, Der Preis der Profite, Januar 2018
2 John Maynard Keynes, »National Self-Sufficiency«, *The Yale Review*, Vol. 22, No. 4, Juni 1933, S. 755–769
3 Walter Eucken, Wirtschaftsmacht und Wirtschaftsordnung, Berlin – Münster – Wien – Zürich – London, 2012, S. 85
4 Noam Chomsky. Requiem für den amerikanischen Traum, München 2017, S. 16
5 Friedrich August von Hayek, Individualismus und wirtschaftliche Ordnung, Salzburg 1976, S. 328
6 Ebd., S. 330
7 Ebd., S. 335/336
8 Ebd., S. 330
9 Ebd., S. 341
10 Chantal Mouffe. Über das Politische. Wider die kosmopolitische Illusion, Frankfurt 2007, S. 137
11 Die große Regression. Eine internationale Debatte über die geistige Situation der Zeit, Berlin 2017, S. 80
12 Byung-Chul Han, Duft der Zeit: Ein philosophischer Essay zur Kunst des Verweilens, Bielefeld 2015
13 Richard Wilkinson, Kate Pickett, Gleichheit ist Glück. Warum gerechte Gesellschaften für alle besser sind, Berlin 2009
14 Ebd., S. 68
15 Karl Polanyi, The Great Transformation – Politische und ökonomische Ursprünge von Gesellschaften und Wirtschaftssystem, Frankfurt am Main 1978, S. 75
16 Chrystia Freeland, Die Superreichen. Aufstieg und Herrschaft einer neuen globalen Geldelite, Frankfurt 2013, S. 279
17 Annette Alstadsæter, Niels Johannesen, Gabriel Zucman, *Tax Evasion and Inequality*, 2017. https://gabriel-zucman.eu/files/AJZ2017.pdf
18 Die große Regression, Berlin 2017, S. 153
19 Zitiert nach: Sven Beckert, King Cotton, München 2015, S. 91
20 Jaron Lanier, Wem gehört die Zukunft?, Hamburg 2013, S. 456
21 Peter Thiel, Zero to One. Wie Innovation unsere Gesellschaft rettet, Frankfurt am Main 2014, S. 15

22 https://www.gruene-bundestag.de/uploads/tx_ttproducts/datasheet/r18-018_obsoleszenz.pdf
23 http://www.gegenblende.de/++co++1e74bb7e-7c5e-11e3-96bf-52540066f352
24 Christian Felber, Geld. Die neuen Spielregeln, Wien 2014, S. 161
25 *Handelsblatt*, 17.6.2015
26 Zitiert nach: Mariana Mazzucato, Das Kapital des Staates, München 2014, S. 228
27 http://www.patentverein.de/files/Frauenhofer_102003.pdf
28 Hermann Simon, Hidden Champions des 21. Jahrhunderts, Frankfurt am Main 2007
29 http://www.gegenblende.de/++co++1e74bb7e-7c5e-11e3-96bf-52540066f352
30 Thomas Piketty, Das Kapital im 21. Jahrhundert, München 2014, S. 367
31 Ebd., S. 600 f
32 Ebd., S. 369
33 Freeland, a.a.O., S. 100
34 Thomas Piketty, Das Kapital im 21. Jahrhundert, München 2014, S. 587
35 Zitiert nach: Jürgen Kocka, Geschichte des Kapitalismus, München 2013, S. 7
36 Joseph A. Schumpeter, Kapitalismus, Sozialismus und Demokratie, Tübingen 2005, S. 35
37 Michael Hartmann, Eliten und Macht in Europa, Frankfurt am Main 2007, S. 149
38 Ebd., S. 144
39 Ebd., S. 146
40 Piketty, a.a.O., S. 324
41 *Handelsblatt*, 17.3.2014
42 Alex Capus, Patriarchen. Zehn Portraits, 5. Aufl., Klagenfurt 2008, S. 12
43 Thierry Volery, Ev Müllner, Visionäre, die sich durchsetzen, Zürich 2006
44 Bernt Engelmann, Das Reich zerfiel, die Reichen blieben, München 1975, S. 59
45 *Die Welt*, 16.6.2016
46 Alexander Rüstow, Die Religion der Marktwirtschaft, Band 4, 3. Auflage, Berlin – Münster – Wien – Zürich – London 2009, S. 96
47 Johann Wolfgang Goethe, West-Östlicher Divan, Noten und Abhandlungen, Leipzig 1949, S. 167
48 Fernand Braudel, Die Dynamik des Kapitalismus, Stuttgart 1986, S. 58
49 *Die Zeit*, 1.5.1959
50 *Handelsblatt*, 30.5.2016
51 *Handelsblatt*, 4.11.2014
52 Barry C. Lynn, Cornered. The New Monopoly Capitalism and the Economics of Destruction, Hoboken 2010, S. XII (von der Autorin übersetzt)
53 *Handelsblatt*, 29.9.2016
54 Stefania Vitali, James B. Glattfelder und Stefano Battiston, »The network of global corporate control«, Zürich 2011. http://arxiv.org/pdf/1107.5728.pdf

55 Ulrike Herrmann. Der Sieg des Kapitals, Frankfurt am Main 2013, S. 68
56 Carl Shapiro, Hal R. Varian, Online zum Erfolg, München 1999, S. 30
57 Ebd., S. 84
58 Ebd., S. 89
59 Walter Eucken, Grundsätze der Wirtschaftspolitik, Tübingen 2004, S. 172
60 Zitiert nach: Jeremy Rifkin. Die Null-Grenzkosten-Gesellschaft, Frankfurt am Main 2014, S. 200
61 Vgl. Christoph Keese, Silicon Valley, München 2014
62 http://www.spiegel.de/netzwelt/web/us-wahl-2016-wie-soziale-medien-werbung-zu-propaganda-machten-a-1175906.html
63 Yvonne Hofstetter, Sie wissen alles, München 2014, S. 219
64 Milton Friedman, Kapitalismus und Freiheit, München 2004, S. 36
65 Fernand Braudel, Die Dynamik des Kapitalismus, Stuttgart 1986, S. 60
66 Ebd., S. 55
67 Goethe, Faust II, Vers 11 187 f.
68 Sven Beckert, a.a.O
69 Karl Polanyi. The Great Transformation, Frankfurt am Main 1978, S. 279
70 Ebd., S. 330
71 Mariana Mazzucato, Das Kapital des Staates, München 2014, S. 22
72 *Handelsblatt*, 23.9.2014
73 *WirtschaftsWoche* NR. 1/2 vom 9.1.2012
74 Spiegel Online, 29.10.2014
75 Ebd., S. 28/29
76 Peter Thiel. Zero to One. Wie Innovation unsere Gesellschaft rettet, Frankfurt 2014, S. 103
77 Joseph Schumpeter, Theorie der wirtschaftlichen Entwicklung, Leipzig 1912, S. 351
78 Zitiert nach: Hans D. Barbier, Fides Krause-Brewer (Hrsg.), Die Person hinter dem Produkt. 40 Porträts erfolgreicher Unternehmer, Bonn 1987, S. 274
79 Ebd., S. 227
80 Jeremy Rifkin. Die Null-Grenzkosten-Gesellschaft, Frankfurt am Main 2014, S. 445
81 Alexander Rüstow u. a., Das Versagen des Wirtschaftsliberalismus, Marburg 2001, S. 121
82 Ebd., S. 94
83 Ludwig Erhard, Franz Oppenheimer. Dem Lehrer und Freund, in: Karl Hohmann, Ludwig Erhard, Gedanken aus fünf Jahrzehnten, Reden und Schriften, Düsseldorf 1990, S. 858–864
84 Braudel, a. a. O., S. 66
85 Steven Johnson. Wo gute Ideen herkommen. Eine kurze Geschichte der Innovation, Bad Vilbel 2013
86 Ebd., S. 255

87 Ebd., S. 38
88 Carl Benedikt Frey, Michael A. Osborne, The Future of Employment: How Susceptible are Jobs to Computerisation?, 17.9.2013. http://www.oxfordmartin.ox.ac.uk/
89 Zitiert nach: Robert und Edward Skidelsky, Wie viel ist genug?, München 2013, S. 289
90 Anat Admati, Martin Hellwig, Des Bankers neue Kleider, München 2013, S. 38
91 Zitiert nach: Christian Felber, Geld. Die neuen Spielregeln, Wien 2014, S. 22
92 Joseph Stiglitz, Der Preis der Ungleichheit, München 2012, S. 99
93 Siehe u. a.: Daniel Stelter, Die Schulden im 21. Jahrhundert, Frankfurt am Main 2014, S. 78
94 Polanyi, a. a. O., S. 304
95 Ebd., S. 305
96 Für einen empirischen Beleg siehe die Studie von Richard A. Werner: http://inflationsschutzbrief.de/studien/richard-werner-studie-koennen_einzelne_banken_geld_aus_dem_nichts_schoepfen.pdf
97 Zu den Techniken siehe: Dirk Sollte, Weltfinanzsystem am Limit, Einblicke in den ›Heiligen Gral‹ der Globalisierung, Berlin 2009
98 Walter Eucken, Grundsätze der Wirtschaftspolitik, Tübingen 2004, S. 4
99 World Bank, The East Asian Miracle. Economic Growth and Public Policy 1993; http://documents.worldbank.org/curated/en/1993/09/698870/east-asian-miracle-economic-growth-public-policy-vol-1-2-main-report
100 Studie des »Tax Justice Network« unter Leitung des Ökonomen James Henry; http://www.taxjustice.net/cms/upload/pdf/Price_of_Offshore_Revisited_120722.pdf; deutsche Übersetzung: http://www.taxjustice.net/cms/upload/pdf/Deutsch/TJN2012_KostenOffshoreSystem.pdf
101 Siehe: Jean-Jacques Rousseau, Abhandlung über den Ursprung und die Grundlagen der Ungleichheit unter den Menschen
102 Pierre-Joseph Proudhon, Eigentum ist Diebstahl, Theorie des Eigentums, Marburg 2014, S. XI
103 Siehe: Martin Nettesheim, Stefan Thomas, Entflechtung im deutschen Kartellrecht, Tübingen 2011
104 Adam Smith, Untersuchungen über die Natur und die Ursachen des Nationalreichtums, Zweiter Band, Breslau 1794, S. 206
105 Zitiert nach: Werner Plumpe (Hrsg.), Eine Vision, zwei Unternehmen. 125 Jahre Carl-Zeiss-Stiftung, München 2014, S. 14
106 Die Welt, 18.2.2011
107 *Handelsblatt*, 24.11.2014
108 Joseph A. Schumpeter, Kapitalismus, Sozialismus und Demokratie, Tübingen 2005, S. 218
109 Werner Plumpe (Hrsg.), a.a.O., S. 15
110 Ebd., S. 45/46

111 Ebd., S. 45
112 Ebd., S. 114
113 Ota Šik, Humane Wirtschaftsdemokratie. Ein Dritter Weg, Hamburg 1979, S. 15
114 Yvonne Hofstetter, Sie wissen alles, München 2014, S. 224
115 Walter Eucken, Wirtschaftsmacht und Wirtschaftsordnung, Berlin 2012, S. 86

Michael Hardt,
Antonio Negri
Assembly
Die neue demokratische Ordnung

2018. 400 Seiten. Gebunden

Auch als E-Book erhältlich

Für ein neues politisches Unternehmertum

Seit rechte Bewegungen weltweit erstarken, wird die Frage immer dringlicher, wie man demokratische Bewegungen effektiv organisieren kann. Wie lässt sich verhindern, dass soziale Bewegungen versanden? Wie kann man ohne charismatische Anführer wie Mahatma Gandhi, Martin Luther King oder Rudi Dutschke gesellschaftlichen Wandel erreichen? Occupy Wall Street und Black Lives Matter haben bereits wichtige Ansätze erprobt. Der Schlüssel, so Hardt und Negri, liegt in der Macht, die entsteht, wenn die »Multitude« gemeinsam politisch entscheidet und handelt. Ihr Buch ist eine Kritik des Neoliberalismus und der kapitalistischen Produktionsweise. Ein Plädoyer für innovative demokratische Möglichkeiten und ein Unternehmertum, das auf neuen Formen der Kooperation beruht.

campus.de

Frankfurt. New York

Wolfgang Hirn
Chinas Bosse
Unsere unbekannten Konkurrenten

2018. Ca. 288 Seiten. Gebunden

Auch als E-Book erhältlich

Wer steckt hinter den Unternehmensgiganten aus China?

Sie erobern die Weltmärkte, positionieren China als digitale Supermacht und prägen die entscheidenden Zukunftsindustrien. Gleichwohl wissen wir fast nichts über sie. Wie ticken Chinas Bosse? Wer steckt hinter den immer mächtigeren und aggressiven Unternehmensgiganten? Was sind das für Leute, die in Frankreich Weinberge und in Europa Fußballvereine oder Immobilien kaufen? Was passiert, nachdem sie bei deutschen Unternehmen, Banken, Flughäfen eingestiegen sind? Der renommierte Chinaexperte Wolfgang Hirn hat beste Verbindungen und recherchiert regelmäßig vor Ort. Er liefert einen einzigartigen Einblick ins Zentrum des chinesischen Wirtschaftsmodells und porträtiert die Macher und ihre Strategien.

campus.de

Frankfurt. New York